U0529086

基金项目：湖北省社科基金一般项目"高铁基础设施投融资PPP模式研究：框架构建、模型分析与政策建议"终结性成果（项目编号：2019120）。

高铁基础设施
投融资PPP模式研究

框架构建、模型分析与政策建议

陈都 ◎ 著

中国社会科学出版社

图书在版编目（CIP）数据

高铁基础设施投融资 PPP 模式研究：框架构建、模型分析与政策建议／陈都著.—北京：中国社会科学出版社，2022.6
ISBN 978-7-5227-0417-3

Ⅰ.①高… Ⅱ.①陈… Ⅲ.①政府投资—合作—社会资本—应用—高速铁路—基础设施—投资—研究—中国②政府投资—合作—社会资本—应用—高速铁路—基础设施—融资—研究—中国 Ⅳ.①F532

中国版本图书馆 CIP 数据核字（2022）第 106684 号

出 版 人	赵剑英
策划编辑	鲍有情
责任编辑	张冰洁
责任校对	韩天炜
责任印制	王 超

出　版	中国社会科学出版社
社　址	北京鼓楼西大街甲 158 号
邮　编	100720
网　址	http://www.csspw.cn
发行部	010-84083685
门市部	010-84029450
经　销	新华书店及其他书店

印　刷	北京明恒达印务有限公司
装　订	廊坊市广阳区广增装订厂
版　次	2022 年 6 月第 1 版
印　次	2022 年 6 月第 1 次印刷

开　本	710×1000　1/16
印　张	17.75
字　数	282 千字
定　价	89.00 元

凡购买中国社会科学出版社图书，如有质量问题请与本社营销中心联系调换
电话：010-84083683
版权所有　侵权必究

前　　言

　　本书按照"理论基础—中国高铁投融资现状及问题分析—中国高铁投融资引入 PPP 模式的必要性及可行性—中国高铁投融资引入 PPP 模式需要解决的问题—中国高铁项目全流程公私合作框架构建—中国高铁 PPP 模式合作机制模型构建—案例实证分析—国际经验借鉴—政策建议"这一逻辑思路，对中国高铁基础设施 PPP 项目的适用模式选择、股权分配、融资结构、风险识别与分担、收益分配等进行了细致深入地研究，希望以此来构建一套符合中国现实国情、有利于推进 PPP 模式在中国高铁基础设施建设中运用的合作机制，并在案例分析和国际经验借鉴的基础上提出了推进中国高铁基础设施 PPP 模式的政策建议。

　　本书的主要创新点如下。

　　首先，从铁路基础设施 PPP 模式方面的研究来看，由于中国铁路行业几十年来一直属于政府垄断的行业，社会资本很难进入铁路领域，所以过去中国对铁路基础设施 PPP 模式的研究也很少，最近几年开始有少量对于铁路 PPP 模式的研究，但这些研究大多比较零散，系统深入的研究很少见。结合中国国情对高铁基础设施 PPP 模式进行系统深入研究，构建起适合中国制度及环境的高铁基础设施 PPP 模式，从选题上来看，具备一定的创新性。

　　其次，为了激励公私各方迅速、保质保量地完成合作任务，使公私合作顺利进行，就必须构建起科学的股权分配机制，在高铁基础设施 PPP 项目各投资者之间进行合理的股权分配，使高铁基础设施 PPP 项目各投资者在为实现自身利益最大化目标而付出努力的同时，自动地实现高铁基础设施 PPP 项目公司的总体利益最大化。而在以往的研究中，对 PPP

项目股权分配的研究比较少,本书基于委托代理理论,构建起适合铁路基础设施 PPP 项目的股权分配机制,具有一定的创新性。

最后,不少文献对 PPP 项目收益的公私合理分配进行了研究,但是,已有研究大多只考虑了单个因素对 PPP 项目收益分配的影响,而非综合考虑多个因素对 PPP 项目收益分配的影响,尤其是,学者们很少将 PPP 项目风险问题与 PPP 项目收益问题结合到一起,深入分析 PPP 项目风险分担与 PPP 项目收益分配之间的关联性。本书构建了多个因素影响下的高铁基础设施 PPP 项目收益分配机制,尤其是重点考虑了项目风险分担比例对高铁基础设施 PPP 项目收益分配方案的影响,具有一定的创新性。

目 录

导 论 ……………………………………………………… (1)

第一章 高铁基础设施投融资PPP模式的理论分析 ……… (20)

 第一节 PPP模式的含义及分类 ……………………………… (20)

  一 PPP模式的含义 ………………………………………… (20)

  二 PPP模式的历史演变 …………………………………… (25)

  三 现代PPP模式的主要类型 ……………………………… (28)

 第二节 高速铁路的概念及特征 ……………………………… (30)

  一 高速铁路的概念界定 …………………………………… (30)

  二 高速铁路的特征 ………………………………………… (31)

 第三节 高铁基础设施PPP模式的理论依据 ………………… (34)

  一 公共产品理论下铁路基础设施的双重属性 …………… (35)

  二 项目区分理论下铁路基础设施分类投资成为可能 …… (40)

  三 新公共管理理论下铁路基础设施PPP模式获得有力
支撑 ……………………………………………………… (41)

  四 制度变迁及创新理论下铁路基础设施PPP模式成为
必然选择 ………………………………………………… (46)

第二章 中国高铁投融资现状及问题 ……………………… (49)

 第一节 中国铁路经营管理体制和投融资制度变迁历程 …… (49)

  一 中国铁路经营管理体制变迁历程 ……………………… (49)

  二 中国铁路投融资制度变迁历程及特点 ………………… (52)

  三 当前中国铁路投融资制度的基本特征及功能绩效 …… (63)

第二节　中国高速铁路发展状况 …………………………………… (68)
　　第三节　中国高铁投融资制度存在的问题及后果 ………………… (70)
　　　　一　中国高铁投融资制度存在的问题 ……………………………… (70)
　　　　二　中国高铁投融资制度存在问题所造成的后果 ………………… (74)
　　第四节　中国高铁投融资引入PPP模式的必要性及可行性 ……… (76)
　　　　一　中国高铁投融资引入PPP模式的必要性 …………………… (76)
　　　　二　中国高铁投融资引入PPP模式的可行性 …………………… (78)
　　第五节　中国高铁投融资引入PPP模式需要解决的问题 ………… (81)
　　　　一　一体化铁路经营管理体制造成铁路行业进入壁垒过高 …… (81)
　　　　二　交叉补贴政策导致铁路运营收入清算不透明 ………………… (82)
　　　　三　缺乏合理的高铁基础设施PPP项目股权分配机制 ………… (82)
　　　　四　缺乏风险分担与收益分配相匹配的高铁基础设施
　　　　　　PPP项目收益分配机制 …………………………………………… (83)
　　　　五　缺乏科学的高铁基础设施PPP项目运营定价机制 ………… (84)
　　　　六　风险意识及风险管理措施欠缺 ………………………………… (85)
　　　　七　PPP模式方面的法律规范不健全 …………………………… (86)
　　　　八　缺少统一负责公私合作制管理的机构 ………………………… (87)
　　　　九　缺乏PPP专业化人才 …………………………………………… (87)

第三章　中国高铁基础设施项目全流程公私合作框架构建 ………… (89)
　　第一节　中国高铁基础设施PPP项目的参与主体和运作程序 …… (89)
　　　　一　高铁基础设施PPP模式项目参与主体及相互关系 ………… (89)
　　　　二　高铁基础设施PPP模式项目的运作程序 …………………… (92)
　　第二节　中国高铁基础设施PPP项目的适用模式选择 …………… (94)
　　　　一　高铁项目公私合作模式类型 …………………………………… (94)
　　　　二　中国高铁基础设施PPP项目的适用模式选择 ……………… (95)
　　第三节　中国高铁基础设施项目全流程各环节的公私合作 ……… (96)
　　　　一　高铁基础设施项目投融资环节公私合作 ……………………… (97)
　　　　二　高铁基础设施项目建设环节公私合作 ……………………… (104)
　　　　三　高铁基础设施项目运营环节公私合作 ……………………… (107)
　　　　四　高铁基础设施PPP项目公私股东的减持和退出 ………… (109)

第四节　中国高铁基础设施PPP项目绩效评价 …………… (110)
　　一　层次分析方法和模糊综合评价方法 ……………… (111)
　　二　高铁基础设施PPP项目绩效模糊综合评价步骤 … (112)

第四章　中国高铁基础设施PPP项目资本结构分析 ……… (114)
第一节　中国高铁基础设施PPP项目中的委托代理关系 …… (114)
　　一　委托代理理论的基本假设及基本观点 …………… (114)
　　二　高铁基础设施PPP项目中的委托代理关系 ……… (116)
第二节　中国高铁基础设施PPP项目股权分配分析 ………… (117)
　　一　发起建设阶段的股权分配 ………………………… (117)
　　二　运营阶段的股权再分配 …………………………… (126)
第三节　中国高铁基础设施PPP项目融资结构分析 ………… (136)
　　一　最优融资结构分析 ………………………………… (137)
　　二　高铁基础设施PPP项目融资结构优化模型构建 … (138)

第五章　中国高铁基础设施PPP项目风险分担与收益分配分析 … (141)
第一节　中国高铁基础设施PPP项目风险识别 ……………… (142)
　　一　高铁基础设施项目风险的定义、特点及形成机制 ……… (142)
　　二　高铁基础设施PPP项目风险识别 ………………… (146)
第二节　中国高铁基础设施PPP项目风险分担 ……………… (151)
　　一　高铁基础设施PPP项目利益相关者风险偏好 …… (151)
　　二　高铁基础设施PPP项目风险分担的目标及基本
　　　　原则 …………………………………………………… (154)
　　三　高铁基础设施PPP项目风险分担框架 …………… (156)
第三节　基于风险修正的高铁基础设施PPP项目Shapley
　　　　收益分配模型 ………………………………………… (160)
　　一　高铁基础设施PPP项目收益分配影响因素分析 … (161)
　　二　基于风险修正的高铁基础设施PPP项目Shapley值
　　　　收益分配模型构建 …………………………………… (165)

第六章　京沪高铁项目案例分析 ……………………………………（170）
第一节　京沪高铁项目概况 ……………………………………（170）
第二节　京沪高铁项目参与主体及全流程公私合作 …………（171）
一　京沪高铁项目参与主体 ………………………………（171）
二　京沪高铁项目全流程公私合作分析 …………………（173）
第三节　京沪高铁项目资本结构分析 …………………………（183）
一　京沪高铁项目公私股东的股权分配分析 ……………（183）
二　京沪高铁项目融资结构分析 …………………………（190）
第四节　京沪高铁基础设施 PPP 项目绩效评价 ………………（191）

第七章　铁路基础设施 PPP 模式国际经验借鉴 …………………（195）
第一节　国外铁路基础设施发展状况 …………………………（195）
一　世界铁路总体发展状况 ………………………………（195）
二　世界高速铁路发展历程 ………………………………（197）
第二节　国外铁路基础设施公私合作历程及特点 ……………（201）
一　美国铁路公私合作阶段及特点 ………………………（202）
二　日本铁路公私合作阶段及特点 ………………………（204）
三　欧洲铁路公私合作阶段及特点 ………………………（205）
第三节　国外铁路基础设施公私合作机制 ……………………（209）
一　国外铁路公私合作发起机制 …………………………（209）
二　国外铁路公私合作股权分配机制 ……………………（210）
第四节　国外铁路基础设施公私合作模式 ……………………（211）
一　美国铁路基础设施公私合作的模式 …………………（211）
二　日本铁路基础设施公私合作的模式 …………………（212）
三　欧洲铁路基础设施公私合作的模式 …………………（215）
第五节　国外铁路基础设施公私合作经验总结及启示 ………（219）
一　国外铁路基础设施公私合作经验总结 ………………（219）
二　国外铁路基础设施公私合作经验对中国的启示 ……（219）

第八章　推进中国高铁基础设施 PPP 模式的政策建议 …………（222）
第一节　推进铁路行业网运分离改革 …………………………（222）

第二节 完善高铁基础设施PPP项目财政支持政策 …………… (225)
 一 完善铁路行业财政补贴政策 ………………………… (225)
 二 制定促进高铁基础设施建设PPP模式发展的税收优惠
  政策 …………………………………………………… (227)
第三节 建立适度集中的高铁基础设施PPP项目股权
  分配结构 ……………………………………………… (228)
 一 股权分散是股权制衡的基本条件 …………………… (228)
 二 股权过于集中不利于项目治理 ……………………… (230)
 三 适度集中的股权结构最有效率 ……………………… (232)
第四节 建立收益分享与风险分担相挂钩的收益分配机制 …… (234)
 一 协调好高铁基础设施PPP项目投资者之间的利益关系 … (234)
 二 收益分享与风险分担相互挂钩 ……………………… (236)
第五节 稳步推进高铁运价市场化改革 ……………………… (237)
 一 逐步推进高铁运价从政府定价向政府指导价、
  市场定价转变 ………………………………………… (237)
 二 允许高铁运营服务商进行差异化定价 ……………… (238)
第六节 加强高铁基础设施PPP项目风险防范管理 ………… (242)
 一 国别风险的防范管理 ………………………………… (242)
 二 不可抗力风险的防范管理 …………………………… (246)
 三 特定项目风险的防范管理 …………………………… (246)
第七节 其他相关配套措施 …………………………………… (255)
 一 完善PPP模式的法律规范 …………………………… (255)
 二 建立统一的PPP模式管理机构 ……………………… (257)
 三 加强PPP专业化人才培养 …………………………… (258)

参考文献 ………………………………………………………… (260)

图 目 录

图 1-1　传统政府采购和 PPP 模式的不同 …………………………… (23)
图 1-2　政府供给、私营供给和 PPP 模式 …………………………… (24)
图 1-3　PPA 项目融资结构 ……………………………………………… (26)
图 1-4　PFI 项目融资结构 ……………………………………………… (28)
图 1-5　铁路的上部系统与下部系统 …………………………………… (32)
图 1-6　私人产品的局部均衡 …………………………………………… (37)
图 1-7　公共产品的局部均衡 …………………………………………… (38)
图 1-8　各类产品总需求 ………………………………………………… (39)
图 2-1　中国铁路总公司（原铁道部）财务情况 ……………………… (75)
图 3-1　高铁基础设施 PPP 模式项目主要参与主体及相互关系 …… (90)
图 4-1　高铁基础设施 PPP 项目融资资本结构与财务杠杆、财务
　　　　风险关系 ……………………………………………………… (138)
图 5-1　高铁基础设施 PPP 项目风险形成机制 ……………………… (146)
图 5-2　高铁基础设施 PPP 项目风险关联关系 ……………………… (150)
图 5-3　不同投资者对风险的态度 …………………………………… (152)
图 5-4　高铁基础设施 PPP 项目风险分担框架 ……………………… (156)
图 5-5　高铁基础设施 PPP 项目收益分配影响因素构成 …………… (161)
图 6-1　利用资产证券化方式进行滚动融资的运作 ………………… (176)
图 6-2　高速铁路客运专线调度系统 ………………………………… (182)
图 7-1　日本国铁改革后的组织架构 ………………………………… (214)
图 7-2　英国铁路私有化后的产业组织和管制体系 ………………… (216)
图 7-3　法国铁路改革后的建设管理结构 …………………………… (217)
图 7-4　德国铁路运营的组织结构变化 ……………………………… (218)

图 8-1　高速铁路网运分离（上下分离）管理架构 …………（223）
图 8-2　高铁基础设施 PPP 项目整体利益与各投资者
　　　　单方利益 …………………………………………（236）

表 目 录

表1-1　不同采购模式的本质和主要特征……………………………（24）
表1-2　PPP模式的主要类型…………………………………………（29）
表1-3　铁路运输产业的自然垄断性质………………………………（33）
表1-4　产品种类………………………………………………………（36）
表2-1　中国高速铁路客运主要线路…………………………………（69）
表2-2　近年来中国几条主要高速铁路投资方一览…………………（71）
表2-3　中国2009—2018年铁路负债情况……………………………（74）
表2-4　中国2001—2020年城乡居民年末存款余额及年增加额……（79）
表3-1　企业所有制—运营模式—治理形式及相互关系……………（94）
表3-2　几条主要高速铁路线路施工单位一览………………………（105）
表3-3　公私投资的退出路径…………………………………………（110）
表4-1　2017年美国工业部门资产β值……………………………（140）
表5-1　高铁基础设施PPP项目收益分配修正因素测度值…………（168）
表6-1　京沪高铁项目的公私合作不同阶段的合作伙伴关系………（171）
表6-2　京沪高铁机车的中外合作……………………………………（179）
表6-3　京沪高铁基础设施PPP项目评价指标及权重………………（191）
表7-1　世界铁路营运里程前12名的国家……………………………（196）
表7-2　世界高铁总里程及分布情况一览……………………………（199）
表7-3　2016年日本东部线主要运营指标……………………………（214）

导　　论

一　研究背景与研究意义

（一）研究背景

中国地域辽阔，区域间经济联系频繁，人员流动跨度很大，客观上需要一种快速便捷、输送量大、安全可靠的运输方式将版图内各行政区域及整个国民经济联结起来。铁路作为国家核心的交通基础设施，正是符合中国国情、适合地区间大规模人员及货物输送的骨干运输网络。由铁路完成的货运周转量通常占全社会周转量的两成左右，客运周转量通常占全社会周转量的三成以上，尽管从比例上看似乎并不算高，但由其承担的运输大部分是中长途运输，基于经济性原因，其他运输方式难以在此类运输任务中发挥主要作用，从运距上来看，铁路货物及客运的平均运距分别为公路的4倍以上和10倍以上。

改革开放以来，随着中国经济的快速增长，铁路客、货运力紧张的情况越来越明显，社会对高铁的需求越来越强烈。中国加快高速铁路建设的重要意义表现在以下三个方面。

第一，高速铁路投资建设能够促进中国地区经济均衡发展。

作为一种准公共产品，高速铁路这样的交通基础设施具有非常明显的正外部性。通过大规模投资高速铁路不仅可以直接刺激经济及创造大量的就业岗位，还可以缩小东、中、西部的经济差距，能够在当前中国经济增速放缓的形势下给经济带来新的增长点。

第二，高速铁路投资建设能够重塑中国经济与人口分布格局。

从区域经济的角度看，速度可以改变经济空间，促进城市群的分工合作，高铁已经向传统的经济圈概念提出了挑战。由于高铁的建成运营，至2012年，从北京到全国省会城市的时间基本都已经减少至8小时以内，形成了8小时省会圈，北京、上海、武汉、广州等中心城市，与邻近省会城市基本形成1—2小时交通圈、与周边城市基本形成0.5—1小时交通圈。从宏观角度看，京广高铁贯通南北动脉，京沪高铁牵连环渤海湾和长三角，三大经济圈均有快捷的高铁相勾连，未来将达到现代都市经济圈所谓的"耦合"阶段（几大经济带之间互相渗透绵延）。因此，高铁应区域一体化的内在需求而生，城市群依托高铁可以从"强核"状态逐渐发展到"溢出"状态。

第三，高速铁路投资建设契合了中国环保节能的需要。

改革开放以来，中国长期保持两位数的经济增长速度，近年来有所放缓，但在世界各国当中仍然处于最前列，然而，伴随着高速的经济增长，一个不可忽视的矛盾也日益突出，即环境污染及能源消耗过度问题，所以近年来中国政府越来越重视环保节能。高速列车能够全天候运行，采取"公交化"的模式，且高速列车的单位能耗一般仅为汽车的1/6。由于其使用电能作为运行动力，其碳排量基本为零，非常符合节能减排的要求。因此，高速铁路作为各种交通方式中最契合中国环保节能需要的一种，越来越受到中国政府的关注与扶持。

2016年6月29日，国务院通过新的《中长期铁路网规划（2016—2030）》，[①] 该规划的涵盖期限为2016—2025年，远期展望延伸到2030年。该规划宣布中国将打造以沿海、京沪等"八纵"通道和陆桥、沿江等"八横"通道为主干，城际铁路为补充的高速铁路网，实现相邻大中城市间1—4小时交通圈、城市群内0.5—2小时交通圈。根据该《中长期铁路网规划（2016—2030）》，到2020年，中国铁路网总体规模要达到15万千米以上，其中高速铁路营运里程达到3万千米以上；到2025年，中国铁路网总体规模要达到17.5万千米左右，其中高速铁路营运里程达到3.8万千米左右；展望2030年，中国基本实现内外互联互通、区际多路畅通、省会高铁连通、地市快速通达、县域基本覆盖。因此，中国铁

[①] 《国务院：原则通过〈中长期铁路网规划〉》，https：//www.yicai.com/news/5035600.html，2016年6月29日。

路规模将进一步快速上升，尤其是高铁的投资建设将进入新一轮高峰，中国铁路建设资金需求势必将进一步扩大。

面对如此繁重的建设任务和如此巨大的资金需求，PPP模式是中国铁路建设的一个很好的可选项。

（二）研究意义

1. 理论意义

（1）丰富和完善中国公共管理理论和企业治理理论研究。

19世纪40年代末，美国掀起了铁路建设的热潮，同时造就了现代公司制度在美国的确立，成为美国"管理运动"的先声。由铁路建设推动的"管理运动"是现代管理的前奏。时隔一百多年后的今天，高速铁路项目作为一种典型的、可将其"公共物品特性—路网"与"私人物品特性—高速客运"相分离的"混合物品"，对其公私合作展开研究必将对现代公共管理理论和企业治理理论作出新的贡献。

（2）丰富和完善中国交通基础设施供给理论研究。

目前，交通基础设施供给理论主要包含公共物品理论、项目区分理论等。对高铁项目PPP模式构建的研究可以进一步丰富和深化交通基础设施供给理论。以公共物品理论和项目区分理论为基础，高铁项目PPP模式为民间资本与城市基础设施供给的进一步有机结合提供了理论依据。高铁项目PPP模式可以把私营部门的资本与技术一起引入铁路基础设施供给，政府和私营部门发挥各自优势，共同供给铁路基础设施。

2. 实践意义

（1）提高高铁基础设施供给水平，促进地区经济和社会发展。

铁路基础设施是地区经济发展的基础性条件，高速铁路投资建设能够重塑中国经济与社会格局，中国政府未来若干年内将会以大规模高铁建设作为交通事业发展重心。长期以来，中国铁路基础设施由政府作为唯一的投资运营主体，一直面临着资金不足问题，PPP模式作为当前世界上基础设施供给市场化的一种流行模式，可为高铁基础设施建设带来新的资金来源，从而有利于提高中国高铁基础设施供给水平。因此，高铁基础设施PPP模式的研究，可促进PPP模式在中国高铁投融资中的具体实践，提高中国高铁基础设施的供给水平，促进地区经济更加均衡的发展。

（2）引进私营部门管理制度和技术，提高高铁基础设施供给效率。

PPP模式不仅可以为高铁基础设施建设带来新的资金来源，而且可以带来私营部门先进的管理理念、先进的技术手段和现代科学的公司治理机制，社会资本的引进不仅起到了缓解公共部门资金困难的作用，还会促使公共部门提升管理绩效水平，从而提高中国高铁基础设施供给效率。因此，对PPP模式作用的理解，绝不应局限为投融资模式的创新，而应上升为管理模式的创新。因此，本书可对中国高速铁路投资的可持续发展及高铁建设、运营效率的提升产生一定的推动作用。

二　国内外文献综述

（一）国外研究综述

国外铁路PPP模式现有研究，主要集中于铁路基础设施公私合作的原因、铁路PPP模式选择、私营部门参与铁路PPP项目的影响因素、铁路PPP项目社会资本选择、铁路PPP项目风险识别评估分配等方面。较有代表性的研究如下。

1. 铁路基础设施公私合作的原因或必要性

欧洲铁路民营化改革产生的原因是，在政府垄断型铁路投资模式下铁路事业发展停滞。[①] Saranen等认为，铁路货运需求对铁路路网投资建设影响非常大，政府需要在铁路基础设施投资中引入民间资本。[②] Robert等指出，新工党成功地将社会资本方引入了交通设施建设中；在运用PPP融资模式时，应当拿制定严格的合同标准来约束社会资本方，以提供高质量的服务。[③] Higton建议政府方可以将社会资本方引入铁路等基础设施

[①] Crozet, "Public-Private Partnership: Lessons from the British Approach", *Economic Systems*, Vol. 18, No. 26, September 2004, p. 32.

[②] Saranen, Hilmola, "The Private Finance Initiative", *Engineering, Construction and Architectural Management*, Vol. 4, No. 3, June 2009, p. 86.

[③] Robert, Jupe, "The Private Finance Initiative: Risk, Uncertainty and the State", *Accounting, Organizations and Society*, Vol. 28, No. 3, August 2002, p. 567.

的建设中，运用PPP融资模式建设铁路能够提高铁路运营的效率。①

2. 铁路基础设施公私合作模式选择

如 Rebelo 指出，政府的铁路改革应该走民营化的道路，在铁路行业推广应用 BOT、PPP、PFI 等新型铁路投融资模式。② Compos 对巴西和墨西哥的铁路改革进行了深入研究，提出发展中国家的铁路民营化改革的最佳模式应该是特许经营模式。③ Crozet 指出，欧洲铁路民营化改革首先是实施网运分离，然后运用特许经营模式引入私营运营商。④ Perkins 对政府政策在铁路投融资中所发挥的作用进行了研究，并且对 BOT、PPP、PFI 等新型铁路投融资模式的本质、特点、功能、适用性进行了对比分析。⑤

3. 铁路 PPP 项目社会资本选择

Vinodh、Balagi、Patil 提出 PPP 模式的社会资本选择指标要从财务、技术、管理、行业信用四方面深入分析，并在此基础上利用 Dematel 法分析指标之间的关联，从而确保指标体系的实用性。⑥ Stefan Verweij 进行指标选择的时候，依据融资、技术、健康及安全环境和管理四个基本指标进行细化展开，最后用集体决策理论和模糊集成理论验证模型的合理性和科学性。⑦

---

① Higton, N. "Trends and Evolving Risks in Design-build BOT and BOOT Projects", *The International Construction Law Review*, Vol. 14, No. 2, January 2003, p. 95.

② Rebelo, "The British Model of Private Finance Initiative and Public-Private Partnership Ten Later: Toward International Extension in the Defense Sector?", *Journal of Structured & Project Finance*, Vol. 7, No. 18, September 1992, pp. 61 – 71.

③ Compos, "A Comparison of Public-Private Partnerships and Traditional Public Procurement", *Economic and Financial Report*, Vol. 1, No. 1, January 2001, pp. 95 – 102.

④ Crozet, "Public-Private Partnership: Lessons from the British Approach", *Economic Systems*, Vol. 18, No. 26, September 2004, p. 32.

⑤ Perkins, "Private Opportunity, Public Benefit?", *Fiscal Studies*, Vol. 1, No. 2, January 2015, pp. 68 – 76.

⑥ Vinodh, Balagi, Patil, "The Japanese Private Finance Initiative and its Application in the Municipal Solid Waste Management Sector", *International Journal of Project Management*, Vol. 10, No. 20, October 2016, pp. 125 – 132.

⑦ Stefan Verweij, "Are Returns to Public-Private Infrastructure Partnerships in Developing Countries Consistent with Risks since the Asian Crisis?", *Journal of Network Industries*, Vol. 1, No. 1, January 2014, pp. 52 – 59.

4. 铁路 PPP 项目风险识别、评估、分配

Elimar Marley Duque Vina 基于委内瑞拉卡布略港—巴基西梅托线 PPP 项目的案例分析，深入探讨 PPP 项目生命周期风险管理框架。① Hastak 将铁路 PPP 项目风险划分为三个层级：国家风险、市场风险、项目风险。② Chung 认为，与政府部门相比，私营部门在商业风险的防范管理上具有明显的优势，而大部分的社会观念风险、国家金融风险应该由政府部门承担。③

（二）国内研究综述

中国对铁路基础设施 PPP 模式的研究较少，在知网以铁路（或高铁）+PPP 为关键词进行检索，共检索出文献 136 篇。国内现有研究主要集中于铁路基础设施公私合作的必要性、铁路领域引入 PPP 模式面临的主要障碍或难点问题、铁路 PPP 项目投资决策、铁路 PPP 项目社会资本选择、铁路 PPP 项目融资结构、铁路 PPP 项目风险评价及分担、铁路 PPP 项目政府担保及政府监管、城际铁路及市域铁路 PPP 项目相关研究等方面。较有代表性的研究如下。

1. 铁路领域引入 PPP 模式的必要性

张颖指出，PPP 融资模式适用于中国铁路建设项目，是提高中国铁路建设融资的一种有效方式。④

2. 铁路领域引入 PPP 模式面临的主要障碍或难点问题

刘路然以剖析铁路投融资领域现存问题为切入点，对铁路 PPP – REITs 模式项目实施中的关键和难点问题进行了深入探究。⑤ 马德隆指出，中国铁路 PPP 来源于合资铁路，近年的铁路 PPP 项目可按实施难度划分为自建自营铁路、委托运营的自建货运铁路、委托运营的客运铁路三类，

---

① Elimar Marley Duque Vina：《为公私合营（PPP）铁路项目制定生命周期风险管理框架：委内瑞拉卡布略港—巴基西梅托线》，硕士学位论文，北京交通大学，2018 年。

② Hastak, "Public-Private Partnerships for Highways: Experience, Structure, Financing", *Applicability and Comparative Assessment*, Vol. 4, No. 8, April 2000, pp. 102 – 109.

③ Chung, "Entrepreneurial Risk Allocation in Public-Private Infrastructure Provision in South Africa", *South African Journal of Business Management*, Vol. 2, No. 4, April 2010, pp. 136 – 143.

④ 张颖：《PPP 融资模式在我国铁路融资中的应用》，《铁道运输与经济》2006 年第 11 期。

⑤ 刘路然：《铁路 PPP – REITs 投融资模式探究》，《铁道经济研究》2021 年第 5 期。

但铁路仍是一种接近于完全垄断的市场，铁路垄断与市场化间的矛盾是铁路 PPP 的核心问题，具体表现为建设运营主体间、清算与投资回报机制间、中国铁路总公司自身身份间三个层面。[①]杨宇虹认为，社会资本方在铁路 PPP 模式中处于弱势地位，铁路 PPP 模式投资回报方式的特殊性、风险分担机制不合理、退出机制不顺畅均会使社会资本方利益的实现面临巨大的风险。[②]李好分析了 PPP 视角下城际铁路建设与运营中社会资本方效益表示、感知及保障问题，探究了社会资本方实际获得的直接效益和感知享受到的间接效益。[③]

3. 铁路 PPP 项目投资决策

申泽宾、鲁潇基于 AHP 和 ISM 模型法，对高速铁路建设项目"PPP+EPC 模式"实施影响因素进行了深入探讨。[④]李凯薇提出采用实物期权定价方法评估不确定性条件下的市域铁路项目价值，构建了考虑客流量风险分担的价值评估模型，基于蒙特卡洛法得到了客流量的未来分布情况，并采用 Black-Scholes 定价模型评估了风险分担机制中的复合实物期权价值。[⑤]杜静、吴洪橄以财政部印发《PPP 物有所值指引》的通知为基础构建了 12 项评价指标，并以济青铁路项目为例，应用评价体系对项目进行分析。[⑥]

4. 铁路 PPP 项目社会资本选择

张红丽针对铁路 PPP 项目，分析了社会资本扮演的角色及社会资本的类型，并在此基础上归纳了铁路 PPP 项目社会资本选择指标体系的维度，采用三角模糊层次分析法进行权重的确定，通过模糊综合评判理论，

[①] 马德隆：《铁路 PPP 面临的垄断与市场化间的矛盾及对策研究》，《中国物价》2019 年第 8 期。

[②] 杨宇虹：《铁路 PPP 模式中社会资本方利益保护研究》，硕士学位论文，石家庄铁道大学，2018 年。

[③] 李好：《PPP 视角下社会资本在我国城际铁路中的效益研究》，硕士学位论文，东南大学，2018 年。

[④] 申泽宾、鲁潇：《基于 AHP 和 ISM 的高速铁路建设项目"PPP+EPC 模式"实施影响因素研究》，《工程管理学报》2021 年第 2 期。

[⑤] 李凯薇：《考虑客流量风险分担实物期权的市域铁路 PPP 项目价值评估》，硕士学位论文，上海交通大学，2020 年。

[⑥] 杜静、吴洪橄：《城市轨道交通 PPP 项目 VFM 定性评价分析——以济青铁路为例》，《工程管理学报》2016 年第 3 期。

构建了铁路PPP项目社会资本选择的模糊综合评判模型。①

5. 铁路PPP项目融资结构

刘航基于熵权理论和多指标投影决策理论，构建了合资铁路PPP项目融资结构决策模型。② 周奕、侯蓉华、柏飞彪阐述了城际铁路PPP项目投融资框架结构。③ 郭经纬、汤银英、彭其渊在对铁路建设融资方式主体之间博弈关系进行充分分析的基础上，以自由现金流量现值最大化为优化目标，构建了基于博弈论的铁路融资均衡管理模型。④ 殷红军、周国光对创新铁路投融资模式的途径进行了多方面探索和研究，并提出了中国西部地区铁路建设的融资创新模式。⑤ 杭卓珺对基于PPP的中国铁路投融资模式改革问题进行了比较系统的研究。⑥

6. 铁路PPP项目风险识别、评价、分担

林春光通过文献分析法对高铁项目存在的风险进行了初步识别，使用风险矩阵法对风险因素进行了评估。⑦ 张旭斌、董莪构建了高铁基础设施PPP项目的风险综合评价体系，基于灰色关联分析建立了高铁基础设施PPP项目风险评价模型。⑧ 吴晓丽将方差分析与贝叶斯检验理论相结合，构建了铁路PPP项目融资风险因子量化的数理模型。⑨ 樊哲娟认为，铁路PPP项目参与方之间存在信息不对称，同时市场需求变化、契约的

---

① 张红丽：《铁路PPP项目社会资本选择研究》，硕士学位论文，石家庄铁道大学，2018年。
② 刘航：《基于PPP模式的合资铁路特许经营项目融资结构优化研究》，硕士学位论文，西南交通大学，2017年。
③ 周奕、侯蓉华、柏飞彪：《基于PPP模式的城际铁路项目投融资架构设计》，《金融经济》2016年第8期。
④ 郭经纬、汤银英、彭其渊：《基于博弈论的铁路融资均衡管理模型研究》，《铁道运输与经济》2014年第8期。
⑤ 殷红军、周国光：《铁路投融资体制改革与融资模式创新》，《交通财会》2009年第7期。
⑥ 杭卓珺：《基于PPP的我国铁路投融资模式研究》，博士学位论文，华中科技大学，2014年。
⑦ 林春光：《我国高铁PPP项目风险管理研究》，硕士学位论文，北京交通大学，2017年。
⑧ 张旭斌、董莪：《基于灰色关联分析的高铁PPP项目风险评价》，《华东交通大学学报》2019年第1期。
⑨ 吴晓丽：《铁路PPP项目融资风险识别与量化管理研究》，硕士学位论文，兰州交通大学，2015年。

不完全性等可能加剧公私双方信息差异程度，激励私人部门在项目进行过程中采取机会主义行为，引发逆向选择风险、信用风险及道德风险，其还对相关风险的形成机理进行分析并建立博弈模型。① 李琪利用 Nash 讨价还价博弈与 Rubinstein 讨价还价博弈方法分别构建了高铁走出去 PPP 项目的风险分担模型，得到公共部门与私营部门的最优风险分担比例及最优风险分担比例的变化趋势。② 赵斌、帅斌将城际铁路 PPP 项目风险因素分为单一承担主体风险、政府及私营部门两方承担的风险，单一承担主体风险分担时，构建惩罚函数、风险控制成本补偿函数和风险控制奖励函数模型。③

7. 铁路 PPP 项目政府担保及政府监管

刘阿倩、马金平、武晓爽建立描述影响因素传递作用关系的贝叶斯网络（BN）模型，根据实物期权理论，分析高铁基础设施 PPP 项目的政府担保水平。④ 王雅婧从演化博弈论的角度出发，建立不完全信息条件下铁路 PPP 项目中政府对社会资本监管的演化博弈模型，通过对政府和社会资本单个博弈参与者的稳定性分析，以及双方主体构成的系统稳定性分析，来讨论在参数大小不确定的各种情况下它们的稳定状态，进而探索其背后的影响因素。⑤

8. 城际铁路、市域铁路 PPP 项目相关研究

巫坚基于系统动力学理论，对市郊铁路 PPP 项目票价制定问题进行了深入的分析。⑥ 胡浩分析了城际客运铁路的特点及现有铁路投融资模式的缺陷，将 PPP 模式与城际客运铁路建设结合，依据站线分离及综合开

---

① 樊哲娟：《信用对铁路 PPP 模式的融资风险博弈研究》，硕士学位论文，北京交通大学，2017 年。

② 李琪：《高铁走出去 PPP 项目风险分担与利益分配研究》，硕士学位论文，西南交通大学，2017 年。

③ 赵斌、帅斌：《基于 PPP 模式城际铁路项目风险分担模型》，《华东交通大学学报》2017 年第 5 期。

④ 刘阿倩、马金平、武晓爽：《基于贝叶斯网络的高铁 PPP 项目政府担保研究》，《工程经济》2018 年第 2 期。

⑤ 王雅婧：《铁路 PPP 项目中政府对社会资本监管的演化博弈研究》，硕士学位论文，北京交通大学，2018 年。

⑥ 巫坚：《基于系统动力学的市郊铁路 PPP 项目票价制定研究》，硕士学位论文，重庆大学，2020 年。

发原则设计出合理的风险收益共担机制,并在此基础上提出改进型 PPP 模式。① 刘敬霞分析了市域(郊)铁路 PPP 模式运作程序和运作形式。②

9. 铁路 PPP 项目税收相关研究

汪飞基于"营改增"背景,对铁路 PPP 项目的税负以及税务处理产生的影响进行了深入的分析。③

10. 铁路 PPP 项目实践经验总结

欧纯智、贾康认为,PPP 模式可以减轻政府尽责能力和绩效不足的风险,但是其全生命周期内蕴含的风险和自身衍生的成本需要重点关注,西班牙—法国跨境高铁基础设施 PPP 项目投资失败案例为中国未来 PPP 模式发展敲响警钟。④ 韦小泉、林颖等对中国台州和印度海得拉巴市域铁路 PPP 典型案例进行了比较分析,得出市域铁路采用 PPP 模式是可行的这一结论。⑤ 蒋硕通过对韩国高铁建设 PPP 模式的案例研究,分析了对于中国高铁建设的障碍。⑥ 龙婷婷对杭绍台高速铁路 PPP 项目的采购方式、投融资方案、回报机制、风险分配方案等进行了分析。⑦ 张涵一对鞍山市环市铁路项目 PPP 合同形成过程中的问题进行了分析。⑧ 吴勇分析了瓮马铁路 PPP 模式设置,包括股权合作形式和期限、收益保障机制、退出机制、风险分担机制和责权统一的监管机制等。⑨ 杨露、童圣宝、刘磊通过对温州高铁新城的案例研究,寻求创新 PPP 模式与产业新城运营的结合

---

① 胡浩:《改进型 PPP 模式在城际客运铁路项目融资中的应用》,《甘肃社会科学》2017 年第 2 期。

② 刘敬霞:《市域(郊)铁路 PPP 模式运作机制研究》,《中国铁路》2017 年第 7 期。

③ 汪飞:《基于"营改增"下铁路 PPP 项目纳税筹划研究》,《财会学习》2018 年第 33 期。

④ 欧纯智、贾康:《西班牙—法国跨境高铁 PPP 项目失败的教训与启示——基于 PPP 模式发展公用事业的风险分析》,《当代财经》2018 年第 10 期。

⑤ 韦小泉、林颖、程哲、牛保龙:《中印市域铁路 PPP 模式比较分析及启示》,《都市快轨交通》2018 年第 2 期。

⑥ 蒋硕:《PPP 框架下我国高铁建设的障碍与建议——基于韩国高铁 PPP 案例》,《四川建筑》2017 年第 6 期。

⑦ 龙婷婷:《杭绍台高速铁路 PPP 融资模式研究》,硕士学位论文,西南交通大学,2018 年。

⑧ 张涵一:《鞍山市环市铁路项目 PPP 合同形成过程中的问题与对策》,硕士学位论文,大连理工大学,2018 年。

⑨ 吴勇:《瓮马铁路 PPP 模式实践与启示》,《中国铁路》2018 年第 11 期。

点，全方位、立体化解析产城融合对于新型城镇化建设中片区综合开发的发展方向。①

（三）国内外研究成果的述评

从国外研究来看，许多西方资本主义国家铁路路网在数十年甚至一个多世纪前就已完全成熟，且许多国家早已完成铁路市场化改革，许多国家的铁路投融资改革并未选择 PPP 模式，而是大量运用 BOT 模式、PFI 模式，因此，国外学者大多并未将研究重点放在铁路 PPP 模式上，近年来国外学者对铁路基础设施 PPP 模式的研究较少。国外铁路 PPP 模式现有研究，主要集中于铁路基础设施公私合作的原因、铁路 PPP 模式选择、私营部门参与铁路 PPP 项目的影响因素、铁路 PPP 项目社会资本选择、铁路 PPP 项目风险识别评估分配等方面。此外，国外铁路 PPP 模式研究大多是对一些成功案例或失败案例的经验总结或对比分析，其经验对中国来说有一定的借鉴意义，但不同国家的政治体制差异很大，不同国家的经济发展水平高低不等，不同国家的文化、社会背景区别明显，国外学者对铁路 PPP 模式的研究结论及经验总结并不一定完全适用于中国。

从国内研究来看，中国对铁路基础设施 PPP 模式的研究较少，现有相关研究多局限于定性分析，定量研究不多，构建数理模型进行量化分析的极少，且现有研究大多较为零散，系统性的研究极为少见，缺乏对铁路 PPP 模式合作框架的整体设计、对铁路 PPP 模式合作机制的深入分析。国内现有研究，主要集中于铁路基础设施公私合作的必要性、铁路领域引入 PPP 模式面临的主要障碍或难点问题、铁路 PPP 项目投资决策、铁路 PPP 项目社会资本选择、铁路 PPP 项目融资结构、铁路 PPP 项目风险评价及分担、铁路 PPP 项目政府担保及政府监管、城际铁路及市域铁路 PPP 项目相关研究等方面。此外，国内学者对铁路 PPP 模式的研究大多是从吸引社会资本参与交通基础设施的投资建设、缓解政府财政压力的视角展开，实际上，推行 PPP 模式的目的远不只如此，PPP 模式的意义不仅表现在可以使有限的政府投资通过一定的运作机制撬动更多的社

---

① 杨露、童圣宝、刘磊：《新型城镇化背景下产城融合 PPP 综合开发项目的央企实践——以温州高铁新城为例》，《城市观察》2019 年第 2 期。

会资本，而且表现在有利于公共部门借助私营部门的先进管理理念、先进技术手段和现代公司治理机制提高基础设施项目的供给水平和供给效率，国内现有研究在这一方面所做的探索较少。

综上，笔者认为下述内容还可进一步展开研究。

1. 适合中国国情的铁路基础设施 PPP 模式研究

PPP 投融资模式在理论上看似成熟，而且在许多国家也已经有大量的实践，但是，中国政府引进并开始运用 PPP 模式的时间还不长，从运用情况来看，高速公路建设中利用民间资本的情况比较多见，此外，PPP 模式在污水处理、垃圾处理、地铁、保障性住房等城市基础设施建设中也有少量运用，至于铁路基础设施领域，PPP 模式的引入才刚刚发端。总的来说，PPP 模式在中国的推广应用经验仍然很少，国内学者对 PPP 模式的理解并不全面，也不够深刻，PPP 模式在各行业或领域的运用并不成熟。中国铁路基础设施投资建设中，虽然早已尝试过引入民间资本，由铁道部和民营企业共同投资修建铁路货运支线项目，但是，合资铁路在中国铁路基础设施存量中所占的比重一直比较小。而且，一直以来中国合资铁路的建设运营都面临诸多困难，合资铁路的投资建设活动遭受诸多限制及不公平待遇，民营企业基本完全失去对所建设铁路线路的控制权，其投资建设的铁路线路，必须交由铁道部统一进行运营管理。近年来，虽然中国政府已打开了社会资本进入铁路基础设施建设领域的大门，但在铁路基础设施 PPP 模式的具体实施上，还有很多问题亟待解决。目前，中国政府及社会各界对于应该怎样在铁路行业引入 PPP 模式、铁路 PPP 项目到底具体怎么运作，实际上并没有清晰的思路，也没有进行系统的思考和方案设计。我们必须尽快构建起铁路公私合作的总体框架，精心设计好铁路公私合作的具体机制，才能够在铁路基础设施建设中成功引入社会资本，以达到互利共赢、服务人民的目的，实现中国高速铁路事业的大发展。在这种新形势下，结合国情深入研究 PPP 模式的内涵，深入研究 PPP 模式的合作范围、合作方式、运行机制，构建起适合中国制度的高铁基础设施 PPP 模式，显得十分有必要。

2. 高铁基础设施 PPP 项目股权合理分配的研究

权益问题是高铁公私合作中的关键。要激励公私各方采取积极合作的态度，尽最大努力履行自身应承担的义务，确保 PPP 项目的发起及运作成功，就必须构建起科学的股权分配机制，在高铁基础设施PPP项目各投资者之间进行合理的股权分配，使高铁基础设施PPP项目各投资者在为实现自身利益最大化目标而付出努力的同时，自动地实现高铁基础设施PPP项目公司的总体利益最大化。因此，高铁基础设施PPP项目的合作成功与否，在很大程度上，取决于项目股权分配是否合理。如果分配不合理，成员企业可能就会产生搭便车的行为。以往的研究中，对PPP项目股权分配的研究比较少，本书希望能够构建起适合高铁基础设施PPP项目的股权分配机制。

3. 高铁基础设施PPP项目收益公平分配的研究

许多学者对PPP项目的风险识别、风险分担及风险管理问题进行了探讨，在PPP项目收益分配上，也已经提出一些很有价值的观点及方案，但是，已有研究大多只考虑了单个因素对PPP项目收益分配的影响，而非综合考虑多个因素对PPP项目收益分配的影响，尤其是，学者们很少将PPP项目风险问题与PPP项目收益问题结合到一起，深入分析PPP项目风险与PPP项目收益之间的关联性，在对PPP项目收益进行分配的时候，对于风险分担这一关键因素的考虑不够。因此，本书拟在这一方面付出努力，进一步展开多个因素尤其是风险分担因素对高铁基础设施PPP项目收益分配影响的研究。

三　研究内容与研究方法

（一）研究内容

本书研究以中国高铁基础设施PPP模式为研究对象，在认真学习国内外专家学者已有研究成果的基础上，按照"理论基础—中国高铁投融资现状及问题分析—中国高铁投融资引入PPP模式的必要性及可行性—中国高铁投融资引入PPP模式需要解决的问题—中国高铁项目全流程公私合作框架构建—中国高铁PPP模式合作机制模型构建—案例实证分析—国际经验借鉴—政策建议"的逻辑思路，对中国高铁基础设施PPP项目的适用模式选择、股权分配、融资结构、风险识别与分担、收益分配等进行了细致深入的研究，希望以此来构建一套符合中国现实国情、有利于推进PPP模式在中国高铁基础设施建设中运用的合作机制，并在案例分析和国际经验借鉴的基础上提出了推进中国高铁基础设施 PPP 模式的相关政策建议。除"导论"外，本书分为八章，各章内容的具体安排如下。

第一章，高铁基础设施投融资 PPP 模式的理论分析。本章首先对 PPP 模式的含义、PPP 模式的历史演变、现代 PPP 模式的主要类型进行了介绍；其次，对高速铁路的概念及特征进行了阐述；最后，详细介绍了高铁基础设施 PPP 模式的理论依据，经过深入分析指出，公共产品理论下铁路基础设施的双重属性是高铁基础设施可以引入 PPP 模式的根本原因，项目区分理论下铁路基础设施分类投资成为可能，新公共管理理论下铁路基础设施 PPP 模式获得有力支撑，制度变迁及创新理论下铁路基础设施 PPP 模式成为必然选择。

第二章，中国高铁投融资现状及问题。首先，梳理了中国铁路经营管理体制和投融资制度变迁历程，并阐述了当前中国铁路投融资制度的基本特征及功能绩效；其次，介绍了中国高速铁路发展的总体状况；再次，深入分析了中国现行高铁投融资制度存在的问题及后果，中国现行高铁投融资制度存在的问题主要包括投资主体单一、铁路企业投融资市场主体地位弱化、投融资渠道不畅、融资方式单调、投资管理方式落后、铁路投融资主体的风险约束体系尚未建立，而这些问题的存在导致中国铁路部门债务压力巨大，同时还造成了中国高铁投融资效率及高铁运营效率的损失；又次，分析了中国高铁基础设施引入 PPP 模式的必要性及可行性；最后，详细深入地分析了中国高铁基础设施建设引入 PPP 模式需要解决的问题，主要包括：一体化铁路经营管理体制造成铁路行业进入壁垒过高，交叉补贴政策导致铁路运营收入清算不透明，缺乏合理的高铁基础设施 PPP 项目股权分配机制，缺乏风险分担与收益分配相匹配的高铁基础设施 PPP 项目收益分配机制，缺乏科学的高铁基础设施 PPP 项目运营定价机制，风险意识及风险管理措施欠缺，PPP 模式方面的法律规范不健全，缺少统一负责公私合作制管理的机构，缺乏 PPP 专业化人才。本章内容为全书的分析提供了现实依据。

第三章，中国高铁基础设施项目全流程公私合作框架构建。首先，对中国高铁基础设施 PPP 模式项目的参与主体和运作程序进行了阐述；其次，对高铁基础设施项目公私合作模式的分类进行了研究，并指出中国高铁基础设施PPP项目在进行具体模式选择时，应该优选合资合营模式，也就是全流程公私合作模式；再次，对中国高铁基础设施PPP项目全流程各环节的公私合作进行了阐述，具体包括：高铁基础设施项目投融资环节公私合作、高铁基础设施项目建设环节公私合作、高铁基础设施项目运营环节公私合作、高铁基础设施PPP项目公私股东的减持和退出；最后，对层次分析方法和模糊综合评价方法进行了介绍，并运用层次分析方法和模糊综合评价方法构建了中国高铁基础设施PPP项目的绩效评价模型。

第四章，中国高铁基础设施PPP项目资本结构分析。本章首先对委托代理理论的基本假设及基本观点进行了介绍，并指出高铁基础设施PPP项目中存在着明显的委托代理关系。其次运用委托代理理论构建模型对中国高铁基础设施PPP项目股权配置问题进行了深入的探讨，理论模型分析的结论是：在发起建设阶段，公共部门和高铁工程建设商共同充当股东发起项目比它们中的一个单独发起高铁项目要好，两者共同发起高铁项目可以使委托代理成本减少，从而促进高铁项目总利润及代理方利润的上升；进入运营阶段后，可以考虑引入新股东——高铁专业运营服务商，公共部门和高铁专业运营服务商共同充当股东对高铁项目进行运营管理可以使委托代理成本减少，而高铁工程建设商应当转让原来所持有的高铁基础设施PPP项目公司股份或仅扮演高铁基础设施PPP项目财务投资人角色。最后，对中国高铁基础设施PPP项目的最优融资结构进行了分析，并构建了中国高铁基础设施PPP项目融资结构优化模型。

第五章，中国高铁基础设施PPP项目风险分担与收益分配分析。首先对高铁基础设施PPP项目风险的定义、特点及形成机制进行了归纳和分析，并将高铁基础设施PPP项目风险分为国别风险、不可抗力风险、特定项目风险三大类风险。其次在分析了利益相关者风险偏好的基础上，提出了高铁基础设施PPP项目风险分担的目标及基本原则，并构建了高铁基础设施PPP项目风险分担框架。最后，对影响高铁基础设施PPP项目收益分配的因素进行了分析，指出影响高铁基础设施PPP项目收益分配的因素主要是公共部门及私营部门对高铁基础设施PPP项目的投入大小、风险分担份额、合同的执行状况、做出的贡献大小，在此基础上，构建了基于风险修正的中国高铁基础设施PPP项目Shapley值收益分配模型。

　　第六章，京沪高铁项目案例分析。首先，介绍了京沪高铁项目概况；其次，对京沪高铁项目参与主体及全流程各环节的公私合作进行了具体阐述；再次，对京沪高铁项目公私股东的初始股权分配情况及未来股权配置发展变化进行了分析，并运用第四章构建的高铁基础设施 PPP 项目融资结构优化模型对京沪高铁项目融资结构进行了分析，实例测算结果表明，京沪高铁项目的融资结构是合理的；最后，运用第三章构建的高铁基础设施 PPP 项目模糊综合绩效评价模型对京沪高铁项目的绩效进行了评价，绩效评价结果表明：京沪高铁项目总体绩效水平达到了"优"，但是在项目成本控制方面没有达到最优绩效。

　　第七章，铁路基础设施 PPP 模式国际经验借鉴。首先，介绍了世界铁路总体发展状况和世界高速铁路发展历程；其次，对美国、日本、英国、法国、德国这些典型国家的铁路基础设施公私合作历程及特点进行了阐述；再次，对美国、日本、法国、德国铁路公私合作的发起机制及股权分配机制进行了分析；又次，对美国、日本、英国、法国、德国的铁路基础设施公私合作模式进行了梳理研究；最后，对国外铁路基础设施公私合作的经验进行了总结并指出其对中国发展铁路公私合作带来的启示。

　　第八章，推进中国高铁基础设施 PPP 模式的政策建议。首先，提出应推进网运分离改革；其次，提出应完善高铁基础设施 PPP 项目财政支持政策；再次，提出应该在高铁基础设施 PPP 项目中构建适度集中的股权分配结构；又次，提出应建立收益分享与风险分担相挂钩的收益分配机制；复次，提出应稳步推进高铁运价市场化改革；最后，提出应加强高铁基础设施 PPP 项目风险防范管理；另外，提出还应出台其他相关配套措施，包括完善 PPP 模式的法律规范、建立统一的 PPP 模式管理机构、加强 PPP 专业化人才培养。

（二）研究方法

1. 理论分析与现实分析相结合

　　高铁基础设施建设 PPP 模式问题的研究是一项系统性工作，必须将理论分析与现实分析结合起来，才能确保分析结论的得出有理有据、政策建议的提出切实可行。因此，本书第一章专门介绍了高铁基础设施建设PPP模式的理论基础，在后面的章节中，还对中国高铁投融资中现存的现实问题作了全面、深入的分析。

2. 规范分析与实证分析相结合

本书综合使用了规范与实证的分析方法。在规范分析部分，主要是对中国高铁基础设施建设中引入PPP模式的理论依据、必要性、可行性，中国高铁项目全流程公私合作框架等方面进行具体研究。在实证分析部分，主要是构建了高铁基础设施PPP项目股权分配模型、融资结构模型、绩效评价模型等，并运用极具代表性的京沪高铁基础设施PPP项目案例数据进行实例测算，验证了模型的科学性、可行性。

3. 经验总结法与案例分析法相结合

通过归纳、整理、分析、系统化和理论化具体实践活动情况，经验总结法可以把实践结果上升为经验，是现实生活和学习中的一种有效方法。中国近年来才开始在铁路基础设施领域尝试引入PPP模式，国内对高铁项目PPP模式的研究起步较晚，因此，本书研究借鉴日、美、英、法等国家高铁项目PPP模式的经验，灵活运用于中国高铁基础设施PPP模式的理论研究及实践中。

本书研究还运用京沪高铁项目案例进行了案例分析，京沪高铁作为中国首批尝试以PPP新型模式进行投资的铁路试点项目，对它的研究有助于深化我们对高铁基础设施PPP模式的认识。京沪高速铁路是21世纪初中国乃至世界最大的世纪工程项目之一，其技术复杂程度和管理难度也开创了世界高速城际铁路建设新的历史。京沪高铁项目汇集了中央政府、多个地方政府、银团、保险集团、社保基金等多个公私投资主体，未来还可能会有私营企业、境外资本、社会公众加入对京沪高铁的投资。因此，选择该极具代表性的高铁基础设施PPP项目案例进行研究，将十分有助于我们深化对高铁基础设施项目PPP模式的认识。

四 本书的创新之处与不足

（一）本书的创新之处

（1）从铁路基础设施PPP模式方面的研究来看，由于中国铁路行业几十年一直属于政府垄断的行业，社会资本很难进入铁路领域，所以过去中国对铁路基础设施 PPP 模式的研究也很少，最近几年开始有少量对铁路 PPP 模式的研究，但这些研究大多比较零散，系统深入的研究很少见。本书结合中国国情对高铁基础设施 PPP 模式进行系统深入的研究，构建起适合中国制度的高铁基础设施 PPP 模式，从选题上来看，具备一定的创新性。

（2）中国以往对铁路基础设施 PPP 模式的研究中主要把 PPP 模式看作一种解决铁路建设资金短缺的方法，对 PPP 模式的理解比较狭隘，大多只是关注到高铁投融资环节的公私合作，缺乏对高铁基础设施 PPP 模式框架的整体思考和设计，而本书提出的建立高铁项目全流程公私合作框架的思路，从思路上来说具备一定的创新性。

（3）为了激励公私各方迅速、保质保量地完成合作任务，使公私合作顺利进行，就必须构建起科学的股权分配机制，在高铁基础设施 PPP 项目各投资者之间进行合理的股权分配，使高铁基础设施 PPP 项目各投资者在为实现自身利益最大化目标而付出努力的同时，自动地实现高铁基础设施 PPP 项目公司的总体利益最大化。而以往的研究中，对 PPP 项目股权分配的研究比较少，本书基于委托代理理论，构建起适合铁路基础设施 PPP 项目的股权分配机制，具有一定的创新性。

（4）不少文献对 PPP 项目收益的公私合理分配进行了研究，但是，已有研究大多只考虑了单个因素对 PPP 项目收益分配的影响，而非综合考虑多个因素对 PPP 项目收益分配的影响，尤其是，学者们很少将 PPP 项目风险问题与 PPP 项目收益问题结合到一起，深入分析 PPP 项目风险分担与 PPP 项目收益分配之间的关联性。本书构建了多个因素影响下的高铁基础设施 PPP 项目收益分配机制，尤其是重点考虑了项目风险分担比例对高铁基础设施 PPP 项目收益分配方案的影响，具有一定的创新性。

（二）本书的不足之处

铁路基础设施投融资模式的研究，属于一个典型的交叉学科研究问题，涉及该领域主要有财政、金融、财会、铁路运输经济、铁路运输管理、项目管理、建筑工程等专业知识，跨越经济学、管理学、工程学等多个学科。笔者以往所学专业主要是经济管理类，对于项目管理、管科学与工程、铁路建筑工程等工科领域的知识了解较少。因此，本书主要基于经济学、管理学视角，存在一定的局限性。

由于能够收集和掌握到的数据资料有限，本书提出的股权分配模型等还有待今后在其他项目实践中进行进一步测算检验。

第 一 章

高铁基础设施投融资 PPP 模式的理论分析

第一节　PPP 模式的含义及分类

一　PPP 模式的含义

PPP（Public-Private Partnership）是 20 世纪 90 年代初在英国兴起的一种提供公共物品与公共服务的新模式。在英国，PPP 模式被认为是政府提供现代化、高品质公共服务的基石。PPP 本身是一个含义并不明确的概念，其外延界限也不清晰，再加上世界各国在社会政治制度、市场经济发展水平上存在较大差异，要想为 PPP 一词制订出一个放之四海而皆准、得到世界各国学者普遍公认的统一概念，难度是极大的。有许多学者经常将 PPP 一词翻译为"公私合作制""公私合作关系"或"公私伙伴关系"，简言之，PPP 通常是指公共部门通过与私营部门签订一系列的合同或合作协议，结成战略联盟，共同向社会公众供给公共产品或公共服务的一种制度模式。

PPP 模式的最大特点是：在原本由公共部门负责供给的公共产品或公共服务领域，引入私营部门，从而使公共产品或公共服务的供给规模和供给质量得以提高，并且还使得公共部门的投资风险得以分散化，为经济社会的长期可持续发展提供新的动力源泉。

PPP 模式的本质在于：公共部门不是像传统的政府采购那样从私营部门那里直接采购一项物品或服务然后提供给社会公众使用，而是与私营部门一起共同生产和联合提供某种公共产品或公共服务。这一特点也是

PPP 模式与公共产品或公共服务中的其他市场化方式之间的最大区别。因此，PPP 不是一种固定的模式，而是提供公共物品和公共服务的一系列可能的选择。

公私合作不等于民营化，民营化也不一定等于市场化及私有化。公私合作与公有或公营并不是对立关系，民营化在某种程度上应理解为对公有经济的改良或改善。PPP 模式虽然是在民营化改革浪潮中衍生出来的，但是民营化更加强调竞争机制的运用，PPP 模式则更为重视合作机制的运用。

在日本，基础设施领域项目的建设与运营主要采用"公企业"方式，美国则主要采取公私合作的方式。在英国和澳大利亚公私合作主要以私有化、民营化的形式表现出来，即主要是实物资产的所有权从公有转为私有。

因此，本书观点如下。

第一，公私合作简单地说就是公共与私营部门之间建立起来的一种伙伴制的合作关系。采用 PPP 模式发起运作公共项目，可以使公共项目的各参与者获得比原来单独行动时更高的收益水平。公私伙伴关系下的政府目标是实现社会福利最大化，民营部门目标是实现部门利润最大化，最终实现资源的最有效配置。

第二，公私合作既不是政府直接提供公共物品和服务，也不是完全私有化，PPP 是指公共部门通过与私人部门建立各种合作伙伴关系（包括私有和私营两个不同层次的合作层面），共同为社会提供公共物品或服务的一种运作方式。现代意义上的 PPP 是指一个大的概念范畴，而不仅仅是一种特定的项目融资模式。广义的 PPP 除基础设施外，还包括教育、科技、国防、医疗、住房、环保、社会保障与福利等领域。

第三，公私伙伴关系 PPP 是指这样一种制度安排（Arrangement），公共部门和私营部门签订一系列的合同或协议，形成长期紧密的合作伙伴关系，私营部门对原来由公共部门单独负责提供的基础设施项目进行投资，或以其他各种不同的方式向公共部门提供支持，通过共同分享权力、共同承担责任、联合投入资源、共同分担风险、共同分享收益的合作方式，共同向社会公众生产和提供公共产品及公共服务。

其中，公方（Public sector）是一个广义的概念，包括政府（Government sector）及其所属部门之和，隐含着三个部门，即政府部门、公共事业部门（Public utility sector）以及公共企业部门（Public enterprise sector）。私方（Private sector）是一个广义的概念，即私人参与者，包括民间私有企业、个人投资者及外国公司等。

公私合作制，除了 PPP 外还有其他表示方法。如 PPI（Private Participate Infrastructure——私营部门参与基础设施供给），出自世界银行，PPI 用于解释政府和私营部门的合作可能更加准确，但除了南韩，世界其他地区很少使用；PSP（Private Sector Participate——私营部门参与）、P3（Public—Private Partnership——公私合作关系），主要流行于北美地区；PFP（Private Finance Program——私营融资项目），主要流行于加拿大；P – P（Public—Private Partnerships——公私合作关系），主要为与购买力平价（Purchasing Power Parity，PPP）相区别；PFI（Public Finance Initiative——私营融资计划），源于英国，现也用于日本和马来西亚。

（一）PPP 模式和传统政府采购

我们可以将 PPP 模式看作传统政府采购模式（采购资金主要来源于税收或政府借款）的一种替代模式。在典型的传统政府采购（设计—竞标—建造）中，政府部门先对项目加以具体设计，然后再公开招标，向负责项目建设的私营部门支付建造费用。政府部门负责项目建设融资，承担建设超支成本。项目的经营和维护也完全由政府部门负责。私营承包商在项目建设完成后，在经营合同规定的期限（一般较短）内负责项目运营，合同期满后不再承担任何责任。

但在 PPP 模式中，政府部门以产出形式规定项目建成后必须达到的服务供给要求，却不具体明确产出方式。私营部门（项目公司）负责项目的具体设计、融资、建设和运营，以达到政府部门所规定的产出要求。私营部门在整个 PPP 合同期（一般为 20—30 年）内，收入来源于事先约定的费用，用于弥补其融资成本，剩余部分为投资者收益。如果项目产出并未达到事先约定要求，私营部门所获得费用收入也相应减少。PPP 模式把与项目设计、建设、需求、服务供给、经营和维护等相关风险，从政府部门转移到了私营部门。

PPP 模式与传统政府采购的区别就在于图 1-1 中两者的基本构造方式不同。在 PPP 模式中，政府通常和私营部门建立的项目公司（Special Purpose Vehicle，SPV）签订 PPP 合同。私营部门通过向消费者收取使用费，或向政府收取可用性费用（或影子价格），或同时向消费者和政府部门收取费用，回收投融资成本。

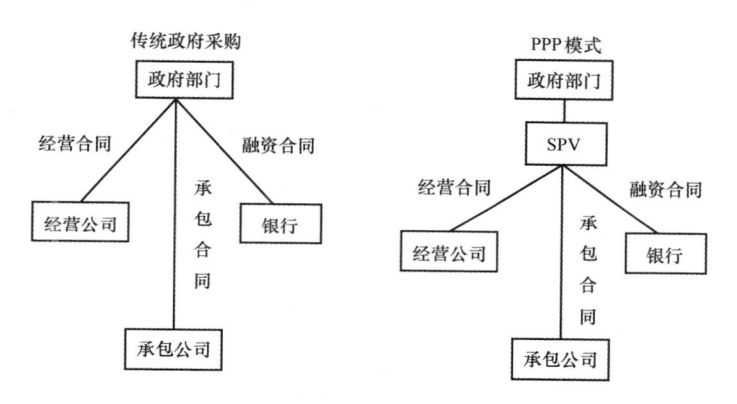

图 1-1 传统政府采购和 PPP 模式的不同

（二）PPP 模式与私营供给

公共服务私营化始于 20 世纪 80 年代撒切尔夫人政府下的英国计划，进而蔓延到其他国家。私营化的理论基础来源于新公共管理理论。新公共管理理论鼓励私营部门参与公共服务供给，引进竞争，实现更好的服务、更低的供给成本和较少的经济资源消耗。私营化是对当时盛行的公共服务政府供给理念的颠覆。而后英国的 PFI 计划则是主要针对不能私营化的领域，进一步提高公共服务的供给收益。因此，PPP 模式与私营化存在差别，两种模式形成的结果也不同。

（1）政府部门对于 PPP 模式供给的公共服务始终承担政治责任，但对于私营化的公共服务却没有。

（2）公众通常视 PPP 模式供给的公共服务为政府供给项目，而不是私营部门供给项目。但对于私营化公共服务的理解却相反。

（3）PPP 模式中公共服务的法定所有权经常保留或转移到政府部门，但私营化的公共服务却永远归私营部门所有。

（4）PPP 模式通常会形成公共服务供给的垄断，但是私营化却是在公共服务供给中引入竞争。

（5）在 PPP 模式中，公共服务供给水平和质量都在政府部门和私营部门签订的 PPP 合同中确定。但私营化的公共服务，政府一般通过颁发执照或制定相关行业规定形式控制其供给水平，允许其供给成本的规律性变化或完全由市场竞争决定。

如图 1-2，图的左边为传统政府采购，政府部门保留了所有的供给责任，承担了所有的风险。图的右边为私营化供给模式，私营部门保留了所有供给责任，承担了所有的风险。而 PPP 模式却居于其中，政府和私营部门共同承担项目供给责任，共同承担项目风险。表 1-1 为三种模式的本质和主要特征。

图 1-2 政府供给、私营供给和 PPP 模式

表 1-1 不同采购模式的本质和主要特征

	政府供给	私营供给	PPP 模式
本质区别	政府部门供给 拥有项目 项目规划 吸纳风险	私营部门供给 拥有项目 项目规划 吸纳风险 收取使用费	政府和私营部门共同供给 资产可以暂由私营部门所有 项目规划中政府部门起重要作用 私营部门负责项目建设和服务供给 风险共享
其他区别	收取使用费 项目可外包	接受价格管理 接受质量控制	接受价格管理 收取使用费 SPV 的存在

二 PPP 模式的历史演变

私营部门参与公共服务供给的方式有多种。特许经营历史较悠久，电力购买协议是现代 PPP 模式的模板，体现在现代 PPP 模式的主要类型——现代特许经营和 PFI 模式里。

（一）特许经营（Concession）

虽然 PPP 这个术语较新，但私营资本参与公共服务供给却历史悠久。在 18 世纪和 19 世纪英国地方政府就建立了收费公路信贷机制，从私营部门借款维修公路，并通过收取通行费偿还债务。直到 19 世纪中期，伦敦大部分桥梁都是依靠此类模式修建而成。19 世纪末，美国纽约市的布鲁克林大桥也是依靠私营资本修建而成。法国从 19 世纪起就已经开始利用私营资本修建运河。

这类收取使用费的 PPP 模式即为特许经营。私营部门（特许权获得者）供给项目，并向公众收取使用费（如各种通行费）。使用费用于弥补私营部门项目建设和经营成本，项目资产所有权通常在特许经营期结束后转移给政府部门。从 19 世纪到 20 世纪初，特许经营不仅用于公路项目，在许多国家还用于铁路、供水和废水处理项目。政府部门在特许经营中的主要责任为建立特许经营运行框架，设置特许经营法规和各种规章制度。

特许经营的发展模式为特许经销，缺少项目建设步骤，直接经营管理已建成项目，但合同设置和融资模式与特许经营相近。19 世纪后期，特许经营开始退出历史舞台，但从 20 世纪末起，特许经营又开始复兴，作为传统公共融资模式的替代，越来越受到各国政府的青睐。

（二）电力购买协议（Power Purchase Agreement，PPA）

PPA 模式始于 20 世纪 80 年代的美国，为现代 PPP 模式的模板。PPA 鼓励私营部门参与废弃发电站的修建，把产生的电力卖给电力部门。PPA 在 20 世纪 90 年代传到欧洲，鼓励发电和电力传输的分离，建设独立的发电站，提高发电行业的竞争水平。在 PPA 模式中，私营投资者的收入主要来源于两个方面。一是可用性收费。可用性指发电设施达到政府规定的发电标准。可用性收费主要用于支付发电站修建和维护费用。二是使用费。主要用于支付发电站供给成本。

PPA 模式的一个重要特点是私营部门（项目公司）只承担按规定期限和预算完成的发电站建设风险和经营管理风险，不承担需求风险（由支付可用性费用方承担）。但是私营部门必须保证项目产生合同事先约定的足额电力。与特许经营中收入主要来源于公众支付使用费不同，PPA 中私营部门收入主要来源于可用性收费。

PPA 模式的另一重要特点是先进的"项目融资"（Project Financing）技术，能获得高比例的长期贷款支持。PPA 项目融资结构是现代 PPP 模式的基准。图 1-3 为一个 PPA 项目的主体结构，其中，转包商承担了许多关键风险，如发电站的建设和经营管理风险，大大降低了项目公司承担的风险。

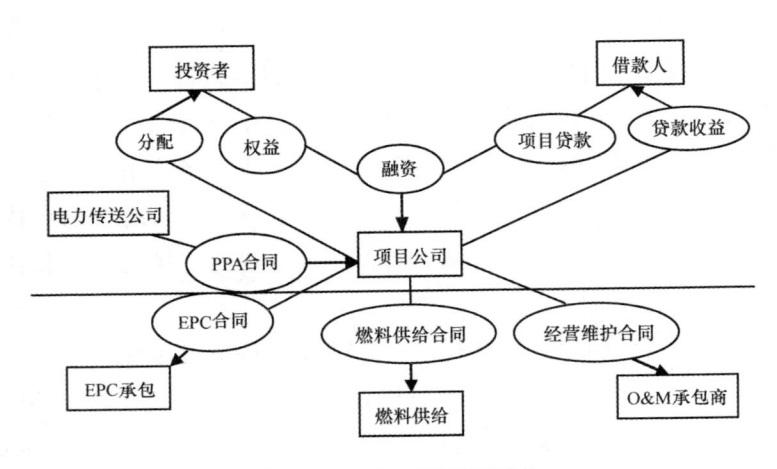

图 1-3　PPA 项目融资结构

（1）项目公司由私营投资者拥有。

（2）项目融资主要来源于私营投资者所有者权益和项目贷款。

（3）项目采购和建设（EPC）合同。建设承包商同意在既定价格和期限内，完成发电站的修建，并保证其可立即投入使用。

（4）燃料合同主要供给发电时所需煤或天然气等燃料。

(5) 经营和维护（O&M）合同。O&M 承包商代表项目公司负责发电站的经营和维护。

(6) 项目公司和电力部门签订的 PPA 合同，确定可用性收费和使用费收入。项目公司取得收入在用于支付燃料费和经营管理成本后，多余部分先用于偿还贷款本金和利息，最后剩余由私营投资者分配。

（三）BOO—BOT—BTO—DBFO

PPA 模式的第一个发展模式为建造—所有—经营（BOO）。建造—经营—转移（BOT）首先形成于土耳其，用于电力供给，与 PPA 模式的最大差别是电力购买者为政府部门。BOT 合同结束后，发电站所有权转移到政府部门。从 BOT 发展到建造—转移—经营（BTO）只经历了一个短时期。BTO 中，项目建设完成后所有权即转移给政府部门。在设计—建造—融资—经营（DBFO）中，项目的法定所有者始终是政府部门，私营部门仅仅是根据合同规定经营管理项目。

BOT、BTO 和 DBFO 为受到财政限制的发展中国家的电力设施提供了一个更有效率的供给模式。私营部门代表政府部门向公众提供服务，同时接受政府部门的监督和管理。

（四）PFI 模式（Private Finance Initiative）

1992 年，英国政府提出私营融资计划，目的在于鼓励私营资本参与政府基础设施供给。20 世纪 90 年代特许经营开始复苏，英国于 1994 年实施了第一批公路特许经营项目。但英国的收费公路数量确实有限，建立在使用费基础之上的特许经营不能充分满足基础设施供给需要。PFI 模式引入了政府部门费用支付理念，政府部门根据公众对项目的使用情况，通过"影子价格"向私营部门支付费用。PFI 模式的发展模式为引进私营部门供给使用风险必须保留在政府部门的学校、医院等项目。建立在 PPA 模式的基础上，私营部门按照合同规定建设项目，并提供维护、清洁和供养等服务，政府部门则根据项目可用性情况支付费用。图 1-4 为 PFI 项目融资结构，和 PPA 模式相似。

(1) 项目公司，由私营部门所有。

(2) 项目融资来源于投资者权益和项目贷款。

(3) 设计＆建设（D&B）合同。承包商同意在合同约定的价格和时期内，按要求完成学校的建造。

(4) 软件设施维护（FM）合同。服务公司提供诸如安全保卫、清洁和供养服务。

(5) 硬件设施维护（FM）合同。服务公司（或 D&B 承包商）提供项目维护服务。

(6) 私营部门和政府部门签订 PFI 合同。项目公司收入在去除经营成本后，先用于偿还贷款，剩余部分用于投资者收益分配。

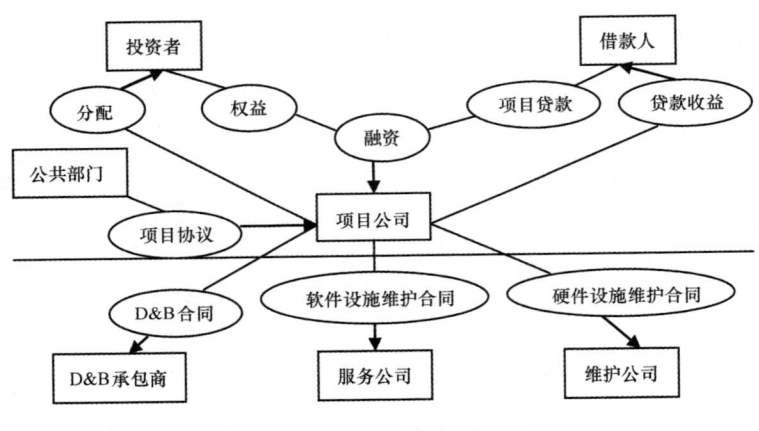

图 1-4　PFI 项目融资结构

三　现代 PPP 模式的主要类型

现代 PPP 模式的类型划分可以根据项目组织结构和 PPP 合同中服务供给和风险转移情况而区分，可能根据 PPP 合同中服务供给和风险转移情况而区分的类型更有现实意义。

（一）根据组织结构不同划分

PPP 模式可以按照政府和私营部门在合作中的不同角色分类，如表 1-2 指出的 BOT、BTO、DBFO 以及相关的变化类型。多数情况下，

PPP 项目的法定所有权最终都由项目公司转移给政府部门，或项目公司从未拥有过 PPP 项目的法定所有权，只是根据合同进行财产租赁或经营管理。

表 1-2　　　　　　　　　　PPP 模式的主要类型

类型	特征
建设—所有—经营　　（BOO） 建设—发展—经营　　（BDO） 设计—建造—管理—融资（DBMF）	私营部门设计、建设、所有、发展和管理项目，项目所有权最终不用转移到政府部门，为设计—建设—融资—经营（DBFO）的各种变化类型
购买—建设—经营　　（BBO） 租赁—发展—经营　　（LDO） 外围修葺　　　　　　（WAA）	私营部门从政府部门购买或租借现有项目，进行翻修、更新和（或）扩建，再对该项目进行经营管理，项目所有权最终也不用转移给政府部门
建设—经营—移交　　（BOT） 建设—所有—经营—移交（BOOT） 建设—出租—所有—移交（BROT） 建设—租借—经营—移交（BLOT） 建设—移交—经营　　（BTO）	私营部门设计、建设和经营项目，在经营合同（或其他规定时间）到期时，项目所有权转移给政府部门

（二）根据服务供给和风险转移情况划分

根据 PPP 合同中服务供给和风险转移情况而区分 PPP 模式的类型可能更有意义。根据服务供给和风险转移情况，PPP 模式可以分为两大类，分别以使用费和可用性为基础。

1. 以使用费为基础

以使用费为基础的项目主要包含收取通行费、过路费或使用费等的公路、桥梁、地铁、港口、飞机场、有轨电车和轻轨网络系统等，是当前最流行的特性经营项目，使用风险由政府部门转移到私营部门。在 PFI 模式中，使用费也可以通过影子价格由政府部门转移到私营部门。也可结合采用特许经营和 PFI 两种模式，项目公司收入不仅包含通行费，还包含政府部门通过影子价格给予的补贴。

2. 以可用性为基础

建立在可用基础上的项目有医院、学校和监狱等，政府部门的费用支付建立在项目建设完成后可用性基础上，PFI 模式主要应用于此领域。在此类项目中，私营部门一般还负责提供各种服务，比如清洁、供养、维护和保管等。相对于建设项目符合政府部门规定使用标准，服务供给责任却是次级重要的。

（三）根据公私合作权力分享的程度划分

根据公私合作权力分享的程度划分，PPP 模式的类型有：股权参与型（Equity Investment）、特许协议型（Franchise Agreements）、协作型（Collaborative）、合作运营（Cooperation）、合作生产（Coproduction）、协力（Coordination）合同伙伴型（Contractual partnerships）、共同经营型（Join Activities）、捐助型（Contributory）、协商型（Consultative）等。①

第二节 高速铁路的概念及特征

一 高速铁路的概念界定

1985 年 5 月，联合国欧洲经济委员会在日内瓦签署的国际铁路干线协议中规定：新建客运列车专用型高速铁路时速为 300 千米，新建客货运列车混用型高速铁路时速应为 250 千米。

根据国际铁路联盟（UIC）的定义：高速铁路是指与列车上及车站的服务相配套的、由新一代的列车提供的时速在 200—300 千米（甚至达到 350 千米）的铁路快速运营服务，在要求高速的同时，还要求高质量、高舒适度。

中国的铁路客运模式主要是高速铁路客运专线（High speed lines）及

---

① 吕朝贤：《非营利组织与政府的关系：以九二一赈灾为例》，《台湾社会福利》2001 年第 2 期。

城际公交化快速铁路网（Regional Rail System）。① 客运专线（Passenger Dedicated Lines，PDL）是以客运为主的快速铁路。目前在中国，铁路等级除Ⅰ、Ⅱ、Ⅲ级外又增加了"客运专线"等级，时速为200—350千米的铁路统称为客运专线。客运专线列车最小行车间隔可达3分钟，列车密度可达每小时20列，能够实现大量、快速和高密度运输。在繁忙干线建设客运专线，实现客货分线运输，能够分流既有线的大部分客车，腾出既有线用来发展货物重载运输。（中国货运铁路时速最快为120千米）

按照2008年世界高速铁路大会的定义，"高速铁路"必须同时具备三个条件：新建的专用线路、时速250千米动车组列车、专用的列车控制系统。因此，中国的客运专线和大多数城际铁路就是高速铁路。

二 高速铁路的特征

高速铁路是重要的区域与城际基础设施，具有以下几个明显的特征。

（一）高速铁路是准公共物品（混合物品）

高速铁路属于一种典型的混合物品，高速铁路同时具有公共产品和私人产品的双重属性，这为私营部门参与高铁基础设施建设提供了基础条件。一般来讲，纯公共产品性基础设施由政府部门提供，纯私人产品性基础设施由私营部门提供，准公共产品性基础设施由政府和私营部门共同提供。某些为国家政治、经济及国土开发需要所建设的特定高铁基础设施项目，公共性较强，接近于纯公共产品，而大多数高速铁路，都具有比较明显的竞争性和排他性，其表现在，虽然高速铁路客运作为一个整体服务于人们的商务出行与旅游消费，具有较强的社会性，但对消费者个体而言，却是典型的竞争性商品，并具有较强的排他性。因此，中国大多数高速铁路明显应归属于准公共产品。

（二）高速铁路比普通铁路的公共性纯度和公益性程度要低

从传统普通铁路与高速铁路的分化来看，传统铁路客运服务已经可

---

① "和谐号"动车组以"D"开头。高速铁路一般以"G"开头（时速一般大于300千米），城际铁路一般以"C"开头。

以满足民众交通出行的基本需求，且提供给民众的价格是非常低廉的，因而传统铁路的公共性纯度更高，而高速铁路的公共性纯度较低，属于一种典型的准公共性物品。高速客运服务是在保证民众基本出行条件的基础上进一步提高其生活质量的可选择性消费，其与传统铁路的主要区别在于其能够提供更为快捷、舒适、平稳的交通服务，相应地也要收取比传统铁路服务高的票价，这种特殊产品的消费具有较大的消费价格弹性。因此，高速铁路与传统普通铁路相比，传统普通铁路的公共性纯度较高，因而可能并不适合采用 PPP 模式进行投资建设，但是，对于高速铁路而言，它的公共性纯度是比较低的，公益性程度也比较低，因此在高速铁路投资建设中适合引入 PPP 新型模式。

（三）通过网运（上、下）分离，高铁可分为垄断性和竞争性两部分

中国铁路行业集中度非常高，从整体来说几乎是一个完全垄断的行业。不过，行业的自然垄断并不表明其所有业务都是垄断的，如果将其细分，铁路下部的固定基础设施具有很强的自然垄断性，上部的运营部门却是可竞争的。所以，必须改革其管制框架，适时将竞争性业务从垄断性业务中剥离出来，因此，网运（上、下）分离成为公私合作的前提。如图 1-5。

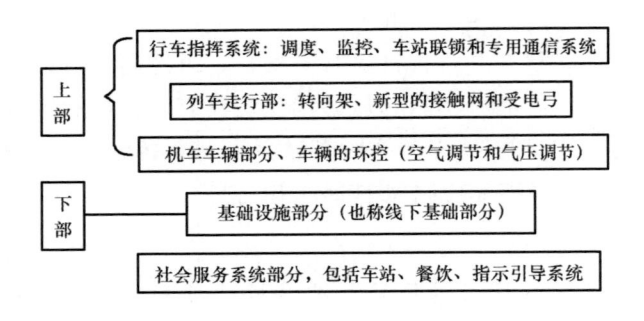

图 1-5 铁路的上部系统与下部系统

（四）国有路网的规模效应可能对外部资本进入高铁基础设施建设领域造成"陷阱效应"

铁路需要大量投资形成一定的规模才能发挥作用，这会对外部资本的进入形成所谓"陷阱效应"，即当投入高铁的一定数量的外部资本进入规模巨大性的国铁存量资产网络中，就会被数量庞大的铁路国有资产淹没，难以形成股权制衡。另外，高速铁路具有较强的资产专用性（Asset specificity），即铁路路网铺设完成后，一旦决定退出经营，则其投入相应路网的资金就不能收回，这也决定了该行业有着较高的进入或退出"门槛"。

（五）铁路网络的自然垄断特性理论上可以避免恶性竞争，并降低成本

自然垄断特性呈现出规模经济性、范围经济性和网络经济性三位一体的特性（见表1-3）。这就使单独一家企业独占市场将比任何多家企业共同分享市场可以取得较低的平均成本，理论上说，可以增加社会总剩余。

表1-3　　　　　　铁路运输产业的自然垄断性质

业务分解	规模经济程度	范围经济程度	网络经济程度	自然垄断程度
路网	强	强	强	强
运营	有	有	无	弱

因此，世界各国铁路行业均保持了适度的垄断经营，这样可以避免同一线路的恶性竞争，当然，这也是铁路得以长期维持其国有垄断地位，私人资本难以进入的原因之一。

（六）铁路经济收益具有非均衡性特征，不同区域的公私合作程度需要进行区分

铁路路网中，不同区域及业务间的经济收益差距很大，在有的区域和业务可以取得正常的收益，某些区域甚至能取得较高的利润，但是在其他一些区域和业务上则很可能收不抵支，处于亏损运营状态。

例如，中国现有的高铁项目，东部地区的高铁项目较容易获得经营利润，但是西部地区的高铁项目基本都是微利甚至亏损经营状态。而从铁路的主要业务货运及客运来看，在货运业务经营上通常比较容易取得盈利，而客运业务经营上则通常比较容易陷入亏损。

（七）高速铁路具有很大的外部效应，可能需要进行补贴

外部性（Externality）产品具有两个明显特征：非补偿性和非市场性。由于铁路基础设施会对社会产生明显的正外部性，但是其公益特性却同时限制了利润率，从而造成民营企业无法对其产生足够的投资兴趣。市场机制无力对产生外部性的厂商给予奖励和惩罚，价格机制起不到调节作用。也正是基于这一点，铁路在一个相当长的时期内也难以完全市场化。

高铁投资以后产生的效益（特别是社会效益）不易分割。如高铁建设通常会带动沿线土地的快速增值，拉升沿线土地在市场招拍挂的成交价，增加地方政府的土地出让收入，也带动沿线房地产、商业配套设施等行业的快速发展，另外，高铁建设还能为沿线居民生活提供便利，并将带动地区相关产业的快速发展，提高地区就业率。从这一意义上讲，高铁能增加城市的社会经济福利，带来巨大的正的外部效应，但是，高铁项目带来的总收益不可能全部量化为项目投资者的账面收益，因此，国家需要对具有正外部性的高铁行业进行一定的补贴。

第三节　高铁基础设施 PPP 模式的理论依据

公共产品理论说明了铁路基础设施具有公共产品和私人产品的双重属性，不同属性的铁路基础设施应由不同的主体供给，非纯公共性铁路基础设施应该由政府和私营部门提供。项目区分理论从项目是否可经营角度对铁路基础设施进行了进一步分类，对于纯经营性项目应鼓励多元化投资，对准经营性项目也应鼓励多元化投资，但政府应该根据具体情况考虑给予补贴等支持性政策。新公共管理理论则是建立在上述两理论

基础上，直接促使了 PPP 这一新型混合供给模式的出现，致力于私营化不能有效实施的领域。

一 公共产品理论下铁路基础设施的双重属性

（一）纯公共产品和非纯公共产品

公共产品与私人产品的区别主要在于公共产品能够同时向一系列使用者提供利益，私人产品无论何时都只能向单个使用者提供利益。如果公共产品能够服务于任意数量的使用者，则为纯公共产品。如果发生拥挤，则为非纯公共产品。纯公共产品具有以下两个特性。

1. 非排他性

纯公共产品一旦供给就不可能排除任何消费者对它的使用，除非承担无可估量的成本。纯公共产品的这种非排他性主要表现在以下两个方面：其一，在技术方面不易排除众多受益者；其二，即使技术可行，其昂贵的成本也会导致经济上的不可行。纯公共产品不仅具有非排他性，还具有非拒绝性。

2. 非竞争性

纯公共产品在消费上的非竞争性由以下几个方面决定。首先，纯公共产品大多是不可分割的。其次，因为纯公共产品的不可分割性，每增加一个消费者的边际成本为零。纯公共产品和纯私人产品的区分可以通过下面个人消费和总消费关系的方程来说明。纯私人产品的总消费量等于所有个人消费额的总和，即：

$$x_j = \sum_{i=1}^{I} X_j^i, (j = 0, \cdots, J)$$

在这里上标 i 代表个人，下标 j 表示产品。然而，纯公共产品的总消费量则是个人消费与集体消费相等的关系，即：

$$X_k = X_K^i (i = 1, \cdots, I; K = J + 1, \cdots, J + K)$$

这里的上下标所代表的含义与上式相同。

表1-4是对公共产品和私人产品的识别。通过识别,可以大致区分出以下四种不同类型的产品:①具有排他性和竞争性的产品;②具有非排他性和非竞争性的产品;③具有排他性和非竞争性的产品;④具有非排他性和竞争性的产品。①为私人产品;②为纯公共产品;③和④为非纯公共产品,有时也称为准公共产品。具有排他性和非竞争性的产品有时称为俱乐部产品,而具有竞争性和非排他性的产品有时称为政府资源。

表1-4　　　　　　　　　　　　产品种类

产品特征	排他性	非排他性
竞争性	私人产品	非纯公共产品
非竞争性	非纯公共产品	纯公共产品

(二) 公共产品最优供给的局部均衡分析

1. 私人产品的局部均衡

图1-6中的 D_A 与 D_B 线分别代表个人 A 与 B 的需求曲线,这两条需求曲线的差异可能是因为 A 和 B 两人的收入水平不同,也可能是 A 和 B 两人对该私人产品的偏好不同导致。在私人产品市场,消费者面对的价格是同一水平,理论分析只有两个人的社会,则社会对该产品的总需求为:

$$\sum D = D_A + D_B$$

可以看出,社会对该产品的总需求是两人在同一价格水平下需求的横向加总。假如该产品的供给曲线已定,那么其均衡价格为 P_0,其均衡产量为 Q_0,其中的 Q_A 为 A 的消费量,Q_B 为 B 的消费量。图1-6中,当价格由 P_0 上升为 P_1 时,A 的需求将为零,此时只有 B 存在需求,$\sum D$ 线会在 g 点出现拐折,在 P_1 价格以上有 $\sum D = D_B$。[①]

---

① 孙洁:《城市基础设施的公私合作管理模式研究》,博士学位论文,同济大学,2005年。

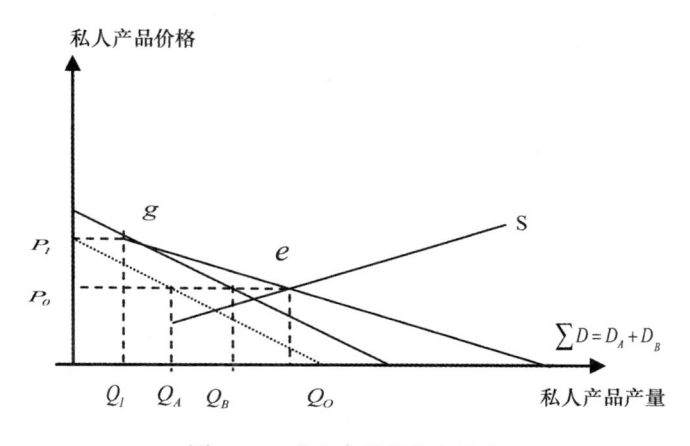

图1-6 私人产品的局部均衡

2. 公共产品的局部均衡

图1-7中D_A与D_B分别表示个人A和B对公共产品的需求线，萨缪尔森称它为"虚假的需求线"，原因在于现实生活中，个人并不会透露其为得到一定数量的公共产品愿意支付的价格（税收）。但是，上述的需求曲线却可以帮助分析问题。公共产品一旦供给，任何个人都可支配，全体个人愿意为其支付的价格（税收）由不同个人的需求曲线垂直相加而得到。社会总需求可表示为：

$$\sum D = D_A + D_B$$

垂直相加的原因是在公共产品市场，即使个人可支配相同数量的公共产品，但他愿意支付或能够支付的价格却不相同。

此刻，假定不存在搭便车问题，当公共产品的供给线确定之后，$\sum D$与S线的交点就为公共产品的均衡价格，为$P_A + P_B = P_O$或$T_A + T_B = T_O$。

通过对公共产品的均衡分析，可以看出，$\sum D$是一条带有拐点的曲线，拐点意味着当公共产品的供给量超过Q_l时，个人A将拒绝缴纳税收，此时，公共产品的生产成本将全部由个人B来承担。

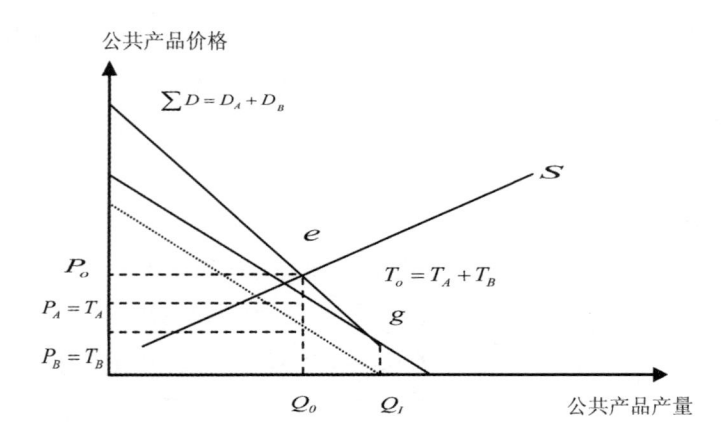

图 1 - 7　公共产品的局部均衡

(三) 非纯公共产品的均衡

非纯公共产品是同时具有公共产品和私人产品性质的产品。非纯公共产品为个人投资对象，但同时又具有溢出效应，不仅需要个人付费，也需要社会支付部分成本，从而保证该类产品充分有效地供给。私人产品的总需求为个人需求的水平加总，公共产品的总需求为个人需求的垂直加总，非纯公共产品的总需求则可以通过以下模型获得（见图 1 - 8）。图 1 - 8 中，P 表示产品价格，Q 表示产品数量。

通过对私人产品和公共产品的加总，可以分别得到两种产品的总需求 $\sum D$，然后以 D_X 和 D_G 的形式导入混合产品的模型中，同时再次引入供给曲线 S，找到两个均衡点 E^* 和 E'。在均衡点 E^* 中，供给曲线与需求曲线 D_X 相交，该产品应为纯私人产品，该产品的均衡价格为 P^*，均衡产量为 M^*。但随着政府干预，两者的均衡点移至 E' 点，该点可以理解为私人支付加政府支付后形成的总需求与总供给的均衡点。在这同时具有私人支付又有政府支付的均衡点上，均衡产量为 M'，均衡价格为 P'，余下的 $E'E$ 则为政府支出。非纯公共产品的这种均衡表明，非纯公共产品具有溢出效应，其费用支付不能只由私营部门承担，也不能完全由政府负担。

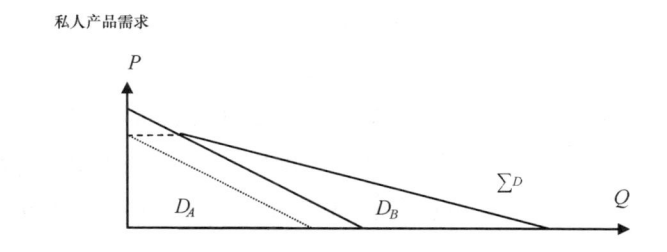

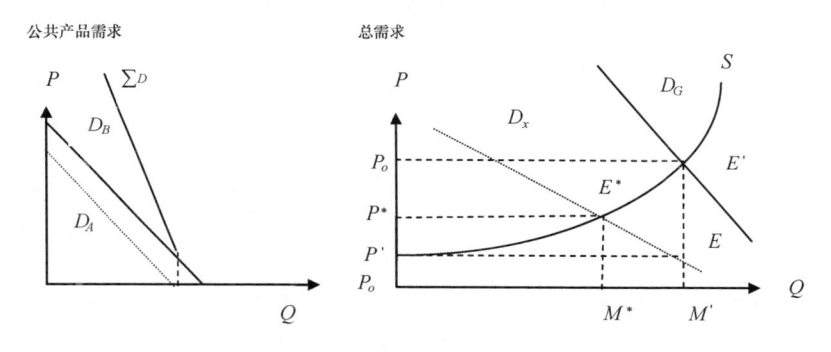

图 1-8 各类产品总需求

（四）公共产品理论与铁路基础设施供给

铁路基础设施具有公共产品和私人产品的双重属性，这种异质性决定了铁路基础设施供给方式的多样性。公共产品理论为私营部门介入铁路基础设施供给提供了理论支撑。一般来讲，纯公共产品性基础设施由政府部门提供，纯私人产品性基础设施由私营部门提供，准公共产品性基础设施由政府和私营部门共同提供。由政府部门提供纯私人产品性基础设施和私营部门提供纯公共产品性基础设施，或由政府或私营部门单独提供准公共产品性基础设施，都是无效率的，达不到社会资源最优配置的目的。为国家政治、经济及国土开发需要所进行的铁路基础设施建设项目，尤其是贫困地区、边远地区的铁路基础设施，具有很强的非竞争性、非排他性和不可分性，公共性较强，接近于纯公共产品。少数铁路基础设施，如主要服务于特定采矿企业或港口运输企业的铁路专用线，则比较接近于纯私人产品。而中国的大多数铁路基础设施，则明显应归属于准公共产品。

高速铁路客运作为一个整体服务于人们的商务出行与旅游消费,具有较强的社会性,但对消费者个体而言,却是典型的竞争性商品,并具有较强的排他性。

此外,虽然铁路行业集中度非常高,但是行业的自然垄断并不表明其所有业务都是垄断的,如果将其细分,铁路下部的固定基础设施具有较强的自然垄断性,上部的运营服务产品却是完全可以引入竞争机制的。

二 项目区分理论下铁路基础设施分类投资成为可能

(一) 项目区分理论的内容

项目区分理论认为,基础设施项目可以根据其经营属性的不同分为不同类型。不同经营属性项目的投资主体、运作模式、资金筹集渠道和权益归属都存在差异。依据这一标准,项目区分理论将基础设施项目主要分为两部分:第一部分为非经营性项目,该部分项目为实现社会和环境效益,无现金收益,不存在收费机制;第二部分为经营性项目,有现金收入,存在收费机制。经营性项目根据收益去除成本以是否获得利润为分界又细分为两部分:准经营性项目和纯经营性项目。准经营性项目收益不能完全弥补成本支出或利润率不高;纯经营性项目收益能弥补成本支出,实现盈利形成较高利润。根据项目区分理论,中国高铁基础设施大多属于准经营性项目。

(二) 项目区分理论的功能

项目区分理论可以根据项目经营属性不同,把基础设施供给责任在政府和社会投资者中加以区分。政府应为非经营性项目的投资主体,择优选择项目投资,做好设计规划,控制供给成本,减少供给风险;纯经营性项目供给应坚持多元化、公平竞争和择优选择原则,采取公开透明的招投标方式,鼓励全社会投资者参与;准经营性项目能产生部分收益,也应鼓励全社会投资者参与。考虑到部分准经营性项目入不敷出的特殊性,为提高全社会投资积极性,政府必须给予政策支持,适当补贴。项目区分理论的功能主要表现在以下几个方面。

（1）项目区分理论可以改进和完善基础设施投融资机制。非经营性项目不能产生收益，为公益性项目，政府应主导投资；准经营性项目、经营性项目能不同程度地产生收益，实现增值，应公开招标，择优选择，鼓励全社会投资者参与。

（2）项目区分理论可以转变基础设施供给渠道，大大提高铁路基础设施供给水平，为中国高速铁路新一阶段的发展打下坚实的基础。明确政府和私营部门在非经营性项目、准经营性、经营性项目之间的分工，能鼓励全社会投资者积极参与，发挥社会潜在力量，也有利于集中财政资金用于其他亟待解决的问题，完善投资格局。①

（3）项目区分理论可以彻底区分政府行政管理和企业管理职能。政企分开，政府和企业发挥各自优势，履行相应职责，提高效率。

（三）项目区分理论与铁路基础设施供给

项目区分理论应用于铁路基础设施供给，根据项目经营性的不同，选择不同的投资主体，可以进一步完善铁路基础设施投融资机制。政府应颁布相关政策规定，鼓励内资和外资企业积极参与经营性铁路基础设施供给，并确保政策的完整性和持续性。在准经营性铁路基础设施项目中，政府应给予财政补贴。

三 新公共管理理论下铁路基础设施 PPP 模式获得有力支撑

公私合作的兴起，从理论上看，是基于新公共管理理论的出现和民营化的要求。20 世纪 70 年代末 80 年代初以来，全球形成的一股持久不衰的政府改革热潮——新公共管理（New Public Management，NPM）在英美两国应运而生。这种新的管理方法，被称为以市场为基础的公共行政或企业型政府。新公共管理理论以现代经济学为理论基础，主张在行政体制中广泛引进私营部门先进的管理和竞争机制。新公共管理理论的兴起主要是针对当时的"政府失败论"——政府出现财政危机，福利政策难以持续，政府机构膨胀、体制僵化、效率低下，公共信心缺失，行政

---

① 朱会冲、张燎：《基础设施项目投融资理论与实务》，复旦大学出版社 2002 年版，第 21 页。

体制越来越不能适应社会和经济发展。新公共管理理论是对传统的行政体制的否定和颠覆。

（一）新公共管理理论的内容

1. 政府角色确定

新公共管理理论致力于区分政府决策制定和执行职能。政府应集中于决策制定职能，制定各种政策，完善法律法规，建立项目激励机制，监督管理项目进程，促进公共服务供给的高质量和高效率。

2. 政府管理专业化

新公共管理理论要求政府强调管理职能，实现管理的专业化。政府管理专业化需要吸取企业管理的先进经验，广泛引进企业管理方法，应用企业管理理念。新公共管理理论还主张进行项目预算、产出控制、人力资源开发和业绩评估等，这些都来源于私营部门的经营管理经验。

3. 政府管理绩效化

新公共管理理论要求实行绩效管理，确定预期目标，实行全程监控，进行绩效评估。绩效评估内容包括对成本、收益、质量和效率的考评。考评标准主要为经济、效率和效益三方面。政府应采用绩效预算，根据不同项目分配不同的资金和人员。政府也应重视战略管理，事先了解项目的组织和环境情况，确定面临的机遇和挑战，全面掌握信息，更好、更优地利用各种资源。

4. 引入竞争机制

新公共管理理论强调市场的作用，呼吁通过市场这一途径改进政府行为。要求引入市场的竞争机制，鼓励政府各机构之间以及政府与私营部门之间相互竞争，提高政府服务供给效率。

5. 政府行为以服务公众为中心

新公共管理理论指出，公众即为政府的"顾客"，政府行为以公众满意为中心。政府行为应该满足公众需求，应该鼓励公众参与公共管理和公共决策的制定等。

以新公共管理理论为指导，各国推进了大规模的新公共管理运动，做法虽不一样，但内容大体相同，学者的论述也是大同小异。

（二）新公共管理理论和铁路基础设施供给

在经济学中，公共品是指其效果不能独享的商品。公共物品与公共服务的供给涉及提供者（或称安排者，provider）、消费者（consumer）、生产者（producer），其中，要认清政府的角色就须将提供（provision）和生产（production）两个概念区分开来，政府可以是公共物品与服务的提供者与安排者，但不一定是生产者，政府有权选择是通过垄断还是竞争、是通过公企业还是私企业来进行生产以满足公众（即消费者）的需求。政府作为公共利益的代表，在公共物品与服务的提供中起着关键的作用，但政府也不是无所不能的，任何单一的部门和单一机制均难以解决公共物品与服务提供的效率与公平问题。

公共部门、私人部门、第三部门是最基本的社会组织，相应的公共物品与服务的提供机制有政府强制/公利机制、市场/私利机制与民间自愿/公利机制。

公共物品与服务的市场化供给方式包括私人供给、公私合作供给、私人与社区联合供给等。政府除通过直接生产的方式提供公共物品与服务，大多情况下是通过间接生产的方式来进行安排，主要包括：政府与私人企业签订生产合同、政府授权经营、政府出让经营权、政府补贴与资助、政府收购与参股等。

起初，政治学家们普遍认为：在人类社会中，政府这一组织之所以产生，是因为公民社会中的所有公民为了保障和维护自身的私人利益和自由不受他人的侵犯而向政府让渡自己手中的一部分权利，政府因此获得了政治权力，公民授予政府政治权力是为了让政府运用政治权力实现公共利益，即向公民提供各种公共产品和公共服务。根据这种观点，一个国家的公共领域应该从原来的私人领域当中独立出来，向公民生产和提供公共产品和公共服务成为政府与生俱来的责任，不可推卸给任何其他公民或私人部门。因此，在这一阶段，政治学家们认为一国公共产品和公共服务的供给主体是唯一的，那就是该国政府。

20世纪六七十年代，伴随治道变革，新公共管理学派不仅从理论上论证了公共产品和公共服务由政府供给转变为私人部门供给或第三部门供给的重大意义，还做了大量的经验性研究，这些经验性研究也证实了公共产品和公共服务由政府供给转变为私人部门供给或第三部门供给的客观可行性。这标志着政治学的一个跨越式发展，政治学已经打破了原来严密的、不可逾越的"公私"边界，不再认为公共领域是私人部门绝对不能进入的，不再认为只能由政府来担任公共产品和公共服务的唯一提供者，而是提倡将过去的单一化公共产品供给模式转变为多元化公共产品供给模式，具体来说，就是对原来的公共产品政府供给模式进行改革，建立起政府部门、私人部门、第三部门和公民自组织（如社区）多元供给新型模式。

20世纪90年代，政治学家和经济学家们对"公私"合作的认识进一步深化，他们认为，政府的公共项目投资运作方式需要进行大刀阔斧的变革，其最终目标是增加公共产品和公共服务的供给规模和供给效率，提高社会公众所享受到的公共福利的水平，而要解决公共产品和公共服务的供给不足问题，尤其是公共基础设施项目的供给不足问题，就必须在公共领域引入社会资本，公共部门与私人部门之间结成合作伙伴关系，共同向社会公众提供各种公共产品和公共服务，这样，实际上在公共产品和公共服务供给中就出现了公私伙伴关系模式（PPP模式）。PPP模式的出现和运用，使许多国家的政府职能和角色产生了显著变化，使政府的行政管理方式发生了剧烈的治道变革，它表示一国政府已不是该国公共产品和公共服务的唯一提供者。不仅如此，在许多种类的公共产品和公共服务中，私人部门、第三部门、公民自组织等各种非政府主体也不应该单独向社会公众进行供给。PPP模式意味着，政府部门、私人部门、第三部门、公民自组织这几种主体中，需要两种或两种以上的主体通过平等友好协商达成一系列合同或协议，从而结成合作伙伴关系，共同向社会公众提供特定公共产品或公共服务。

新中国成立后的数十年时间里，一直实行计划经济体制。在这种体制下，不论是纯公共产品还是准公共产品，全部都是由中国中央政府或各级地方政府向社会公众提供的，具有政府垄断特征。党的十一届三中全会以后，中国政府开始推行改革开放，努力将计划经济体制转变为社会主义市场经济体制，使资源的配置手段从计划手段为主转变为市场手段为主。伴随着社会主义市场经济体制的建立健全，中国市场经济水平越来越高，市场经济的一个副产品就是公民权利意识的觉醒，社会公众表达自身需求和维护公共利益的能力越来越强，对公共产品和公共服务的供给规模和供给质量要求越来越高。面对当今这样一个极其复杂、变化剧烈的行政环境及社会公众多元性的利益诉求，如果政府仍然保持对公共领域的垄断，显然是不合时宜的，政府需要将一部分权力让渡给社会公众、私营部门和第三部门，政府要学会如何与社会公众、私营部门和第三部门分享权力，当然，一旦私营部门、第三部门等获得了权力，按照权力责任对等的原则，其也就同时应该分担一部分公共产品或公共服务供给责任，也就是说，它们应该与政府部门同心协力，共同进行资源投入，为社会公众提供符合要求的公共产品或公共服务。因此，公共产品和公共服务的供给主体就从原来单一化的政府部门，变成了政府部门、私营部门、第三部门和社会公众等众多不同类型主体构成的多主体合作网络。当然，这并不意味着政府可以把公共产品和公共服务的供给责任全部推给市场或社会，在公共产品和公共服务的供给中，中央政府和各级地方政府依然责无旁贷地发挥主导性作用，与过去的政府垄断提供模式相比，主要区别是，政府在公共产品和公共服务的投资经营上，适当引入社会资本。政府大力推行公私合作关系模式（PPP模式）的目的就是，在这种模式下，政府部门既可以保留相当程度的投资决策权和对公共项目的控制权，又可以利用市场机制的作用，有效利用社会资本，充分调动全社会拥有的全部资源，促进公共产品和公共服务供给水平的提升。由市场机制供给公共物品容易出现市场失灵，其表现为：公共物品如果由私人生产，提供的公共物品的数量通常低于社会所要求的最优数量，甚至是零产出。因此，公共部门直接投资、建设与运营有可能导致公共物品与公共服务供给不足与政府隐性负债，而在公私伙伴关系中，私人伙伴者将更多承担公共服务的直接生产和提供责任，公共部门则成为与之协调配合的伙伴者，把主要的精力和资源放在规划、绩效的监督和契约的管理方面，并在伙伴关系的选择、组建到解散的各个环节，与私人部门紧密合作，分担责任和风险，分享收益和利益，从而充分发挥公、私伙伴各自优势和伙伴关系的协同效应。

因此，虽然20世纪90年代的BOT及其相关变化类型为现代PPP模式的产生提供了技术支持，但是PPP模式产生的理论和政治基础却是新公共管理理论。新公共管理理论倡导引进私营部门的运作原则，克服政府的管理低能，这是在铁路基础设施投融资、建设、运营中引入私营部门的重要理论依据。

四 制度变迁及创新理论下铁路基础设施 PPP 模式成为必然选择

（一）制度变迁理论的内容

制度变迁理论是制度经济学中的一个核心组成部分，它的最大创新之处在于将制度因素作为经济增长的一个内生影响因素，用于解释经济的长期增长。这与古典经济学和新古典经济学对制度因素的处理完全不同，古典经济学中基本上是将制度作为经济的一种外生因素，而新古典经济学虽然承认制度对经济活动存在影响，但是由于新古典经济学是以市场分析为重点的，在其经济分析中一般均假定制度不影响经济绩效，新古典经济学家很少关注制度的来源、原因及其功能绩效，实际上基本忽视制度因素的影响。1993 年度诺贝尔经济学奖获得者、美国经济学家诺斯是制度变迁理论的主要代表人物，诺斯对制度的定义是："所谓制度，就是一系列被制定出来的规则、服从程序和道德、伦理的行为规范"，也被称为"制度安排"。我们可以把制度看作一种公共产品，它是由某些特定的个人或组织生产出来的，由此就构成了制度的供给。由于人们的有限理性和资源的稀缺性，制度的供给是有限的、稀缺的。随着外界环境的变化或自身理性程度的提高，人们会不断提出对新的制度的需求，以实现预期增加的收益。当制度的供给和需求基本均衡时，制度是稳定的；当现存制度不能使人们的需求满足时，就会发生制度的变迁。制度变迁的成本与收益之比对于促进或推迟制度变迁起着关键作用，只有在预期收益大于预期成本的情形下，行为主体才会去推动直至最终实现制度的变迁，反之亦然。推动制度变迁的力量主要有两种："第一行动集团"和"第二行动集团"。根据充当第一行动集团的经济主体的不同，可以把制度变迁分为"自下而上"的制度变迁和"自上而下"的制度变迁。所谓"自下而上"的制度变迁，是指由个人或一群人，受新制度获利机会的引诱，自发倡导、组织和实现的制度变迁，可称为诱致性制度变迁或需求诱致性制度变迁。所谓"自上而下"的制度变迁，是指由政府充当第一行动集团，以政府命令和法律形式引入和实行的制度变迁，称为强制性制度变迁或供给主导型制度变迁。

（二）制度变迁理论与铁路基础设施供给

虽然要素价格的变化、技术的变化、信息成本的变化及偏好的变化是铁路投融资制度变迁与创新的前提条件，但这并不意味着只要相对价格和偏好发生变化，铁路投融资制度变迁与创新就一定会发生。只有当铁路投融资制度创新主体预期未来制度的所得超过目前铁路投融资制度的所得及其变迁成本时，铁路投融资制度变迁与创新才可能发生。正如微观经济学对商品及生产要素的"需求—供给"分析构成了微观经济学的基本体系一样，铁路投融资制度的变化也是由铁路投融资制度供求方面的因素决定的。

在目前的铁路投融资制度的框架内，中央政府是铁路投融资制度创新的供给主体，中央政府、铁路部门和其他利益主体（包括铁路用户、潜在投资者等）是铁路投融资制度创新的需求主体。

1. 铁路投融资制度创新的需求

在现行铁路经营管理制度和铁路投融资制度下，垂直一体化的计划经济管理体制依然存在，投融资主体单一、投融资决策高度集中、投融资渠道不畅、投融资管理行政化等计划经济时期的铁路投融资制度的特征，在相当范围内仍普遍存在。在这种微观的制度安排市场化进程不断加快的背景下，综合负效应越来越明显，"制度摩擦"越来越严重，已造成多重利益主体受损。

2. 铁路投融资制度创新的供给分析

铁路投融资制度创新具有政府供给主导型、渐进性和滞后性等特点，意味着不管其他利益主体对新的铁路投融资制度有多大需求，能否实现铁路投融资制度的创新还取决于政府提供新的铁路投融资制度的能力和意愿。由于中央政府的利益受损，其对于提供新的铁路投融资制度开始产生较强的积极性。具体来说，政府愿意供给新的铁路投融资制度的原因有以下几方面。

（1）政府不愿看到铁路成为改革的堡垒。铁路投融资制度变迁的一个显著特点就是滞后性，无论是铁路经营管理制度，还是铁路投融资制度，其改革进程远远滞后于宏观经济制度和宏观投融资制度的改革。事实上，铁路也已成为仅存的进行垂直一体化政府（或国企）垄断经营的行业，成为传统计划经济的最后一个堡垒，攻克这个难题是政府愿努力实现的。

（2）其他行业的竞争和示范。铁路与许多其他行业部门相比，不仅改革步伐缓慢，投融资制度滞后，与同属一个部门的其他交通通信行业相比，也存在不小的差距。尤其是公路、民航、通信等部门，由于采取了市场化的投融资方式，发展速度迅猛，对铁路在交通运输领域的传统地位形成巨大冲击，竞争的产生使中央政府认识到了改革现行投融资制度的必要性和紧迫性。

可见，建立符合社会主义市场经济体制要求的、以市场为基础配置手段的新型铁路投融资制度，是铁路投融资制度创新的总体要求和最终目标。铁路投融资制度变迁和创新的方向应为：在合理界定种类、投融资主体、投资范围的前提下，规范各类投融资主体的投融资渠道和方式，塑造多元化的投融资主体，积极采用各种市场化的融资手段，形成多层面、多渠道和多种融资方式并存的新型铁路融资格局。PPP模式与铁路投融资制度变迁和创新的方向具有极高的契合度，因而在铁路基础设施中引入PPP模式成为中国铁路投融资制度变迁的必然结果和投融资制度创新的必然选择。

第二章

中国高铁投融资现状及问题

第一节 中国铁路经营管理体制和投融资制度变迁历程

一 中国铁路经营管理体制变迁历程

1949年,在党中央的高度重视和精密筹划下,成功组建了中国人民革命委员会铁道部("军委铁道部")。此后,军委铁道部更名为中央人民政府铁道部。1954年,对中央人民政府铁道部进行了改组,并再次进行了更名,原中央人民政府铁道部被更名为中华人民共和国铁道部。从铁道部创建伊始到党的十一届三中全会提出改革开放之前的二三十年里,中国铁路行业一直实行高度集中的计划经济体制,铁路行业由政府经营。党的十一届三中全会以后,政府对铁路行业的资本准入管制略有放松。从中国铁路行业的经营管理模式来看,自新中国成立以来至2013年铁道部政企分离改革这六十多年里,中国铁路行业一直实行路局制管理模式。这是一种具有鲜明的国有产权性质特征的,由铁道部、铁路局、铁路分局、站段四级铁路单位共同组成的,政企不分的管理体制。自党的十一届三中全会以来,中国铁路行业的改革大体经历了放权让利、经济承包责任制、资产经营责任制、构建现代企业制度、精简层级机构、铁道部门政企分离、中国铁路总公司市场化改革等几个阶段。具体来说,中国铁路经营管理体制变迁的历程如下。

(一)"放权让利"改革

1978年,中国共产党成功召开了十一届三中全会,确立了改革开放战略方针，中国的各行各业都开始改革，中国铁路行业也不例外。从1978年到1985年的七八年间，中国铁路经营管理体制改革的主要思路是"放权让利"。1982年，中国政府开始对铁路行业推行全面放权让利改革，为了激励铁路经营单位的积极性和主人翁精神，实行全额利润留成制度。1983年，中国政府又以极大的决心力推"利改税"改革，中国铁路行业也在"利改税"的范围之内，中国政府对铁路经营单位实现税后利润递增包干，并且建立了收入清算制度，通过收入清算制度对各铁路局的收益进行调剂和平衡，新政策使得各铁路局的积极性和主人翁精神大大增强。

（二）"大包干"经济承包责任制

1986年，中国的经济改革进一步深化，中国政府开始尝试对铁路行业实施经济责任大包干。其具体做法是：将财务、人事等权力从铁道部手中拿出来，转交给各地方路局；铁路系统以承包责任制的方式每年上缴5%的营业收入，其余全部收入都归铁路系统占有和自主支配。中国政府期望通过这样的改革举措，降低中国铁路部门对政府财政支持的依赖程度，推动中国铁路部门逐渐由单纯生产型转变为生产经营型，增强地方铁路局和站段的经营自主权。但是，随后，"大包干"经济承包责任制很快呈现出了一些弊端，在政府对铁路经营单位放松管制的环境下，铁路经营单位受到"大包干"分配制度的刺激，开始更加重视经济效益。在铁路行业实行经济责任"大包干"后的几年中，中国发生了多起重大铁路事故，给人民的生命财产造成了重大损失。这使得相关政府部门的改革主张受到质疑，改革停滞不前，原先下放给各地方路局的那些权力，也基于铁路运输安全的考虑，从各地方路局手中收回来，重新交给中国铁道部统一行使。

（三）资产经营责任制

20世纪80年代的中国铁路改革受挫之后，中国政府并未对铁路改革完全失去信心，而是总结失败教训，深入调研中国铁路行业实际情况，试图以新的方式突破改革屏障。1998年，铁道部推出了一个重要改革方案,即在铁路系统里实施"资产经营责任制",具体来说,就是铁道部向各地方路局进行更多的分权,增强地方铁路局业务经营活动的自主性,地方铁路局自负盈亏,每年对地方铁路局的经济效益指标进行考核,根据考核结果决定地方铁路局中高层领导的职位晋升。1999年4月,中国铁道部将"资产经营责任制"全面铺开,经过铁道部与地方铁路局的协商和沟通,全路十四个铁路局分别与中华人民共和国铁道部签订了资产经营责任书,其期限为两年。资产经营责任书对中国铁道部和地方铁路局之间的关系做出了明确的规定,即中华人民共和国铁道部作为出资人代表,向地方铁路局授予相应铁路线路、车站等资产的实际经营权,地方铁路局负责运用铁路资产进行铁路客货运输业务经营活动,达到国有资产保值增值的责任目标。"资产经营责任制"这一改革,虽然并非根本性改革,但是至少在一定程度上有利于推动中国铁路部门的政企分离,使中国铁路系统朝着建立现代企业制度的方向迈出了十分重要的一步。

(四)客货分离、网运分离(客、货、网三分开)改革

1999年9月至2003年3月,在欧盟国家铁路产业改革"财务分离、组织分离和产权分离"思路的启发下,中华人民共和国铁道部也开始尝试把客、货、网进行三分开。1999年,中国铁道部对自己所拥有的资源和业务进行整合,建立了铁路客运公司,试行"网运分离"模式,但是成立客运公司后,地方铁路局的经营状况并没有得到改善,反而纷纷出现了更严重的亏损,不仅如此,还造成了一系列新的矛盾。最突出的矛盾就是铁路客运公司与地方各站之间的严重利益冲突。2003年,铁道部向国务院提交新的铁路改革方案,即"网运合一、区域竞争"模式,但是经过投票表决,结果仍然是不予以采纳。这反映出:中国政府考虑到铁路行业在国民经济中的重要战略地位,存在诸多顾虑,对于铁路改革的态度是十分谨慎的。时至今日,由于种种原因,三分开依然未能完全实现。

(五)精简层级机构

2004年,国务院批准了《中长期铁路网规划》方案,根据该项《中

长期铁路网规划》，中国铁路运营规模将在2020年增至10万千米，而在此前50多年里，中国总共才建设了7万千米的铁路。这意味着铁道部需要进行大规模的铁路投资建设，铁道部门投资资金压力巨大，为了缓解财务压力，铁道部决定精简机构和人员，以减少经常性支出，提高员工工作效率，改善铁路部门经济效益。于是，2005年，铁道部宣布撤销铁路分局这一层级，将原来的"铁道部、铁路局、铁路分局、站段"四级管理体制改成"铁道部—铁路局—站段"三级管理体制。但是，对于改革后原来的铁路分局员工如何进行就业安置以及安置待遇如何确定，考虑得并不是很充分，未能提前制定出合理的配套安置方案，因此造成了铁路系统内诸多员工的不满，影响了铁路系统的内部团结，成为一个历史遗留问题。

（六）铁道部门政企分离

由于高铁的推广发展以及2008年雪灾，都凸显出铁路的重要性，2008年的"大部制改革"中并没有将铁道部撤销划归到大交通部中。直到2013年，铁道部终于被撤销，中国铁路总公司诞生。中国铁路经历了目前为止最大的一次改革。

（七）中国铁路总公司市场化改革

2013年至今，中国铁路总公司一直在对市场化改革思路及方案进行研究及尝试，因为组建中国铁路总公司仅仅是政企形式上分开的第一步，而中国铁路总公司的市场化改革才是中国铁路改革的实质。目前，从中国铁路总公司的内部结构来看，在剥离了部分行政职能后，铁路总公司仍然要开始艰难的公司制改革，而不是停留于表面的分离。

二 中国铁路投融资制度变迁历程及特点

（一）铁路投融资制度的内涵与性质界定

铁路投融资制度是投融资制度在铁路行业的具体化，由此我们可以对铁路投融资制度做出如下界定：铁路投融资制度就是规范铁路投融资交易的一切规则、惯例和实施机制的总称，具体而言就是铁路投融资主体、铁路投融资方式、风险约束机制和宏观管理等方面组成的一个有机整体。铁路投融资制度具有以下特点：第一，铁路投融资制度与铁路投融资体制有相同的交易对象和交易内容，两者都由规则、惯例和实施机制三部分组成，因此在本书中对铁路投融资制度和铁路投融资体制不加区分，它们是同一的；第二，铁路投融资制度同样具有降低铁路投融资交易风险、提高铁路投融资资源配置效率、促进铁路投融资交易顺利进行的作用；第三，铁路投融资制度是铁路经营管理体制的一个有机组成部分，表现为铁路经营管理体制对铁路投融资制度有重要的决定作用；第四，由于铁路的网络性、资产专用性、资金密集性等方面的特点，使铁路投融资制度在界定铁路投融资交易中人与人之间的关系和投融资主体的选择空间时，表现出区别于一般投融资制度的特点，如投融资交易更多表现为管理的交易和限额的交易等。

（二）中国铁路投融资制度变迁历程

从 1876 年的上海吴淞铁路算起，中国铁路有近 150 年的发展历史，新中国成立后，中国铁路的管理与经营均由国家负责，在政企合一的经营管理制度下，中国铁路投资长期以来一直由政府财政承担主要投资责任，在中国铁路投融资及建设运营中，政府一直居于主导性地位。

1. 1949—1980 年：政府垄断

其间，中国铁路基本上是以国家财政拨款作为建设资金来源。政府不仅负责对铁路建设进行资金投入，而且直接决定着铁路投资方向和投资建设规模。在这一时期，这种集中型的计划经济体制为中国铁路网络的成功建立和铁路事业的快速发展提供了财力支持。

2. 1981—1985 年：形成政府、银行、外资三足鼎立局面

"六五"（1981—1985 年）期间，铁路开始尝试突破政府作为铁路唯一投资者的局面，开始在铁路投资过程中引入银行及外资投资者，这实际上成了中国铁路领域公私合作的发端。商业银行贷款成了中国铁路建设一个新的重要资金来源，在"六五"计划期间，全部铁路建设资金来源中，来自商业银行贷款的资金占比高达 23%。此外，国外投资者发挥

的作用也不容忽视,自 1980 年至 2000 年底,中国铁路通过国外中长期贷款获得的建设资金近 66 亿美元,形成了财政投资、银行贷款和外资三足鼎立局面。

3. 1986—1990 年：财政资金信用化阶段

1984 年,国家计委、财政部、中国人民建设银行下达《关于国家预算内基本建设投资全部由拨款改为贷款的暂行规定》,这标志着中国加大了铁路投资体制改革力度,中国的铁路投资政策发生了很大变化。1985 年起,国家不再对铁路建设直接投资。1986 年,铁道部又提出"一包五年投入、产出,以路养路、以路建路"的全路经济承包责任制。1990 年,又通过了《中华人民共和国铁路法》(以下简称《铁路法》),按照《铁路法》规定,1991 年起铁路基本建设资金全部依靠铁路自身解决,不足部分向银行贷款,本息由铁路负担。"大包干"制度在两个方面实现了制度创新：一是虽然国家仍然是铁路建设资金的直接提供者,但国家对铁路的投资额仅限于铁路实际完成的应上缴国家的税利的部分,不足部分由铁路部门自行筹措解决；二是从制度上加强了对铁路建设的激励和约束。实行"大包干"后,铁路基本建设投资规模与铁路自身效益直接挂钩,即在承包期内,承包合同规定的年度铁路投资基数必须保证完成,如果实际完成的数额超过承包的基数,可留给铁路作为扩大基本建设投资使用,不受原定投资计划数的限制；如果完成应上缴的税利数或其他自筹资金款源达不到承包基数,铁路要自筹款项补足,以保证原定国家基本建设计划投资额的完成。"七五"期间铁路实行"大包干"后,属于铁路经营的承包指标完成得很好,属于铁路建设的承包指标却不太理想,电气化、复线、新线建设分别只完成计划的 83%、90% 和 49%。因此,虽然"大包干"在增强铁路运输企业激励方面起了积极作用,但也因此封闭了铁路建设的其他融资渠道,只能有多少钱修多少路,或者靠牺牲简单再生产能力来支撑一定规模的铁路建设,单一的融资渠道和投融资方式并没有实质性改变。从整个"七五"期间的铁路投资实际资金来源上看,银行贷款占比上升到 40% 左右,铁路投融资资金信用化特征变得日益显著。

4. 1991—2002 年：开始探索其他铁路融资方式,铁路投融资权开始开放

"七五"期间铁路采取的"大包干"制度并没有带来铁路投融资效益的明显提高,相反却由于刚性运价体系使铁路自身积累能力不足,盈利水平很低,导致铁路建设由于没有足够的资金而发展缓慢。在运价不能动的情况下,为增加铁路投资资金,从 1991 年 3 月 1 日起按每吨千米货物收取一定标准的铁路建设基金为铁路建设筹资,征收标准为每吨千米 0.002 元。截止到 1995 年,铁路建设基金共征收近 1000 亿元,而"八五"期间铁路建设投资也不过 1080 亿元,铁路建设基金由此成了铁路基本建设最主要的资金来源。征收铁路建设基金的实质是对现行运价水平过低的补偿。从逻辑上分析,征收铁路建设基金相当于给铁路提价,提高了铁路的盈利水平,自然为国家上缴的利税就会增加,增加的利税用于铁路基本建设,从而加大了国家对铁路的投资力度。由此可见,征收铁路建设基金仍然是"以路养路""大包干"方式的一种延续,仍没有突破铁路由政府一家投资、独家经营的传统投融资方式和经营管理方式。

此外,从"八五"开始,国家批准铁路在国内资本市场直接融资,可以公开发行铁路建设债券,自此以后铁道部发行的铁路建设债券规模越来越大,成了中国铁路事业发展的另一种重要融资方式。

5. 2003 年至今:"三多、两分、三结合",试图引进民间资本

2003 年,铁道部提出铁路跨越式发展思路,并提出了"三多、两分、三结合"的改革思路。三多,即构建多元化投资主体、拓宽多种筹资渠道、形成多样融资方式。两分,即制定分类投资政策、实行分层决策制度。三结合,即投融资体制改革与建立现代企业制度相结合、与建设管理创新相结合、与加快铁路技术装备现代化相结合。

2005 年 7 月,铁道部出台了《关于鼓励支持和引导非公有制经济参与铁路建设经营的实施意见》(铁政法〔2005〕123 号),全面开放铁路建设、客货运输、运输装备制造与多元经营四大领域,鼓励国内非公资本进入。

2012 年 5 月,铁道部发布了《关于鼓励和引导民间资本投资铁路的实施意见》。该条例提出了包括鼓励民间资本依法合规进入铁路领域、鼓励民间资本投资参与铁路客货运输服务等 14 条具体意见。

为了有效化解地方政府债务风险,2014 年《国务院关于加强地方政府性债务管理的意见》(国发〔2014〕43 号)指出,要推广使用政府与

社会资本合作模式（PPP）。随后，财政部在《关于推广运用政府和社会资本合作模式有关问题的通知》（财金〔2014〕76 号）中明确将轨道交通纳入示范项目范围。此后，《国务院关于创新重点领域投融资机制鼓励社会投资的指导意见》（国发〔2014〕60 号）中指出：" 向地方政府和社会资本放开城际铁路、市域（郊）铁路、资源开发性铁路和支线铁路的所有权、经营权，并推出 45 个中西部铁路项目及 25 个城际铁路项目鼓励社会资本进入。"

2015 年国家发改委发布《关于当前更好发挥交通运输支撑引领经济社会发展作用的意见》（〔2015〕969 号）和《关于进一步鼓励和扩大社会资本投资建设铁路的实施意见》（〔2015〕1610 号），宣布开放铁路投资与运营市场，重点鼓励社会资本投资建设和运营城际铁路、市域（郊）铁路、资源开发性铁路以及支线铁路，鼓励社会资本参与投资铁路客货运输服务业务和铁路"走出去"项目。

2017 年 1 月 3 日，中国铁路总公司总经理陆东福表示，铁路企业将逐步改制上市，向市场传递了铁路资产证券化的信号。

（三）中国铁路投融资制度变迁特点

使用不同的标准，从不同的角度出发，对铁路投融资制度变迁与创新的基本方式和特征的划分结果就各不相同。例如，按照制度变迁和创新主体的区别，可以划分为政府主导型和非政府主导型；按照制度变迁和创新供给与需求的不同，可以划分为供给主导型和需求诱致型；按照制度变迁和创新速度的区别，可以划分为激进式和渐进式；按照铁路投融资制度与宏观经济制度变迁时序关系的不同，可以分为超前性和滞后性等。双重经济体制（即计划经济体制向社会主义市场经济体制转轨）时期，中国铁路投融资制度变迁存在着诸多不同的特征，但在诸多特征中，尤其以政府供给主导型、渐进式和滞后性这三个特征表现得最为显著和持久，并且从现有发展趋势来看，中国铁路投融资制度的这三个基本特征在今后的制度变迁过程中仍将长期保持。

1. 政府供给主导型变迁方式及其逻辑

按照杨瑞龙的论述，政府供给主导型制度变迁是指在一定的宪法秩序和行为伦理道德规范下,权力中心提供新的制度安排的能力和意愿是决定制度变迁的主导因素,而这种能力和意愿主要取决于一个社会的各既得利益群体的权力结构或力量对比。① 政府供给主导型制度变迁有以下特点:第一,政府主体是决定制度供给的方向、速度、形式、战略安排的主导力量;第二,政府主体是由一个权力中心和层层隶属的行政系列构成的,由权力中心确定的新的制度安排主要是通过各级行政系统贯彻实施的;第三,制度安排实行比较严格的"进入许可制",即非政府主体只有经政府主体的批准才能从事制度创新;第四,政府按政治支持最大化和财政收入最大化的双重目标提供的制度往往与追求经济利益最大化的非政府主体的制度需求之间存在差异。符合政府利益的制度只有与非政府主体对制度的需求有较好的适应性,制度变迁和创新才能顺利进行,反之,则一项改革措施实施的摩擦成本较大,改革进程将大大减缓。而一项受到非政府主体普遍赞同的制度往往由于与政府的目标不一致而难以被采纳,这就需要在政府主体与非政府主体的反复博弈中,逐步改变双方的政治力量,调整双方的利益结构,实现变迁方式的转换才能实现。

只要对中国铁路投融资制度变迁的历程进行深入分析,就会很容易发现,中国铁路投融资制度变迁方式明显属于政府供给主导型。自党的十一届三中全会以来,虽然非政府主体需求诱致型的制度变迁方式也在铁路行业改革中有所运用,如在合资铁路和公司化改造试点企业出现了投融资主体多元化、融资渠道多样化、风险约束制度化等方面的创新;地方铁路局在一定程度上获得了自主投资权。但是,总的来看,需求诱致型制度变迁模式的使用是小范围的、浅层次的,尚未能改变中国铁路投融资制度变迁的基本方向和基本方式,政府供给主导型变迁特征占有绝对压倒性优势。具体而言,其主要表现为:作为铁路投融资制度创新主要内容的组织结构再造,投融资方式变革、融资渠道拓展、管理体制的优化等,依然是在政府的主导之下由上而下进行计划、组织和具体执行的,政府在整个铁路投融资制度变迁过程中扮演着举足轻重的角色,发挥着至关重要的作用。另外,即使是已经发生的、局部的、浅度的非

---

① 杨瑞龙:《我国制度变迁方式转换的三阶段论——兼论地方政府的制度创新行为》,《经济研究》1998年第1期。

政府主体的制度创新需求，也必须首先得到政府的认可或批准，否则是不可能得到满足的。再从铁路投融资制度整体变迁的动态过程来看，中国铁路投融资制度变迁的时序、结构、启动、停滞等，在很大程度上都是由政府在该特定时点的能力水平和意愿强度决定的，这一切都表现出政府供给主导型变迁的鲜明色彩。

那么，中国铁路投融资制度变迁和创新为什么会明显具有政府供给主导型特点？根据制度变迁理论，制度之所以会发生变迁，其根本原因在于，一个社会（或其他类型的集体）中各既得利益群体的权力结构或力量对比情况发生了变化，于是，力量获得提升的利益群体就会希望通过修改制度来重新制定利益分配方案，经过各利益群体的反复博弈和妥协让步，最终大家能够重新制定出一个能够为各方所共同接受的新制度。中国与西方资本主义国家所走的道路不同，新中国成立以后，中国政府曾经长期实行高度集中的计划经济体制，因此中国铁路投融资制度的产生和变迁所处的外部经济环境是高度集中的计划经济体制。这种特殊国情决定了其变迁过程（实际上不只是铁路投融资制度，其他制度变迁亦是如此）必然也会受到外部经济环境条件的制约，其变迁方式也就理所当然的会表现出鲜明的政府主导型特点。在高度集中的计划经济体制下，政府不仅掌握了政治权力，而且几乎完全掌握了资源配置的权力，这种绝对优势使得政府必然成为决定制度供给的主导力量，从而使铁路投融资制度变迁的方向、深度、广度、速度和路径选择等在很大程度上都取决于政府在特定时点的能力水平和意愿强度。中国铁路行业已经经历了几十年的改革，过去的这些改革虽然使合资铁路公司、各地方铁路局等非政府主体获得了更多的决策权，在它们与政府的博弈过程中，力量对比情况虽然已朝着有利于非政府主体一方的方向倾斜，但总的来看，政府处于主导性地位的局势并没有得到根本性的变化。新一轮铁路投融资制度创新是从现有起点出发的，这就决定了中国铁路投融资制度变迁的政府供给主导型特征不可能在短期内消失，而是将在整个双重经济体制时期长期存在。

2. 渐进式变迁方式与逻辑

林毅夫等对中国经济制度变迁问题进行了大量卓有成效的研究，并指出：中国经济制度变革走的是一条渐进式变迁道路。渐进式变迁方式是与激进式变迁方式相对而言的，具体来说，渐进式制度变迁方式主要表现出以下特点：第一，增量改革的特点，即改革重点并不是放在对存量资产的重新配置，而是主要聚焦于对资产增量的优化配置，引入越来越多的市场机制的改革方式，在改革过程中喜欢采用"部分改革""先易后难""摸着石头过河"等方式，而不是采取"整体改革""一步到位"改革方式；第二，试验推广，即推出每一项新的改革举措时，都首先在全国选择一定范围，进行小范围改革试点，不断寻找并纠正克服已有改革方案的缺陷或弊端，待改革方案相当成熟完善后，才能大范围推广实施，而不是一开始就在全国范围内推行新的制度，这样的制度变迁方式可以将制度创新失败所造成的损失控制在政府和社会能够忍受的水平之内，大大降低经济制度创新的风险；第三，非激进改革，即改革是充分利用已有的组织机构推进市场化改革，而不是一下子完全拆除掉原有的组织机构，造成原有组织中的人员一夜之间全部失业。[①]

作为"渐进式改革"的始创者，中国政府在各项重要改革中将"渐进式改革"运用得炉火纯青。中国政府在对铁路投融资制度进行变革时，担负着诸多顾虑，决策时十分谨慎，因而做出的选择也与其他方面的制度变迁一样，同样选择了"渐进式"的改革道路，这是一种十分明智的选择。中国铁路投融资制度变迁的"渐进性"特征主要表现在：第一，中国铁路投融资制度改革具有"增量改革"的特点，改革一般不触及现有铁路存量资产，市场化创新手段通常优先运用于新建铁路线路项目，最典型的就是合资铁路在市场化创新方面已经做出了有益的尝试；第二，铁路投融资制度"大胆试点，谨慎推广"的特点突出。中国铁路部门先后进行了现代公司制的组织再造试点、股份制融资试点等改革试点工作，并积累起了一定的经验，但是，到目前为止仍没能建立起与社会主义市场经济高度契合的铁路投融资制度，因而无法在全国范围内予以推广；第三，迄今为止中国的铁路投融资制度变迁，基本上一直都是在原有的国家—铁道部—铁路局、分局、站段这一组织框架内进行的（取消铁路分局后仍是在三级管理框架内进行），并未对中国铁路部门组织结构进行

[①] 林毅夫、蔡昉、李周：《中国的奇迹：发展战略与经济改革》，上海人民出版社1994年版，第68页。

根本性变革，并未重视铁路系统组织结构的衔接性和稳定性，没有选择"全部推倒重来"的改革方式。

中国铁路投融资制度变迁为什么会选择渐进式改革道路，这个问题是许多学者感兴趣的，他们对这个问题进行了一些探讨，学者们的共同观点是：之所以会选择渐进式改革方式，一方面是由中国铁路投融资制度的政府供给主导型变迁特点决定；另一方面则是由于政府对改革成本、改革风险和改革收益的对比和权衡。由于中国铁路投融资制度变迁属于政府供给主导型，这就决定了政府的资源约束和意志倾向会对改革方式造成重要影响。

从改革成本的比较和衡量来看，由于我们可以将铁路投融资制度看成人与人之间相互制约的一种社会契约，而制度变迁实际上是人们相互之间废止旧"契约"、重签新"契约"的过程，而重新签约这件事本身是要花费成本的。樊纲将制度变迁过程中的成本分为实施成本和摩擦成本两部分，① 为我们理解铁路投融资制度的渐进式变迁方式提供了帮助。实施成本是指在重新签约过程中所发生的有关产权关系的变革、重新进行资本价值评估、重新界定人们的权利和义务、制定新的契约和保护新契约的法律规章等所需的时间和费用，以及以各种形式所付的"学费"。摩擦成本则是指因社会上某些既得利益群体对改革的抵触和反对所引起的经济损失。因此，制度变革的速率越快，签约次数越少，实施成本就越小，但由于既得利益群体的一次性损失也较大，他们会极力阻挠新契约的签订，导致摩擦成本上升。反之，如果制度变革速率较慢，实施成本会大大上升，而摩擦成本会下降。摩擦成本的存在对一个初始状态的非均衡性未达到非常严重地步的制度变迁来说，制度变迁主体的理性选择往往是非激进的、渐进式的。因为，只要旧的制度尚未出现不可持续的非均衡，就能够为某些利益群体提供不断增长的收益，既得利益者对旧制度的希望还存在，这时彻底否认旧制度的阻力就会增大。相反，渐进式的变革道路，特别是具有"帕累托改进"倾向的增量改革却可能较大程度地降低这种摩擦成本。铁路投融资制度虽然长期存在非均衡性，但远未达到国家无钱修建铁路或铁路的战略地位已非常次要的极端状态。

---

① 樊纲：《两种改革成本与两种改革方式》，《经济研究》1993年第1期。

事实上铁路仍旧是中国经济发展的大动脉，铁路运输在所有的运输方式中仍处于非常重要的地位，国家以各种方式确保铁路的建设和铁路安全运营，在这种背景下选择渐进式的变革方式，可能是最合理、最自然的选择。

3. 滞后性的变迁特征及其原因

近几十年来，中国铁路投融资制度改革表现出一定的滞后性，引起人们的广泛关注。中国铁路投融资制度改革的滞后性主要表现在以下三个方面。

第一，从增量变革的范围和进程来看，虽然现有制度以外的制度创新是经济体制变迁、投融资制度变迁和铁路投融资制度变迁的共同特征，但表现出来的特征却极不相同。首先，从其他国有经济的经济体制增量改革与铁路经营管理体制的增量改革的比较来看，改革以来国有经济之外的非国有经济获得了迅速发展，到目前为止，非国有经济在资产规模和对国家的财政贡献等方面已达到、接近或超过国有经济的水平，而铁路仍保持着国家统一经营的格局，从非国有经济增长的角度来看，铁路的增量改革基本是零。另外，铁路投融资制度的变迁主要集中在合资铁路和公司化试点企业内，并且取得的进展大多是表面的、局部的，如铁路建设基金和开行贷款作为国家投入资金仍占绝对比例，融资渠道仍然单一；所有的铁路建设决策权都集中在政府手中，投融资风险约束机制远未建立起来等。

第二，从存量变革的深度来看，相对于其他领域的国有企业改革，铁路企业改革、尤其是铁路投融资体制变革的滞后性更为明显。尽管其他领域的国有企业改革特别是在明确产权关系方面的深层改革尚未取得实质性进展，但三十多年来政府主体毕竟围绕国有企业转换经营机制方面作了一系列改革，如实行承包制、租赁经营制、股份制等，现已进行到探索建立现代企业制度的攻坚阶段，实际上也确实在国有企业强化激励、增进约束、创造竞争、提高经营绩效等方面取得了很大成就。相形之下，铁路现在还在推行资产经营责任制，仍然在为如何增强对企业激励苦苦探索，以至于迄今为止，铁路仍保持着传统计划经济的特征，如垂直一体化的组织机构，内部组织结构行政等级制，形成官本位的激励机制，政策性、公益性业务与商业性、经营性业务没有明确界限，财务管理方面的统收统支等，基本上维持着国家统一经营、高度集权和垄断的特征。

第三，从资源配置的定价机制来看，目前多数商品已采取了市场定价的机制，而铁路仍基本维持单一的政府定价机制。1989年以来，中国价格改革已取得了重大进展，迄今为止，各类商品和服务的国家定价比重已大幅度缩减，而市场定价已占绝对优势。从价格总体格局来看，中国价格管理体制已经走出高度集中的传统框架，市场定价的格局已经确立。与此不相协调的是，铁路至今仍然没有形成制度上的市场定价机制，即使近年来出现的新线新价、浮动运价等运价方面的新举措，也必须得到国家物价部门的审批和同意，并严格置于政府的控制之下。长期实行的固定低运价使铁路收益大为降低，不仅降低了铁路内源融资能力，而且影响了非政府投融资主体对铁路投资的积极性，难以开展多种方式的铁路融资。另外铁路的固定低运价，造成铁路的经营收入不能用来衡量企业的经营业绩，弱化了对企业经营者追求利润的激励，也为铁路企业经营状况的下降提供了托词，形成预算软约束，激励经营者转向非生产活动，由此必然造成投资运行中的不负责任，使投资效率下降。

铁路投融资制度变迁的滞后性，有着复杂的原因。首先，传统理论束缚了人们对铁路投融资制度的创新。长期以来，铁路作为典型的基础产业，由国家投资兴建、统一经营的理论模式，在人们的头脑中已根深蒂固，打破这种理论的羁绊并非易事。其次，铁路作为国民经济大动脉的战略地位仍然没有改变。近年来虽然铁路在运输市场上所占份额有逐步下降的趋势，如中国铁路的货运周转量、客运周转量已分别从1990年的41%、46%下降为2015年的20%、30%左右，但铁路作为主要运输方式的地位仍然未变，国家对铁路仍有很大的控制程度。最后，现行的铁路经营管理体制限制了其他利益主体的制度创新空间，如行政序列制的垂直行政管理，基层只是起服从和执行的功能，很少有制度创新的意识和动机；再如政府大量投资于铁路行业的竞争性、商业性领域，对非政府投融资主体产生了"挤出效应"，非政府投融资主体进入铁路领域的"门槛"太高，从而抑制了其创新的欲望和能力。总体来说，铁路投融资制度变革的滞后性，与过去三十多年里各利益主体对铁路改革包括铁路投融资制度改革的需求和供给不足有很大关系，因此，相对于经济体制改革和投融资制度改革，中国铁路投融资制度变革的滞后性是必然的。

三　当前中国铁路投融资制度的基本特征及功能绩效

（一）当前中国铁路投融资制度的基本特征

改革以来，伴随着国家宏观经济体制和投融资制度市场化程度的深化，作为铁路经营管理制度一部分的铁路投融资制度也逐步表现出市场化的特点，但传统投融资制度的基本特点并未发生根本改变，具体表现在以下几个方面。

第一，在投融资交易类型方面，尽管"买卖交易"和"管理交易"的投融资交易已经出现，但在整体上仍表现为"配额交易关系"。在局部和零星购置方面，铁路基层利益主体，如地方政府、原各铁路局等有一定的自主权，但与中央政府所拥有的铁路决策权相比显得微不足道。虽然在铁路建设审批程序方面简化了很多，中央政府审批项目的规模已由1000万元提高到3000万元，但由于铁路建设耗资巨大，很少有低于3000万元的铁路建设项目，实际上这项规定在铁路部门形同虚设，铁路投融资配置权仍高度集中在中央政府手中。

第二，在投融资主体方面，多元化的雏形已经形成，但中央政府投融资主体仍起决定作用。目前，地方政府、中国铁路总公司等都已成为铁路建设的投融资主体，但无论从其他投融资主体的类型来看还是从其掌握的资产总额来看，与中央政府投融资方式相比，其比例仍然很低，现在只是形成了投资主体多元化的趋势和雏形，中央政府投融资主体起决定作用的格局并未发生根本上的变化。

第三，在融资渠道和融资方式方面，多样化的格局正在形成，但铁路投资额的绝大部分仍来源于政府投资。目前，铁路建设已开始利用银行贷款、企业自筹资金、外资、地方政府财政资金以及以铁路建设基金方式投入的资金等不同来源的资金，融资方式也由国家直接划拨（如铁路建设基金）和银行间接融资（如银行贷款）向直接融资方向转化，如发行铁路建设债券、广深公司在香港成功发行股票等。但总体来看，铁路建设基金和银行贷款仍是铁路建设的主要资金来源，其他渠道资金所占比例很小，融资渠道不畅的问题依然严重，直接融资的比例很低，目前仍然是以间接融资为主。

第四，在投融资决策方面，分层次决策的体系已初步建立，但总体上仍表现为中央政府集中决策。虽然中国铁路总公司、地方政府等已拥有一定的投融资决策权，但绝大多数基建项目的决策权仍集中在交通运输部及国家铁路局手中，重大铁路建设项目还要由国家发改委审批，绝大多数铁路的投融资活动、资金规模、资金结构等仍由中央政府统一安排，铁路投融资决策权高度集中的状况未得到根本改变。

第五，在风险约束机制方面，尽管有了一定程度的改善，但有效的风险约束机制远未真正建立起来。且不论项目业主责任制、项目法人责任制和项目资本金制度本身固有的缺陷，真正实行这些制度的也只有合资铁路，而合资铁路占全国铁路总营业里程的比例很低，大多数铁路"有人投资，无人负责"的状况一直延续至今。

因此，目前的铁路投融资制度可以被描述为：以中央政府投融资主体为主，地方政府和中国铁路总公司等作为投融资主体初步形成，以政策性融资渠道、间接融资方式为主，市场化融资渠道和直接融资方式初步形成，中央政府高度集中的投融资决策为主，其他投融资主体具有一定的投融资决策权，投融资风险约束机制有待形成和完善的铁路投融资制度。

（二）当前铁路投融资制度的功能绩效分析

改革开放以来，铁路投融资制度的市场化程度不断深化，传统铁路投融资制度所具有的较弱的节约功能、激励功能、约束功能、配置功能、辐射功能和稳定功能逐步得到强化，但在许多方面仍然表现出功能绩效水平较低。

1. 节约功能

随着对地方政府和原各铁路局的不断放权，各基层利益主体已开始有了自己独立的利益，特别是合资铁路的出现，使铁路投融资制度在局部已带有"买卖交易"和"管理交易"的特点。首先，各基层利益主体对投融资活动进行独立决策，在一定程度上减少了由于信息不对称、信息传输损失等所造成的信息费用。其次，各基层利益主体的投融资行为与其报酬之间的关联度增强，使其采取机会主义的动机弱化，减少了监督费用。最后，市场交易方式，如合同和契约在铁路投融资交易中出现，使交易各方能根据市场交易规则，对各自的投融资行为和结果有一个较稳定的预期，减少了保险费用。因此，现行铁路投融资制度的节约功能有所增强。

但是，以上所述铁路投融资制度节约功能的增强只是局部的。由于传统铁路投融资制度的基本特点并未发生根本变化，市场化程度还较低，其节约功能还有很大的增强空间。

2. 激励功能

与传统铁路投融资制度相比，基层各主体拥有较多的投融资决策权，并且其努力程度与报酬也有了一定联系，激励其更加努力工作。另外，以投资收益上交率等效益指标，衡量各基层主体的努力程度，无须考察其不同的行为，降低了测度费用。由此增强了现行铁路投融资制度的激励功能。

但是，现行铁路投融资制度的激励功能存在两方面的问题：一是现行某些措施激励不当，如实行利润留成为铁路企业投融资活动开拓了新的融资渠道，但由于实行统收统支的财务清算制度，每一个铁路局都不能将其直接运营收入作为自身的收入，而必须统一上缴中国铁路总公司，由中国铁路总公司通过一个人为确定的系数调节后作为原各铁路局的收入，清算后的收入抵扣了实际发生的费用才是企业的利润。因此中国铁路总公司对原各铁路局制定的清算系数的大小便构成了一个制度"租金"，制度租金的存在往往激励各利益主体（原各铁路局）从事"分配性努力"活动，而非"生产性努力"活动，原各铁路局总是千方百计地通过"游说"铁道部有关决策部门，使清算系数的制定更加符合自身的利益。"分配性努力"只会造成利益在不同主体之间的重新分配，并不能提高投融资活动的效益；二是激励力度不够，如目前在全路推行的资产经营责任制，虽赋予了原铁路局管内运输经营权等12项权利，但由于没有明确铁路集中统一指挥与铁路局自主经营的关系，没有赋予各铁路局完整的投融资决策权，也没有赋予各铁路局对其运输产品的自主定价权，因而，目前铁路投融资制度很难充分调动其他利益主体的投融资积极性。

3. 约束功能

随着原各铁路局和其他利益主体（如合资铁路）、市场主体和投融资主体地位的逐步确立，铁路投融资交易已部分表现出"管理交易"的特点，甚至已表现出"买卖交易"的特点，竞争和市场化的趋势已初步表现出来。由于铁路局的努力与其报酬已有了很大的关联度，"搭便车"的动机便大大弱化。"配额交易"范围的缩小，使各基层投融资主体掌握的"租金"减少，导致"寻租"的机会减少，成本加大。铁路局和其他利益主体（如合资铁路）作为独立利益主体，使委托代理链条缩短，信息不对称程度减弱，从而使"逆向选择"和"道德风险"的成本加大。由此在一定程度上强化了铁路投融资制度的约束功能。

但是，现行铁路投融资制度的约束功能存在以下问题，由于铁路市场化改革进程的滞后，造成中国铁路总公司及原各铁路局的市场主体地位和投融资主体地位还未完全建立起来，政府统一经营铁路，集中分配铁路投资资源等仍普遍存在。传统铁路投融资制度下，各基层利益主体进行"搭便车""寻租""逆向选择"和"道德风险"的动机仍然存在。甚至在行政和意识形态约束力减弱而市场经济条件下的竞争和产权约束尚未建立起来的情况下，以上机会主义动机在一定程度上表现得更加突出。

4. 配置功能

与传统铁路投融资制度比较来看，目前铁路投融资制度在局部已形成"买卖交易关系"，如合资铁路和股份制改造后的广深公司，其建设资金完全由各投融资主体通过市场自行筹措，自主决定资金投向，企业作为最直接的投融资交易活动的参加者，掌握着有关投融资交易活动的最充分的信息，因而在投融资交易过程中信息收集、传递、分析、判断的成本很低，大大降低了配置成本。另外各投融资主体在进行投融资交易时，以市场利率作为其配置成本，在进行项目投资决策时有了可靠的论据，在一定程度上避免或减少了资金的错误配置或低效率配置，因而与传统铁路投融资制度相比，目前铁路投融资制度的配置功能有所增强。

但是，现行铁路投融资制度的配置功能存在以下问题，由于铁路集中型的投融资制度并未发生根本改变，在铁路固定资产投资的资金构成中，铁路建设基金和开发银行贷款是主要的资金来源，而这两项资金均由中央政府通过行政手段配置。中央政府行政性配置资金资源并不以经济利益最大化为依据，常常以社会安定、边疆安全、路网畅通等社会性、政治性目标作为其资金投向的基本依据，如京九、南昆、南疆铁路的建设虽然实现了政府的目标，但并没有使铁路经济效益提高，事实上，对于铁路来说，由于大量建设这类公益性铁路，产生了巨额的偿债负担，利息费用不断攀升，是造成铁路成本费用上升、全行业长年亏损的一个重要原因。

5. 辐射功能

资金资源配置是铁路投融资制度的核心问题，铁路投融资制度变迁又对铁路经营管理制度有重要的影响，如利润留成制度的改革，一方面使铁路增加了一个新的资金来源，实现了铁路投融资制度的创新，另一方面也使铁路经营管理制度发生了巨大变化，铁路企业的生产积极性得到激励。再如"投入产出，以路养路"的"大包干"制度，本质上要求铁路以自身的收益进行铁路建设，是铁路投融资制度的一项重大尝试，而为了完成铁道部向国家承包的各项指标，需要将指标向原各铁路局、分局、站段等层层分解，从而引发了铁路经营管理制度以"包干"为特征的制度创新。由此可见，铁路投融资制度具有较强的辐射功能。

6. 稳定功能

现行铁路投融资制度已形成投融资主体多元化的雏形，在中央政府通过规则和指令协调铁路投融资交易活动之外，已经出现了按照契约和合同履行的投融资交易活动。在这些"管理交易"和"买卖交易"的铁路投融资领域内，很大程度上避免了由于中央政府理性有限和"边学边干"所造成的铁路投融资制度的不稳定，由此强化了现行投融资制度的稳定功能。

但是，现行铁路投融资制度在稳定功能方面存在以下问题，由于中央政府仍是主要的铁路投融资主体，大多数铁路投融资交易仍由中央政府通过规则和指令协调。因此，由于中央政府的理性有限和"边干边学"而造成的铁路投融资制度的不稳定性仍然存在，并且中央政府的偏好在很大程度上决定了铁路投融资制度的变迁。

第二节　中国高速铁路发展状况

随着航空及公路等交通方式的普及，铁路在西方国家一度被认为是夕阳产业，大部分国家都减少了对于铁路的投资，但是世界第一条高速铁路——日本的新干线——的出现，颠覆了人们的观点。随着现代交通方式带来的污染、交通拥挤的问题日趋严重，人们更加意识到铁路这种运输方式在运量和能耗上的显著优势，西方国家也奋起直追，大力发展高速铁路。中国政府在进入21世纪以后，也开始认识到高速铁路这种交通运输方式的优越性，不断加大对高速铁路的投资力度。

1994年，中国首条准高速铁路——广州至深圳准高速铁路完成建设并开始运营，这是中国铁路高速化的最早尝试。2003年，中国第一条全长404.641千米、总投资约150亿元的客运专线（2007年2月1日，秦沈客运专线并入"京哈线"）秦皇岛至沈阳客运专线完成建设并开始运营。从2005年起，一些客运专线陆续动工开建。

根据2007年、2008年两次调整的《中长期铁路网规划》，中国主要的繁忙铁路干线要实现客、货分线，建成以北京、上海、广州、武汉为中心，覆盖全国的快速客、货运输网络，以及以长江三角洲、京津、珠江三角洲地区为主的城际铁路客运专线，全国铁路客货运输能力将因此得以快速扩充。根据修订版《中长期铁路网规划》的要求，2009年铁道部全年批准的高铁项目总里程达1.36万千米，总投资规模达1.8万亿元，其中，新开工300—350千米铁路19条，总里程达到7863千米，规划投资规模为10551亿元；新开工200—250千米铁路17条，总里程达5747千米，总投资额达7409亿元。由此，掀起了中国高速铁路建设史上的一次高潮。

从2010年起，大量高铁项目陆续开工建设，如广深港高铁、京福高铁、沪昆高铁、成渝高铁等。至2015年，中国铁路营运里程已经达到12.1万千米，排名世界第二；高铁营运里程已经超过1.9万千米，居世界第一。2016年底，随着沪昆高铁的全线贯通，中国"四横四纵"高铁线路网络中最后一横也已完成,意味着中国"四横四纵"高速铁路网络基本成型,2008年版《中长期铁路网规划》中所提出的"四纵四横"高速铁路投资建设目标已经基本实现。当前中国高速铁路主要线路网络如表2-1所示。

表2-1　　　　　　　　中国高速铁路客运主要线路

"四纵"客运专线	覆盖区域
北京—上海	贯通京津至长三角、东部沿海经济发达地区
北京—武汉—广州—深圳	连接华北和华南
北京—沈阳—哈尔滨(大连)	连接东北和关内地区
上海—杭州—宁波—福州—深圳	连接长江、珠江三角洲和东南沿海地区
"四横"客运专线	覆盖区域
徐州—郑州—兰州	连接西北和华东地区
杭州—南昌—长沙—贵阳—昆明	连接西南、华中和华东地区
青岛—石家庄—太原	连接华北和华东地区
南京—武汉—重庆—成都	连接西南和华东地区
建设南昌—九江、柳州—南宁、绵阳—成都—乐山、哈尔滨—齐齐哈尔、哈尔滨—牡丹江、长春—吉林、沈阳—丹东等客运专线	
在环渤海、长江三角洲、珠江三角洲、长株潭、成渝以及中原城市群、武汉城市圈、关中城镇群、海峡西岸城镇群等经济发达和人口稠密地区建设城际客运系统	

2016年6月29日,国务院总理李克强主持召开国务院常务会议,原则上通过新的《中长期铁路网规划》,以交通大动脉建设支撑经济社会升级发展。决议中特别强调要打造以沿海、京沪等"八纵"通道和陆桥、沿江等"八横"通道为主干,城际铁路为补充的高速铁路网,实现相邻大中城市间1—4小时交通圈、城市群内0.5—2小时交通圈。根据新的《中长期铁路网规划》,到2020年,中国铁路网总体规模要达到15万千米以上,其中高速铁路营运里程达到3万千米以上;到2025年,中国铁路网总体规模要达到17.5万千米左右,其中高速铁路营运里程达到3.8万千米左右;展望2030年,中国基本实现内外互联互通、区际多路畅通、省会高铁连通、地市快速通达、县域基本覆盖。按照《中长期铁路网规划》的要求,中国铁路投

资建设规模将会进一步快速上升,尤其是高铁的投资建设将会进入新一轮高潮,《铁路十三五发展规划(征求意见稿)》中测算"十三五"期间中国铁路固定资产投资规模为3.5万亿元至3.8万亿元,2016—2020年的五年时间里中国新建1.1万千米的高速铁路,至2020年中国高铁营运里程将达到3万千米。截至2018年底,全国铁路营运里程达到13.1万千米,其中高铁营运里程2.9万千米以上,提前完成铁路"十三五"规划建设目标。截至2021年底,中国铁路营运里程突破15万千米,其中高铁营运里程已达到4万千米以上,中国现有高铁营运里程是2008年的61.4倍,超过世界高铁营运总里程的2/3,居世界第一位。

第三节 中国高铁投融资制度存在的问题及后果

一 中国高铁投融资制度存在的问题

经过40多年的改革,中国铁路投融资制度变迁已取得了较大成效,如初步形成了多元投融资主体并存和分层次决策的管理格局,形成了筹资方式多元化的融资格局,积极探索建立投融资主体自我约束机制的办法和措施,初步形成了行政手段与经济手段相结合的管理体制等。然而,由于已发生铁路投融资制度的变迁只是局部的和浅层次的,总体来看,由政府统一分配铁路建设资金的格局、铁路投资项目由政府集中决策的格局、铁路投融资主体缺乏风险约束的格局等方面还看不出有什么实质性变化。目前,中国现行高铁投融资制度存在着不少问题。

(一)投资主体单一

从本章第一节所述的中国铁路投融资制度变迁历程可以看出,中国关于铁路投资主体从中央政府直接拨款到间接的通过贷款、发行铁路债券,再到合资铁路对于非公有制经济的开放,最后到现在明确提出鼓励民间资本进入,表明随着中国改革开放的不断深入,民间资本的作用日益显著,民间资本积累了参与基础设施建设的经验,中国的铁路投融资制度已经突破了观念的束缚,向民间资本敞开了大门,政府对于民间资本进入铁路的态度更加开放，并且政策逐渐细化，从原则上，允许民间资本进入铁路的各个领域。但是与之形成鲜明对比的是实际铁路建设仍然主要由政府出资，在高速铁路投资建设中，也是同样的情况。目前中国现有的高速铁路线路建设的投资方基本都是国有资本，一般的投资形式都是由原铁道部或者现中国铁路总公司联合高铁沿线省份共同出资，设立某条客运专线股份公司，负责高铁的建设、动车组的购买。一般出资比例中铁道部出资最多，各省份负责省内征地拆迁费用和部分资本金。大多数高速铁路项目资本金占到总投资的50%左右，剩下的基本依靠银行贷款（见表2-2），而高速铁路项目的运营则一般还是交由原铁道部，即现铁路总公司进行管理运营。

表2-2　　　　近年来中国几条主要高速铁路投资方一览

高速铁路线路名称	投资方
京沪高速铁路	中国铁路建设投资公司（56.267%），平安资产管理有限公司（13.913%），全国社会保障基金理事会（8.696%），上海申铁投资有限公司（6.564%），江苏交通控股有限公司（3.803%），安徽省投资集团（0.563），北京市基础设施投资有限公司（3.334%），天津城市基础设施建设投资控股（集团）有限公司（2.751%），南京铁路建设投资有限责任公司（1.903%），山东省高速公路集团有限公司（1.615%），河北建投交通投资有限责任公司（0.591%）
京广高速铁路	南段武广客运专线投资总额1166亿元，由铁道部、湖北省政府、湖南省政府、广东省政府投资共建。中段石武客运专线由铁道部（42.16%）、河北省政府（3.18%）、河南省政府（4.12%）、湖北省政府（0.54%）合资建设，其余50%资金利用国内外银行贷款，北段京石客运专线由铁道部、北京市、河北省合资建设，部分资金由国家开发银行贷款
广深港高速铁路	广深港高速铁路广深段由中华人民共和国铁道部与广东省政府各按50%的股份出资组建广深港客运专线有限责任公司进行建设，投资成本约167亿元人民币，香港段由香港特别行政区政府全资兴建，最近估算造价为715亿港元

续表

高速铁路线路名称	投资方
京哈客运专线	哈大高铁由铁道部和辽宁、吉林、黑龙江三省政府共同出资兴建。盘营高铁由铁道部和辽宁省的锦州市、盘锦市、鞍山市政府共同建设。待建的京沈客运专线，拟投资估算总额 1245 亿元，其中工程投资 1203 亿元，动车组购置费 42 亿元。其中项目资本金占 50%，由中国铁路总公司出资 365.5 亿元，使用铁路建设基金和企业自有资金；北京市、河北省、辽宁省政府负责境内段征地拆迁工作及费用（计约 257 亿元），由地方政府采用财政性资金等出资；资本金以外的 50% 使用银行贷款
沪昆高速铁路	沪杭段项目资本金占总投资的 50%，其中铁道部占项目资本金的 50%，上海市、浙江省政府各出资境内段资本金的 50%
沪汉蓉高速铁路	沪宁段项目资本金占总投资的 50%，其中铁道部占项目资本金的 50%，上海市和江苏省政府占资本金的 50%。工程投资总额为 394.5 亿元，上海市政府承担全线总投资的 15%。合武段由铁道部和地方政府合资建设。汉宜段由铁道部与湖北省政府共同投资建设，工程总投资额为 237.6 亿元。渝利段由铁道部按项目资本金 70% 出资，重庆市政府按 30% 出资

数据来源：根据交通运输部、中国铁路总公司及新浪财经网站公布的信息整理而成。

（二）铁路企业投融资市场主体地位弱化

目前虽然中国铁路总公司及属下铁路局被授予管内经营权、劳动用工权等 12 项权利，但重要的铁路投资项目仍由中央政府决策。另外，在全路集中统一的运输调度体系和统收统支的财务收支制度未发生根本变动的情况下，各铁路局的市场主体、企业法人地位很难真正塑造起来，铁路局在进行投融资活动时，只享受投资收益，不承担投资风险，只负盈不负亏，不能独立地行使铁路投融资主体的权责。铁路企业投融资主体地位的弱化是由于政府侵入了企业的产权，造成铁路局的"所有权残缺"（the truncation of ownership）所致。"所有权残缺"使企业不能获取完全的"剩余索取权"（residual claim），其没有收到的部分实际上由政府占有。这必然产生两方面的后果：一方面是中央政府依据其侵入的权利干预企业的经营，占有企业的收益；另一方面企业也可以以此为借口，对其投资效果或经营效果的恶化推卸责任，是形成"预算软约束"的一个重要因素。

（三）投融资渠道不畅、融资方式单调

目前中国高速铁路建设资金的来源渠道主要有三个：一是铁路建设基金，二是发行铁路债券，三是银行贷款。三项资金之和往往占到高速铁路投资总额的 70% 以上，利用外资、吸引民间资本进行股权投资等方式虽然已发展多年，但是在高速铁路筹资总量上所占比例很低，对高速铁路建设的融资格局影响有限，市场经济条件下方式多样的融资工具和融资方式在铁路投融资领域还未开发出来，高速铁路融资渠道、融资方式单一的格局并未从根本上改变。

（四）投资管理方式落后

由于铁道部（现中国铁路总公司）在高速铁路投融资中处于垄断地位，直接负责资金筹措和铁路建设，缺乏内在的资金滚动和发展机制，铁路经营和服务水平也得不到有效监督，因此很难有所提高。由于重投入建设、轻运营管理，导致许多高速铁路项目长期亏损，需要政府补贴运营。这种低效率的投融资模式导致自身无法扩大，出现资金短缺问题也是必然，使民间资本对于进入铁路基础设施领域的兴趣更低。

（五）铁路投融资主体的风险约束体系尚未建立

中国铁路总公司和属下铁路局等铁路企业所拥有的"残缺所有权"是铁路企业投融资主体弱化的主要原因，其直接后果是导致在铁路投融资活动中"有人投资、无人负责"问题的出现。尽管在合资铁路的建设中尝试实行了项目法人制和项目资本金制度，毕竟覆盖面太小，并且这些制度也不一定适合所有高速铁路投融资项目，在大多数高速铁路投资建设中，有效的风险约束机制仍未建立起来。

二 中国高铁投融资制度存在问题所造成的后果

由于以上问题的存在,铁路投融资制度的非均衡性非但没有解决,而且在一定意义上说可能更严重,或更加接近于不可持续状态,否则我们就无法理解铁路投融资制度进一步创新的必要性和紧迫性,也无法理解目前正在进行着的铁路投融资制度的变革过程。现行铁路投融资制度存在问题所造成的后果主要表现为以下几个方面。

(一) 铁路部门负债水平过高、偿债压力巨大

中国高速铁路从 2008 年到 2018 年经过了十年极速发展,截至 2018 年底营运里程已达 2.9 万千米以上,但是也给铁路部门带来了沉重的负债,正如当年新干线也给当时的日本国铁带来了沉重的负债和难以遏止的亏损一样。

表 2-3　　中国 2009—2018 年铁路负债情况　　(单位:百万元;%)

年份	资产总额	负债总额	资产负债率	长期负债总额	长期负债比率	资本金	税后利润	还本付息总额
2009	2456639	1303386	53	854816	65.58	1152347	2743	88551
2010	3293738	1891801	57	1310560	69.28	1389213	15	175147
2011	3979637	2412675	61	1825622	75.67	1560268	31	312203
2012	4487700	2792562	62	2212686	79.23	1693858	196	282401
2013	5046218	3225850	64	2604086	80.73	1818625	257	269272
2014	5609930	3675551	66	3028081	82.38	1929360	636	330184
2015	6245870	4095145	66	3388526	82.74	2138083	681	338512
2016	7251261	4715344	65	3950738	83.78	2524348	1076	620335
2017	7648387	4987850	65	4188678	83.98	2641421	1819	540507
2018	8002339	5213379	65	4515405	86.61	2835273	2045	490143

数据来源:根据原中国铁道部 2011、2012 年审计报告和中国铁路总公司 2013—2018 年审计报告信息整理计算而得。

(单位：人民币百万元)

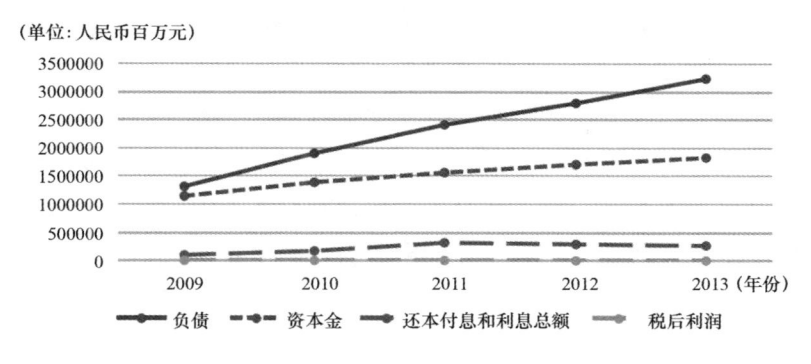

图2-1　中国铁路总公司（原铁道部）财务情况

说明：根据中国铁道部2011、2012年审计报告和中国铁路总公司2013年审计报告信息整理绘制而成。

由表2-3和图2-1可见，中国铁路部门的负债情况日益严重，资产负债率逐年递增，近年来，伴随中国铁路事业高速发展，仅仅用了十年时间，中国铁路总公司负债就从2009年的1.3万亿元迅速增长到2018年的5.21万亿元，这与高速铁路的跨越式发展有着直接关系。2018年铁路部门资产负债率已经高达65%，考虑到庞大的铁路资产基数，说明债务的增量巨大；而在铁路部门债务当中，长期负债已激增到负债总额的86.61%。2019年以后，中国铁路总公司的债务增速有所放缓，但是债务总规模仍在大幅度上升，截至2021年底，中国铁路总公司的债务总额已经高达5.7万亿元以上。

（二）高铁投融资及运营效率的损失

1. 高铁投融资效率的损失

从高速铁路投融资活动的"配额交易关系"来看，由于铁路建设资金大多是由中央政府根据计划直接分配的（如铁路建设基金等），另有很大部分则是由国有银行在非经济利益目标的约束下分配给国有铁路企业的。在前一种情况下，中央政府总是通过层层委托的关系来实现其投资目标，但由于信息不对称的客观存在，掌握较少信息量的中央政府很难准确判断实际的资金需求量,在投资决策时难免具有盲目性,而相对具有信息优势的基层各利益群体,出于维护自身利益的目的,在没有投资决策权的情况下,往往倾向于"搭便车""逆向选择"和"道德风险",如项目建设中常见的超概预算问题、"钓鱼工程"问题,以及在建工程战线过长问题,均与这种分配关系有关。在第二种情况下,各铁路局和各银行(与铁路建设相关的主要是政策性银行)基本上沿袭了公有产权为基础的国家统一经营格局,国有政策性银行和国有铁路企业之间尚无法作为独立的法人和利益主体相互对待,从而也无法建立起以借贷制为特征的"买卖交易关系",而主要表现为"配额交易关系",这种配额交易关系的存在,是导致银行信贷对铁路企业的"预算软约束"的一个重要原因。因此,高速铁路投融资活动中的"配额交易关系"会降低高铁投融资的效率。

2. 高铁运营效率的损失

许多高速铁路项目自建成投入运营以来一直亏损,也与现行高铁投融资制度有关。一方面高速铁路建设资金十分稀缺,但另一方面,目前的高速铁路投资主体基本为国有资本,即使项目运营效率低下,出现亏损也可通过国家财政补贴进行弥补。投资的无约束或软约束,刺激了铁路局等争投资、争项目的强烈动机,而并不关心投资项目建成后的运营情况和投资效益,与民营企业相比较,铁路国企缺乏提高运营管理水平、降低运营成本、提高运营收益的动力。而项目运营效益的低下又将使融资渠道萎缩,使可投资资金量减少,投资效益更差,如此形成恶性循环。

第四节　中国高铁投融资引入 PPP 模式的必要性及可行性

一　中国高铁投融资引入 PPP 模式的必要性

相对于现行高铁投融资模式,PPP 模式在高铁基础设施供给中具有各种内在的优势或益处,主要包括以下几个方面。

(一)有利于缓解财政压力,满足高铁基础设施供给所需资金

PPP 模式可以在财政吃紧的情形下,满足高铁基础设施供给所需资

金，保证供给质量和提高效率。同时，PPP模式可以分散高铁基础设施供给所需财政资金到未来若干年份支付，对于那些初始投资巨大的高铁基础设施项目作用尤为明显和重要，有利于财政资金的协调性。

（二）有利于提高高铁基础设施投融资及运营效率

PPP模式引入私营部门先进的技术、广泛的专业知识和灵活的经济管理经验，政府和私营部门通力合作和相互支持，提高高铁基础设施的投融资及运营效率。

（三）有利于实现最优项目风险分配

PPP模式成功的关键之一就是政府和私营部门双方最优地识别、量化、分配和管理项目风险。风险成本是项目成本的重要组成部分，应该对其加以严格管理，提高项目的经济效率。PPP模式可以实现最优的项目风险分配，政府和私营部门分别管理各自最能有效控制的风险，实现共赢。

（四）有利于实现规模经济

高铁基础设施PPP项目的顺利完成不仅需要私营部门，还需要其他利益主体的共同协作。待高铁基础设施PPP项目结束后，这些利益主体可以利用高铁基础设施PPP项目中建立的合作关系或获得的专业化知识和先进技术开展后续项目。政府可以采用PPP模式完成以前只能分块、分阶段完成的项目，实现规模经济。政府还可以把在高铁PPP模式项目中获取的灵活性项目选择程序和创新型技术，用于未来的各类型高铁基础设施供给项目。这三者都有利于政府在未来高铁基础设施中降低供给成本。

（五）有利于促进高铁基础设施的多重利用

为了促进资本集约化，获取更多利润，私营部门在高铁基础设施PPP项目中会通过多种辅助性商业发展模式，吸引潜在顾客，积极开展多种兼业经营，扩大盈利点。

（六）有利于促进政府更有效地满足公众需求

在 PPP 模式中，私营部门为获取更多利润及更好地提供高铁运输服务，重视与公众的交流和相互了解，重视对公众诉求的及时回应和对公众需求的充分满足。在双向交流互动过程中，公众有权监督 PPP 项目运行和服务供给情况，并提出异议。这都有利于政府部门充分地理解和确定公共服务需求情况，更好地满足公众需求。

（七）有利于推动政府职能进一步转变

PPP 模式中政府部门的职责不再是建设、经营和管理公共服务，而是监督管理、政策支持和提高相关服务。在铁路领域引入 PPP 模式，不仅可缓解财政压力，保证供给质量，也有利于政府职能的进一步转变。

二 中国高铁投融资引入 PPP 模式的可行性

（一）中国巨量民间资本迫切希望获得更多有效投资渠道

民营经济的迅速发展，居民收入水平的大幅上升，导致出现了一大批富裕的家庭和个人，居民的存款储蓄量也迅速增加，民间资本得到了大量积累。观察中国 2001—2020 年二十年的居民年末储蓄余额、年增加额数据可以发现，中国的民间资本存量极其丰富（见表 2-4）。民间投资的渠道通常为储蓄、债券、股票、房地产等，而居民进行储蓄获得利息则是收益率最低的投资途径，人们通常在找不到合适的投资方式的情况下才会将资金存入银行形成储蓄，巨额的城乡居民储蓄余额暗示了大量民间资本尚未找到合适的投资方式，民间资本存在较大的投资需求，而这种对投资渠道的需求为民间资本参与高铁基础设施投资提供了前提。

表 2-4　　中国 2001—2020 年城乡居民年末存款余额及年增加额

（单位：亿元）

年份	年末余额	年增加值	年份	年末余额	年增加值
2001	73762.4	9430.0	2011	353536.0	50233.0
2002	86910.7	13148.3	2012	411003.0	57467.0
2003	103617.7	16707.0	2013	461370.0	50367.0
2004	119555.4	15937.7	2014	502504.0	41134.0
2005	141051.0	21495.6	2015	546078.0	43574.0
2006	161587.3	20536.3	2016	597751.0	51673.0
2007	172534.0	10946.7	2017	643768.0	46017.0
2008	217885.0	45351.0	2018	716038.0	72270.0
2009	260772.0	42887.0	2019	813017.0	96979.0
2010	303303.0	42531.0	2020	925986.0	112969.0

数据来源：根据 2002—2021 年《中国统计年鉴》整理而得。

从表 2-4 可以看出，中国城乡居民年末储蓄余额总体呈递增态势，民间资本发展势头强劲，并且在经济稳步发展的情况下，城乡居民收入还会不断增加，居民储蓄量也会不断上升，在货币贬值的巨大压力下，民间资本对丰富的投资渠道的需求还会持续升温。

事实上，虽然民间资本的主要来源是居民储蓄存款，但其实际还应包括居民持有现金、民营企业存款、股票债券基金保险账户等投资理财产品账户余额、各地区社会保险基金和住房公积金余额，如果将这些资金考虑在内，则中国民间资本存量水平会进一步提高。据 2021 年《中国统计年鉴》数据显示，截至 2020 年底，中国住户存款余额 92.5986 万亿元，加上持有的现金、股票、基金、债券、保险以及金融机构各种理财产品等，民间金融资产总规模更为庞大。

总之，中国经过改革开放 40 多年来的快速经济增长，国内已积累了大量民间资本，但是中国民间资本的有效投资渠道却十分少，缺少合适的投资对象，大量的资本因为各种原因处于休眠状态而没有进入投资领域，这是十分无奈也是必然的选择。由于股市、房市与黄金市场等的不景气，中国大量民间资本迫切希望找到新的有效投资渠道，进入铁路行业投资是一个新的选择。自从 2011 年经历 7·23 动车事故之后，铁路建设经过一段时间的缓建调整，铁路行业有大量已完成可研报告、随时可以开工的项目，与其他行业相比，可大大缩短前期筹备周期，随着京沪高铁等部分高铁项目的运营开始产生盈利，这种示范效应将进一步提升高铁行业对民间投资者的吸引力。民间资本是最有潜力投资铁路行业的重要资金来源，而且铁路行业是长期稳定的投资，特别是资源开发性线路的投资。因此，民间资本进入铁路行业具有坚实的资金基础和极强的投资潜力。

（二）铁路投融资制度创新重要性成为政府及社会各界共识

如果说铁路投融资制度由于其固有的或先天的缺陷导致其处于非均衡状态的话，那么由于经济体制改革的进展和投融资制度变革的深化，铁路投融资制度改革的滞后性日渐突出，加剧了铁路投融资制度的非均衡性程度，促使人们对这种非均衡性的认知不断深刻。首先，改革开放以来，中国每一轮的经济高速增长，都伴随着投资规模的膨胀，进而引发财政、金融形势的全面紧张，最终导致高通货膨胀，较一致的观点认为导致这一恶性循环的主要原因是投融资制度方面的缺陷，因而多次引起社会的极大关注。其次，从铁路的具体实践来看，投融资制度改革是铁路改革的重要内容之一，铁路投融资制度中的许多问题已引起铁道部门的足够重视。1998 年铁道部已将投融资制度改革作为深化铁路改革、促进铁路发展的重要措施，并明确提出要解决"投资主体虚设、决策责权分离、融资渠道不畅、缺乏约束机制、投资效益不高"等铁路投融资制度方面的问题。2003 年，铁道部提出构建多元化投资主体、拓宽多种筹资渠道、形成多样融资方式的铁路跨越式发展思路，开始考虑在铁路行业引入民间资本。2005 年 7 月，铁道部又出台了《关于鼓励支持和引导非公有制经济参与铁路建设经营的实施意见》，明确鼓励国内非公资本进入铁路行业。2010 年 5 月，国务院又颁布了《关于鼓励和引导民间投资健康发展的若干意见》。政府明确铁路向非公资本开放铁路建设、铁路运输、铁路运输装备制造、多元经营等 4 大领域，同时提出了探索合资铁路经营机制在内的 7 项措施。至此，铁路投融资的政策门槛基本解决。

2013年，铁道部被撤销，中国铁路总公司诞生，从理论上彻底地结束了铁路政企不分的局面，确定了铁路企业市场主体地位，为民间资本进入铁路行业扫除了一个重要体制障碍，有助于吸引民间资本参与铁路相关领域的投资。2013年5月6日，国务院研究部署2013年深化经济体制改革重点工作。会议决定，将形成铁路投融资体制改革方案，市域（郊）铁路、支线铁路、城际铁路、资源开发性铁路所有权、经营权率先向社会资本开放，引导社会资本投资既有干线铁路。2015年，国家发改委发布《关于当前更好发挥交通运输支撑引领经济社会发展作用的意见》（〔2015〕969号）和《关于进一步鼓励和扩大社会资本投资建设铁路的实施意见》（〔2015〕1610号），宣布开放铁路投资与运营市场，重点鼓励社会资本投资建设和运营城际铁路、市域（郊）铁路、资源开发性铁路以及支线铁路，鼓励社会资本参与投资铁路客货运输服务业务和铁路"走出去"项目。

可见，铁路投融资制度创新的重要性成为中国政府及社会各界共识，尤其是政府作为中国铁路投融资制度变迁与创新的制度供给主体，已经具有强烈的制度创新动力，这为在高铁基础设施中顺利引入PPP模式提供了良好条件。

第五节 中国高铁投融资引入PPP模式需要解决的问题

一 一体化铁路经营管理体制造成铁路行业进入壁垒过高

一直以来，中国铁路经营管理体制属于上下一体化经营管理体制，即组建上下一体化的铁路集团公司，全面负责铁路的投融资、建设、运营维护和沿线多元化经营，铁路路网业务和铁路运营业务合为一体，线路所有权和线路经营权归同一家铁路公司所有。而铁路行业本身需要大量投资形成一定的规模才能发挥作用，这种铁路经营管理体制就会对外部资本进入高铁领域形成所谓"陷阱效应"，即当投入高铁的一定数量的外部资本进入规模巨大的国铁存量资产网络中，就会被数量庞大的铁路国有资产淹没，难以形成股权制衡。另外，高铁铁路具有较强的资产专用性（Asset specificity），即铁路路网铺设完成后，一旦决定退出经营，则其投入相应的路网的资金就不能收回,这也决定了该行业有着较高的进入壁垒和退出壁垒。

二 交叉补贴政策导致铁路运营收入清算不透明

铁路路网一般有较高的固定成本、较低的边际成本、弱替代性等特点,铁路行业的网络特性使国际间铁路行业普遍采用财务收入交叉补贴的机制来保证其网络运营的整体性,主要包括铁路货运与铁路客运之间财务收入交叉补贴、处于不同区域的铁路运输企业之间财务收入交叉补贴（吃"大锅饭"）。

实际上,20世纪80年代,一些民营企业就参与过铁路投资。然而,20世纪90年代后,由于政策不够透明,利润结算办法不清晰,这些合资铁路大都陷入亏损境地。由于铁路的网络性,每个路局的收入包括管内收入和直通或接入收入两个部分。计算每个路局的运输收入的难点在于计算接入服务的净收入,这是因为不同路局的运输成本和运输流量是不同的,也就是说,不同路局之间的净接入收入是不平衡的。[①] 而铁路的清算大权为铁道部所有,所以只有少数上市铁路如广深铁路等能事先约定清算方式,做出可行性报告以及匡算收益,大多数铁路则很难做到这一点。这也是如今众多民营企业尽管有热情却无实际行动的原因。

因此,交叉补贴的弊端是网络中的任何一个运输企业都无法获得真实的收入和反映出真实的盈利水平。随着现代企业制度的建立,这种机制已经严重制约了铁路运输企业成为独立、规范的市场主体,在这种财务清算体制下,外部经济主体无法寻求到运输企业完善和真实的信息,没有确定的经济收益保证,因而很难对是否进入某一线路运营领域作出准确的判断和决策。

三 缺乏合理的高铁基础设施 PPP 项目股权分配机制

高铁公私合作的股权分配本质上是一个控制权的问题。事实上,社会资本进入高铁项目后,还要考虑对项目的控制权,由于这些社会资金

---

① 所有路局的清算单价×总周转量=全路总成本+每个路局的利润收入=该路局管内收入+为其他路局提供接入服务得到的收入－向其他路局支付的接入费

的分散性以及目前的铁路管理体制。虽然高铁的前景被普遍看好，但是考虑到铁路建设庞大的资本金，民营企业即使倾其所有，也难以获得相应的话语权，短期内无法抗衡国有大股东，这就从根本上影响了其治理结构的合理化。因此，高铁项目应该积极加快各项改革，不仅要让社会资金看到铁路行业的市场前景和现实利润，更要通过分配和让渡股权，让进入者能参与经营和管理，实现共赢的局面。

权益问题是高铁公私合作中的关键，权主要是由"贡献"与"租"演化出的股权分配，再由股权分配演化出利益分配，其目标是在"利"（利益）的分配中达到 1+1>2 的效果，这也是公私合作的前提。为了激励公私各方迅速、保质保量地完成合作任务，使公私合作顺利进行，就必须设计一套合理的股权分配机制，使各成员企业在为自己目标努力的同时，自动地实现项目公司的战略目标。因此说合作成功与否，在很大程度上，依赖于股权分配是否合理。如果分配不合理，成员企业可能就会产生免费"搭便车"的行为，因此，必须设计一套合理的股权分配机制。

四 缺乏风险分担与收益分配相匹配的高铁基础设施 PPP 项目收益分配机制

在高铁项目中，拥有不同生产要素的公方和私方及其他收益相关者通过项目公司的形式建立公私伙伴关系的目的是利用各自的比较优势形成互补，取得比不合作时更大的效益。收益分配机制从本质上说就是高铁收益如何将"按资分配"与"按贡献分配"结合起来，即合理分配公私双方通过付给对方的"租"（成本）而获取合作的"利"。其表现形式可归结为公私合作各方因为公私合作的存在比各方单独行动多出来的增值利润的分配。

目前 PPP 模式在中国的推广运用中，尚未形成风险分担与收益分配相匹配的收益分配机制。一方面，在高铁基础设施投资中引入 PPP 模式后，由于有私营部门新加入高铁基础设施项目，我们就可借助 PPP 模式将一部分高铁基础设施项目风险从公共部门转移到私营部门，由于私营部门对某些种类的项目风险具有比公共部门更强的风险防范与控制能力，可以提高高铁基础设施 PPP 项目的风险管理水平，从而有效地减少项目风险损失，提高项目整体收益水平。但是，并非所有的风险都适合转移给私营部门承担，例如政治风险、法律风险等，公共部门对这些种类的风险明显具有比私营部门强得多的风险防范与控制能力，但是出于自利考虑和行为惯性，政府部门通常会倾向于把这些风险推给私营部门去承担。与此同时，由于政府部门在项目发起时投入的资本金比较多，在项目公司中占有的股份比重一般比较高，从而对项目具有相当大的控制权，政府部门常常会利用这种控制力的不对等地位，在项目收益过程中尽量给自己分配更多的份额。这样就很可能造成私营部门承担了大量的高铁基础设施 PPP 项目风险，在收益分配中却反而只分到较小的份额，其分配到的项目收益与其分担的项目风险不匹配。另一方面，在高铁基础设施 PPP 项目发起时，为了增强高铁基础设施 PPP 项目对投资者的吸引力，顺利引进社会资本，政府可能会对私营部门投资者做出最低收益保障，这实际上意味着政府分担了更多的项目风险。如果高铁基础设施 PPP 项目建成投入运营后，高铁运输服务市场需求量超出预期正常水平，或者高铁运输技术发生了革命性进步，高铁基础设施 PPP 项目就会产生超出原来预期的超额利润。既然政府承担了更多的市场风险，政府自然也应该在高铁基础设施 PPP 项目超额利润的分配上获得更大的份额。但是，私营部门往往认为，政府部门帮助分担一部分市场风险是理所应当的，因为对于私营部门而言，高铁基础设施项目的投资风险很大，且政府部门拥有比私营部门强得多的风险损失承受力，因此，私营部门可能不愿意将超额利润拿出来与公共部门分享。

五　缺乏科学的高铁基础设施 PPP 项目运营定价机制

价格是经济主体在市场运行中调节供求关系、合理配置资源、获取正常经济收益的机制，运价也是吸引社会资金参与铁路建设的一个重要问题。铁路建设项目要实行市场化融资，必须在运价政策上有一定的灵活性，更好地发挥市场配置资源的决定性作用，然而，目前，整个铁路行业实行的是刚性的报批性价格形成机制，铁路运输企业无法随机运用价格机制来配置运输资源。一个无法正常获取经济收益的行业或企业，其他经营主体和外部资本进入的可能性是无从谈起的。

高铁对铁路运价的冲击十分明显。随着近几年高铁里程的迅猛增长，中国铁路运输行业的供求矛盾发生了翻天覆地的变化。一方面，高铁极大地增强了铁路客运能力。另一方面，高铁极大地释放了铁路货运能力。但是，高铁因上座率低引发严重亏损备受社会关注。其原因是多方面的，而定价权的缺失是一个最关键的原因，它影响了铁路运输企业的积极性，致使铁路运输企业在"上座率"低的问题上束手无策。比较而言，改革当前僵化的铁路运价机制，逐步实现铁路运价市场化，是一条可行之路。因此，对于高速客运专线，国家适当放开定价权，使高铁运营企业能够直接从市场上取得收入，进行完全的经济核算，反映了真实的经营效果。

六 风险意识及风险管理措施欠缺

随着中国经济的快速发展及人民交通出行需求量与日俱增，PPP融资模式以其独特的优势备受各级政府的青睐，但是，使用PPP模式的风险也较大。中国引入PPP这种模式建设基础设施项目的时间尚短，政府及社会各界的风险意识不清晰，而且，由于中国国情的特殊性，PPP项目风险管理工作相对较为落后。

一方面，风险意识不清晰。目前高铁基础设施项目的投资主体呈多元化发展，越来越多的团体开始加入高速铁路PPP项目的建设发展中，包括私人投资者、政府、承包商、金融机构、保险公司等。虽然有大量参与者开始加入政府发起的高铁基础设施PPP项目的投资建设，但是许多项目参与者的风险意识仍然较为薄弱，一旦项目运作出现问题，往往都要求由政府承担更多的风险。高铁基础设施PPP项目中各参与方的危机意识不强烈，项目风险意识淡薄，是一个非常突出的问题。在国外，许多国家有专门的PPP项目风险管理机构出具专业的风险研究报告、风险一览表等；大型企业还编制风险管理手册，为风险的识别奠定了良好的基础，有助于风险识别的合理性、准确性和客观性。而目前中国此类的研究报告还很少，所以缺乏必要的经验总结，容易造成风险源识别错误，从而对PPP项目风险识别产生错误，影响高铁基础设施PPP项目风险评价、风险分担等后续的一系列研究决策，使得高铁基础设施PPP项目风险管理出现纰漏。

另一方面，风险管理措施欠缺。高铁基础设施PPP项目的风险管理主要是通过各参与方之间签订必要的合同文件和信用担保协议，将高铁基础设施PPP项目可能面临的风险在各参与方之间进行合理的分摊，这一过程涉及高铁基础设施 PPP 项目各核心参与方，如政府、私人投资者、金融机构等。这些部门和机构之间的风险管理的开展情况，构成了风险管理必要的客观基础。然而，目前中国对这些业务活动工作的限制条件较多，因此，风险管理的基础较为薄弱，在很大程度上制约着高铁基础设施 PPP 项目风险管理的实施和发展。以融资担保业务和金融风险的控制为例，来说明中国风险管理的基础薄弱这一客观事实。要进行高铁基础设施 PPP 项目担保，就必须有大量具备担保资格的担保机构和比较成熟的担保市场。而从中国目前的情况来看，虽然目前中国一些银行和保险公司已经开展了担保业务，但是其业务规模大多很小，且经验不丰富；承包商同业担保业务还未开展起来。国家对设立专门的保险公司应具备的条件、业务范围都应当有明确的规定，并且实施必要的监督，各担保公司不能形成竞争机制。国内的保险公司在项目管理方面开发的保险品种很少，保单形式单一，不能适应现阶段的市场和工程建设的要求，而这些都影响了 PPP 项目担保体制的推广和完善。同时，中国对高铁基础设施 PPP 项目金融风险的控制也受到了一定的限制和约束。众所周知，项目金融风险管理主要有期权、期货、远期和掉期保值等四种基本防范措施。目前，中国金融市场仅仅开展了人民币的远期外汇交易、择期业务交易、外汇期权期货交易等，许多保值类业务在中国尚未开展起来，使得中国防范高铁基础设施 PPP 项目金融风险的措施较为局限，从而使得高铁基础设施 PPP 项目中的金融风险不能得到很好的控制和规避。

此外，目前中国基础设施 PPP 项目最常用的风险防范措施即为风险规避、风险转移、风险控制和风险自留，但是，许多基础设施 PPP 项目在实施风险防范措施的时候，并不能很好地使用风险转移和风险自留等措施，不能通过这些防范手段来有效防范 PPP 项目风险。

七　PPP 模式方面的法律规范不健全

由于采用 PPP 模式建设投资的基础设施项目，政府占有主导和控制地位，私人投资者的利益不能得到很好的保障，必须借用一系列的政策法规来约束政府行为，保障私人投资者投资建设的积极性。私人投资者投资建设基础设施项目，除了关注政府所提供的各种保障和优惠，还关注法律保障和政府的政策指导。项目建设要签署大量的合同条款来约束公私双方的行为，因此，较为合理的方式就是对PPP融资模式的应用单独立法，而中国目前还没有针对PPP项目的专门法律条款，或者说，即使有这方面的法律条款，也由于制定年代已久，大部分是关于BOT等类似公私合作项目的法律条款，而没有考虑到PPP项目本身的特殊性要求，使得PPP项目在具体操作过程中无法可依、无章可循。同时，即使存在这方面的法律政策条款，但是由于其实施过程具有复杂性，并不能很好地达到实施法律条款的原有目的和意图，因此，即使有法可依也会出现执法不严的情况，从而加大了PPP项目管理的难度。另外，由于现在很多的法律政策条款是由不同的政府职能部门制定的，各部门之间的关注点和需求点各不相同，国家也没有对制定相应的法律政策实行统一的立法规定，导致PPP项目风险管理的法律依据混乱，使得私人投资者在各种法律规范面前游走，对现有的法律环境感到无所适从。

八　缺少统一负责公私合作制管理的机构

当今世界上那些PPP模式起步较早、PPP模式推广运用成功案例较多的国家，一般都由政府牵头组建了专门负责在本国各行业或领域推广实施公私合作制的全国性组织机构。这些PPP专业管理机构负责制定、解释本国或地区的公私合作政策方针，并对本国或地区辖区范围内的所有PPP模式项目的发起及运作统一进行管理，从而推动PPP模式在本国或地区的应用及发展。中国目前尚未成立一个全国性的PPP模式权威管理机构，目前中国的PPP模式项目都是按照行业进行划分，然后分别归口到国家发展和改革委员会、住房和城乡建设部、环境保护部、交通运输部、水利部、卫生部等诸多不同部门进行审核和管理。此外，因为没有一个PPP模式权威管理机构制定PPP模式相关规范，中国的学者及政府官员在PPP模式的宣传和PPP项目的管理中对公私合作制的称谓不一，如"BOT""PPP""特许经营""公私协力""公私合作""公私伙伴关系""公私合作关系"等。

九　缺乏PPP专业化人才

公私合作制涉及的行业多、范围广，而且采用PPP模式投资建设基础设施项目涉及众多方面的协调管理，例如合作伙伴的选择、合同的谈判、资金筹措、项目建设、生产经验的管理、利益协调、风险分配、项目质量的管理、合同纠纷的解决等多方面的问题，需要懂得经济、法律、财务、项目管理等专业知识的复合型人才。充足的专业化人才是保证PPP项目顺利高效实施的基本条件。但是，PPP模式引入中国才不过短短十几年的时间，刚刚处于起步阶段，人们对于PPP项目的认识还不足，缺乏理论基础和实践经验，这方面的人才又是少之又少。没有一支专业化的PPP项目的技术团队和管理团队，不熟知PPP项目操作的基本框架和技术要点，私营部门在铁路基础设施PPP项目的实施建造过程中很难维护自己的权益，项目成功的效率会大幅度降低，风险会大幅度上升。因此，必要的PPP专业人才是确保高铁基础设施PPP项目成功运作的关键因素之一。

第 三 章

中国高铁基础设施项目全流程
公私合作框架构建

第一节 中国高铁基础设施 PPP 项目的参与主体和运作程序

高铁基础设施 PPP 模式中主要涉及公共部门、私营部门以及公众（消费者）等利益相关主体，主要经过立项、招投标、合同谈判、建设、运营和移交等运作程序。

一 高铁基础设施 PPP 模式项目参与主体及相互关系

PPP 模式为公共服务供给的新型供给模式，公共部门与私营部门互助合作、风险共担和收益共享。细分来讲，高铁基础设施 PPP 模式项目的运行主要是四类利益主体的相互协作，实现公共服务的高质量和高效率供给，即公共部门（包括中央政府、地方政府、中国铁路总公司等）、私营部门（私营企业、私人投资者等）、公众（消费者）和其他利益主体（建设和运营承包商、设施原材料供应商以及各种中介服务机构等）（如图 3-1），其中公共部门和私营部门的相互关系为四类利益主体相互关系的主线。[1]

---

[1] 鲁庆成：《公私合伙（PPP）模式与我国城市公用事业的发展研究》，博士学位论文，华中科技大学，2008 年。

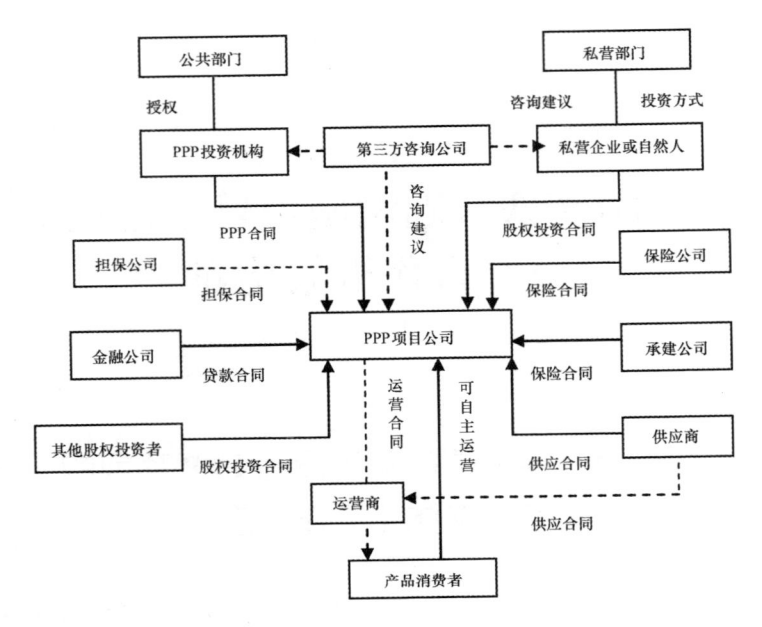

图 3-1 高铁基础设施 PPP 模式项目主要参与主体及相互关系

（一）公共部门

公共部门可以是某些具体政府机构部门，也可以是公共部门指定或委托的某公共事业单位或公共企业等单位。在高铁基础设施 PPP 模式项目中，公共部门参与者主要是中央政府、地方政府、中国铁路总公司等。公共部门是高铁基础设施 PPP 模式项目的发起人，主要职责包括确定项目，选择私营部门签订高铁基础设施 PPP 项目合同，投入部分项目资金或为项目贷款提供担保或补贴，承担部分项目风险，以及为 PPP 模式提供法律和政策支持，监督管理项目等。公共部门可以既参与铁路投资建设也参与铁路运营，也可以只参与铁路投资建设不参与铁路运营管理，但是多数情况下，在特许经营合同结束后，高速铁路线路的最终所有权还是归公共部门所有，当然，公共部门可能是通过回购的方式取得高速铁路线路的最终所有权。可以看出，PPP 模式只是改变了铁路运输服务的供给模式，铁路运输服务的公益性性质没有改变，因此公共部门依旧在 PPP 模式中承担重要责任，保证铁路运输服务的有效供给，同时，公共部门在铁路运输服务总体供给中依旧占据主导地位。

（二）私营部门

这里的私营部门包括向 SPV（Special Purpose Vehicle）投入资金的私营企业、私人投资者、商业银行①等各种社会资本投资者。SPV 名为项目公司，是一个特殊目的公司，专门负责 PPP 项目全过程事务，保证 PPP 项目的顺利进行，具体职责主要包括项目招投标、项目谈判和签订合同、项目投融资、项目建设、经营管理和项目移交。理想情况下，SPV 应该主要由私营企业和其他社会资本供给团体或人员组成。但是，一方面，由于政府通常不愿意完全失去对铁路基础设施的控制权。另一方面，铁路基础设施与其他市政基础设施或交通基础设施不同，铁路建设投资所需资金量极为庞大，投资风险较高，私营部门单独投资的可能性很小。因此，在高铁基础设施 PPP 模式项目中，公共部门通常需要承担一部分项目投资，分担一部分项目风险。这样，高铁项目公司的最终成员通常包括公共部门、私营企业和资金供给团体。②

（三）公众（消费者）

社会公众是高速铁路运输公共服务的供给对象，支付使用高速铁路运输服务的费用。由于高速铁路运输服务属于直接面向公众的公共服务，所以付费人并非政府部门，而是社会公众。社会公众根据使用高速铁路运输服务的数量和质量，直接支付费用给相应的高铁运营服务商。社会公众在支付费用的同时，也可以监督项目实施过程和服务供给水平，提出对高速铁路运输服务的更多的新需求，并向公共部门反映，确保高速铁路运输服务供给的有效性和供给质量的不断提高。

---

① 由于中国的商业银行基本都已经从国有银行改制成股份制商业银行。股份制商业银行的主要资金来源是吸收社会公众存款，因而股份制商业银行对高铁基础设施项目的股权投资可以看作社会资本投资。

② 王灏：《城市轨道交通投融资问题研究——政府民间合作（PPP）模式的创新与实践》，中国金融出版社 2006 年版，第 40 页。

（四）其他利益相关主体

其他利益相关主体主要指高铁基础设施 PPP 项目实施过程中的其他合作者，比如高铁基础设施 PPP 项目的建设和运营承包商、原材料供应公司和中介服务公司等。SPV 可以选择两家承包商分别签订项目建设和运营合同，分别负责高铁基础设施 PPP 项目的建设和高铁基础设施 PPP 项目的运营管理，也可以只和一家承包商签订建设和运营管理合同。如果有足够的建设或经营管理水平，SPV 自身也可以进行项目建设或运营管理。

高铁基础设施 PPP 项目利益相关主体较多，运行较复杂。高铁基础设施 PPP 项目运行过程中可以寻求相关专业服务机构，即中介服务机构的帮助。中介服务机构包含诸如项目咨询公司、财务公司、证券公司、法律和会计师事务所等，为项目利益主体提供政策、法律和会计、融资方案、合同拟定、市场分析和预测等意见。除此以外，设计单位和设备材料供应商等也都在高铁基础设施 PPP 项目运行中发挥着重要作用，是实现高铁基础设施 PPP 项目成功、实现公共部门和私营部门等各方共赢的重要保证。

二 高铁基础设施 PPP 模式项目的运作程序

高铁基础设施 PPP 模式项目的基本运作程序主要包括项目确立、选择私营部门和项目融资、成立项目公司、项目建设完成、项目运营管理和项目移交等六个阶段。

（一）项目确立

公共部门一般根据中长期经济和社会发展计划，为满足公共服务需求以及考虑自身财政运行状况，而提出 PPP 模式选择意见。首先需要根据项目的经济、技术和市场情况，对候选项目进行综合评价，确定项目的可行性。其次根据项目经营属性，考虑其吸引私营部门投资的可行性。最后确定采用 PPP 模式，运用招标方式选择私营部门共同合作。

（二）选择私营部门和项目融资

高铁基础设施 PPP 模式项目应该通过公开竞争的招投标方式或者竞

争性磋商方式选择私营部门参与，这是高铁基础设施 PPP 项目能否成功完成的关键。招投标主要分为招标准备阶段、投标阶段以及评标和定标阶段。在招标准备阶段，公共部门必须制作招标文件，向社会公布招标信息，邀请私营部门参与投标。在投标阶段，有兴趣的私营部门根据政府的招标文件编订投标书，包括投标函、项目可行性研究报告、项目风险分配、服务价格和投资收益等内容。在评标和定标阶段，公共部门组织评标委员会，按照公平竞争和择优选择的原则，确定最优投标者，作为 PPP 项目的私营投资者。

（三）成立项目公司

招投标或竞争性磋商完成后，公共部门和中标或确定合作关系的私营部门进行谈判，确定高铁基础设施 PPP 项目实施中公共部门和私营部门的具体权责，包括项目建设时间、服务供给水平和质量、项目风险分配和公共部门的支持政策等。在签订 PPP 合同后，所有各方的权利义务关系都以合同方式得到确认和固定，并提交到政府相关部门等待审批。待项目通过审批，公共部门和私营部门协商申请和建立高铁项目公司（SPV）。

（四）项目建设完成

在签订 PPP 合同并完成项目融资后，高铁基础设施 PPP 模式项目进入建设阶段。项目由 SPV 自主完成，或由 SPV 通过公开招投标形式选择建设承包商完成。在高铁基础设施 PPP 项目建设过程中，公共部门必须对项目进程进行严格监管，如果发现不符合 PPP 合同的情况，应及时和 SPV 沟通，确保项目建设符合预先确定要求。项目竣工通过验收，标志着项目建设阶段结束，进入运营管理阶段。

（五）项目运营管理

高速铁路项目建设完成，进入运营管理阶段以后，和项目建设类似，SPV 同样面临两种选择，可选择自行从事运营管理或通过公开招投标形式选择运营承包商。在这一阶段，贷款人、私营投资者和公共部门都有权对项目进行监督,确保项目按照 PPP 合同的要求进行运营管理并对设施进行维护。SPV 获得收益必须先用于归还贷款、支付成本费用、缴纳政府税收等,剩余部分为利润,进行股东分红。

(六) 项目移交

一般情况下,PPP 合同规定项目运营期结束后,项目的最终所有权将以无偿或回购形式移交给公共部门所有。[①]

第二节 中国高铁基础设施 PPP 项目的适用模式选择

一 高铁项目公私合作模式类型

从企业所有权与经营权的角度看,中国企业的所有权可区分为国有、公有、民有、私有四种,企业的经营权也可区分为国营、民营、私营三种。

中国铁路企业以国有和国有控股企业为主,类似于国外的"公企业"(Public Corporation),国外的"公企业"或"公共法人"是指由各级政府出资,具有法人资格的企业。其所有制—运营模式—治理形式及相互关系见表 3-1。

表 3-1　企业所有制—运营模式—治理形式及相互关系

类型	所有制	所有权与经营权	治理形式	特征
国营	全民所有制	所有权与经营权合一	政企、政资、政监合一	中国特有
国有	国家机构集中持股	国有大股东主导经营	政企分离	西方采取公企业形式
公有	多个公有部门持股	所有权与经营权分离	政企、政监分离	
民有	股权社会化公众持有	自主经营	政企、政资、政监分离	股权分散
私有	私人集中持有	私人主导经营	所有权、经营权难以分离	家族企业

---

① 蔡临申:《民间资本投资基础设施项目的 PPP 模式研究》,硕士学位论文,浙江大学,2006 年。

其典型的公私伙伴的公司制表现形式包括如下六点。

一是国有国营。"国有国营"是指由政府负责高速铁路投资建设，所有权归政府所有，运营由政府部门或国有企业负责。

二是国有民营。"国有民营"是指高速铁路线路的建设投资完全由政府负担，建成后委托企业负责运营管理，政府只负责监督、规范公司的运营。

三是合资国营。"合资国营"是指公私均占有股份但均不具控股地位，经营则由公方负责。

四是合资合营。"合资合营"是指由政府与企业共同出资设立高速铁路公司，共同负责高速铁路的投资、建设、运营。

五是合资私营。"合资私营"是指公私均占有股份但均不具控股地位，经营则由私方负责。

六是私有私营。"私有私营"是指由私营企业投资兴建，并由私营企业经营。

严格来说，除国有国营、私有私营外，其他均可认为是公私伙伴关系的表现形式。

二 中国高铁基础设施 PPP 项目的适用模式选择

在铁路领域，由于一直存在亟须解决铁路建设资金短缺的问题，近几年国内对铁路基础设施公私合作的研究大多涉及各种类型的项目融资模式、项目融资结构、融资方式、项目绩效评价、项目风险预警等。目前，业界常将 PPP 模式误解为一种新的融资模式，认为使用 PPP 模式的主要目的在于通过民间资本融资去补充公共部门铁路投资的资金缺口。严格来说，虽然政府财政资金的缺乏是 PPP 模式出现的主要原因，但是 PPP 不仅仅意味着从私人部门融资。PPP 最主要的目的是要提高公共项目投资建设运营的效率，即不仅要做到以有限的政府投资通过一定的运作机制（PPP）撬动更多的社会资本，而且希望借助私营部门的先进技术手段和管理手段提高项目的效率和效益。要想使 PPP 模式的两种作用都能得到发挥，就必须使私营部门也参与到高铁基础设施 PPP 项目的运营管理中来，不能仍然保持过去的将铁路运营权交给铁道部（现中国铁路总公司）去垄断经营的做法。当然，考虑到铁路运营的安全问题极其重要，铁路部门也无法完全放弃铁路的控制权，铁路部门也必定要参与到高铁项目的运营中来，保证对高铁项目的一定控制权。因此，笔者认为，合资合营模式是中国高铁公私合作的优选模式。

合资合营模式，实际上就是一种基于全流程的高速铁路项目公私合作模式，可以认为它是一种紧密型的、以契约为基础、以公司化形式运作的公私合作模式。即在项目发起阶段，私营部门进行项目的股权参与，并获得公共部门在铁路投资、建设、运营、维护等方面的特许权，在项目建设期，通过合同的形式与规划设计公司、咨询公司、总承包商、分包商、材料与设备供应商等形成协作型公私伙伴关系，在项目运营与维护期与公方成为共同经营型及合作运营型伙伴关系。

第三节　中国高铁基础设施项目全流程各环节的公私合作

笔者认为，基于全流程的"公司制"形式是高铁公私合作的基础。如果仅仅从某一阶段出发研究公私合作，就会由于角度的局限使公私合作不能达到整体和全流程最优，股份制是公私伙伴关系的最高形式。为此高铁项目的公私合作必须首先要建立基于"公司制"的法律框架和契约制度，在整个公私合作的全流程内通过制度建设、利益驱动与规制监管来促进公私各方的参与，并保障参与各方的权益，从而在高铁客运专线领域建立一种基于股份制的、可持续的、健康的公私伙伴关系。

高铁全流程的公私合作中，在投资方面的合作主要包括四个大的环节或阶段。一是项目发起阶段资本金层面的公私合作。二是在随后的项目建设过程中，通过吸收承建方、设备提供商、上下游战略投资者的加入，公方逐渐淡出变成相对控股。三是在公司试运营一段时间后通过私募股权运作或上市吸引运营管理商、机构投资者等更多的投资主体成为项目股东。在建设、运营、维护期的公私合作主要表现在建设主体（土建、设备供应主体）、运营主体（客运公司）、维护主体（线路公司、零部件供应主体）的股东多元化，同样也包括股东资本金层面的合作与上市层面的公私合作。四是在公司运营成熟后，推动公司上市，国有资本再逐步减持股份，通过一定的退出机制（上市、重组、证券化等），由国资部门（国有出资者）收回部分投资，同时实现了资本增值，然后用收回的资金继续投资于其他铁路项目，开始新一轮的投融资与建设、运营周期。

一　高铁基础设施项目投融资环节公私合作

高铁项目投融资环节公私合作的主要内容就是公共部门通过各种渠道在高铁基础设施投资中引进社会资本，使得高铁项目投资资金来源多元化，具体来说，中国高铁项目的融资方式包括以下几点。

（一）高铁项目债务融资

债务融资是指通过负债方式筹集各种债务资金的融资方式，包括银行借贷和公开发行债务这两种不同的方式。基于高铁项目存在投资周期长、投资规模大、收益率不高等特点，项目法人在筹措资金进行项目投资建设时，除了投入部分资本金外，一般是通过借用国际金融组织（如世界银行、国际货币基金组织、亚洲开发银行）以及国内政策性银行、商业银行的贷款解决大部分资金。但过去中国高铁项目债务融资中存在着两个突出问题。

第一，中国铁路债券并不是以项目或企业作为债务承担主体，多数债券都是以铁道部为发行人、以铁路建设基金作为债券担保。由于铁道部实际上是国务院的一个职能部门，铁路建设基金本质上也是财政资金，因此，铁路建设债券实质上是以政府主体为发行人，以财政资金为担保的政府债券，是一种政府投融资行为，不完全属于企业债券的范畴。

第二，银行贷款也不是以铁路企业为借贷人，而是全部以原铁道部的名义向银行借贷，贷款既投资于公益性项目，也投资于商业性项目，但贷款利息和本金却需要用商业性项目的收益来偿付，由于银行贷款利率偏高，导致铁路还本付息负担日益加重，每年近2/3的铁路建设基金用于偿还贷款利息，制约了铁路的发展。

铁道部在2013年已经被撤销，中国铁路总公司将逐渐成为真正的市场主体。今后在逐步确立铁路企业投融资主体地位的基础上，我们可以按照《企业债券管理条例》的规定，逐步扩大以铁路企业为发行人、以铁路企业的法人财产负责的铁路企业债券的发行。另外，在合理界定政府投融资主体投资范围的前提下，我们可以加大国家开发银行贷款在高铁基础设施领域的投资力度，并可以铁路企业为借贷主体，加大向商业银行的借贷力度，铁路企业以其投资收益偿还债务，以其全部法人财产承担债务责任。

（二）高铁项目股权融资

股权融资是指项目法人以所有者身份投入非负债性资金的方式进行的融资，从而形成企业的"所有者权益"和项目的"资本金"。股权融资是发达国家在工业化时期铁路建设融资的主要形式。

股权融资包括公募和私募两类。公募股权融资目前仅有广深铁路、铁龙股份和大秦股份等上市公司；私募股权融资主要是铁道部和地方政府、金融机构、私营企业等的合资铁路。高铁项目可以在初起阶段采用私募的形式进行股票融资，到一定时期后，积极推进高铁项目的股份制改造，力争上市，进入资本市场参与资本运作，采用公募的方式进行股票融资。股票市场筹资金额较大，是吸收民间资本进入铁路建设的一个好途径，也是高速基础设施实现多元化融资的好方式。国家可以给予上市的铁路客运专线公司一定的扶持，保证上市公司有较好的预期效益，增强对投资者的吸引力。

（三）引入战略投资者

铁路虽然不是一个高回报的行业，但它是一个回报稳定、防御性较强、长寿型的行业，可以为战略投资者提供长期稳定的回报。

战略投资者与主要投资者的区别在于，战略投资人不以长驻企业为目的，无意长期享用企业利润，而是把目标锁定在一个特定的阶段，以获得资本的超额增值或介入项目的业务，如京沪高铁可以根据铁路业务的相关性，分别引入地方政府、承建商、钢铁供应商的战略投资，以此获得相关投资效应。

铁路的战略投资者应首先考虑铁路的利益相关者，如业务关联度高的企业、各级地方政府、大的投资机构、基金会等。

地方政府是最好的战略投资者，2007 年以来，国家铁道部门每年都与大多数省份进行一次战略合作会谈，至 2013 年底，铁道部与各省、自治区、直辖市签订了几百项合作会谈纪要，确定合作投资总规模超过 9 万亿元。路地战略合作，地方政府作为战略投资者对高铁项目带来的最大好处并不是资金，而是地方政府在征地拆迁、物料供应、设施配套、税费减免政策等多方面对高铁建设的强力支持。中央政府与地方政府在高铁上的这种合作是基于双方的发展战略、建立在双方共同的战略利益基础之上的，容易形成长期稳固的合作关系。

其次可以考虑其他机构投资者。比如，社保基金、保险公司、银行等机构投资者。这些机构投资者的实力和作用远非投资几亿元或十几亿元参与铁路投资的小投资者可以比拟，他们除了能为铁路建设带来大量的投资以外，还有能力与铁道部门进行博弈，这样有利于优化高铁的法人治理结构，打破国资对铁路行业的垄断。

此外，一些业务关联度高的大型企业也比较适合充当高铁基础设施 PPP 项目的战略投资者。如京津城际铁路项目，就是由铁道部、北京市、天津市和中国海洋石油总公司四方共同投资建设。

（四）高铁资产证券化

资产证券化（Asset-Backed Securitization，ABS）就是将缺乏流动性但具有预期未来稳定现金收入的资产汇集起来，形成一个资产池，将其出售给证券特殊载体 SPV（Special Purpose Vehicle），然后由 SPV 用购买的组合资产为担保发行资产支撑证券（Asset-Backed Securities，ABS），经过证券商出售给投资者的行为。ABS 根据出发点不同，其设计方案也有所差别，大体可分为项目贷款资产证券化和项目收益资产证券化。

由 ABS 独特的运作方式可以看出，ABS 投融资方式至少有以下几个方面的优点。

第一，ABS 作为一种表外融资方式，并不反映在投资项目的资产负债表上，不影响其他投资方式的运用。资产证券化融资是一种以表外方式融资的工具。这就是说，以资产证券化方式融资不会增加融资方的负债，不反映在原始权益人的资产负债表上，ABS 融资不构成外债，从而使资产证券化成为一种非负债型融资，不会影响债券融资、股权融资等其他传统融资方式的进行，原始权益人也不受追索，这对于目前负债过高的铁路基础设施项目无疑具有实质性的意义。通过 ABS 方式融资，可以解决增量投资问题，也可以盘活存量资本。

第二，筹资成本较低。ABS 投融资方式运作时，是通过资信等级很高的机构（SPV）进行筹资，筹资与项目本身并无直接关系，ABS 方式往往能比项目本身作为筹资对象所花费的成本要小。

第三，风险较小。对筹资者而言，项目原始权益人的自身风险与项目收益的风险通过 SPV 分隔开来，或者说项目原始权益人将项目经营风险转嫁给了 SPV。对 SPV 来说，由于自身资信等级很高，往往能以很低的利率发债成功，使项目成本降低，减小了偿债风险。对投资者来说，由于 SPV 债券的购买者分散，也降低了中间费用。

第四，适合规模较大的项目。SPV 与投资项目之间签约、SPV 向资本市场发行债券，以及 SPV 的发起设立等过程中所发生的费用，相当程度上都是固定费用，因此，项目的投资规模越大，单位投资额所担负的固定费用越小，因而 ABS 往往适合规模较大的项目。

中国铁路建设实施 ABS 投融资方式很有必要。首先，铁路行业路轨机车等存量资本巨大，加上铁路建设项目未来具有稳定、大额的现金流，完全可以采用项目收益资产证券化的方式来进行融资。中国铁路拥有庞大的资产存量，但是，其在长期资产实物形态的经营中，基本没有活化的机制。ABS 可以盘活现有铁路资产，为铁路建设和经营获取增量资本。以"存量换增量"和"存量带新量"筹集铁路发展资金，同时通过出让部分股权和减持，将筹集的资金再用于铁路新项目的建设，实现滚动发展。其次，铁路建设项目一般风险较小，并在将来很长的时期内能产生比较稳定的收入，铁路运价体系理顺之后，铁路项目将来产生的现金流必将大大增加。这就为 ABS 的顺利运作奠定了基础。最后，国家作为铁路项目的原始权益人，与 SPV 之间只发生借贷关系，并不涉及铁路的最终控制权问题。因此，ABS 方式可以在不触动现有铁路经营管理制度的前提下实施，增加了可操作性。

（五）铁路产业投资基金

产业投资基金是以特定产业为投资对象，主要对特定产业的非上市企业进行股权投资的一种投资基金。其投资目标主要是获取长期资本利益，同时也兼顾当期的财务收益。

中国投资基金已经历了一个从自发兴起逐步步入规范化发展的过程。自 20 世纪 90 年代初中国开始出现投资基金，经历了 1992—1993 年的"证券基金热"以后，发展速度放慢。1995 年，中国人民银行发布《设立境外中国产业投资基金管理办法》，为境外基金的设立、募集和运作提供了法律依据。1997 年 11 月，国务院颁布《证券投资基金管理暂行办法》，为证券基金的规范化运作奠定了基础。2014 年 6 月，国家发改委、财政部、交通运输部联合颁布了《铁路发展基金管理办法》。2014 年 11 月，中国铁路发展基金股份有限公司挂牌成立，其定位是中央政府背景的政府性投融资平台，希望能够吸引民间资本投入，使该基金达到每年 2000 亿—3000 亿元总规模。2017 年 1 月，国家发改委颁布了《政府出资产业投资基金管理暂行办法》，旨在优化政府投资方式，吸引社会资本投入政府支持的领域和产业。这些政策法规的出台为铁路实施产业投资基金的投融资方式创新创造了良好的条件。

铁路利用产业投资基金投融资方式具有得天独厚的产业优势。从产业成长方面来看，铁路长期滞后于中国国民经济的发展，中国铁路客运市场长期处于供不应求的状况，市场相对稳定，有较强的发展潜力。从盈利性方面来看，尽管铁路有很多公益性项目，整体盈利性较差，但其中也有很多项目具有一定的盈利能力，况且，目前有些铁路项目盈利性较差的主要原因之一是铁路运价过低，随着运价政策的完善，这些项目同样具有一定的盈利水平。从技术角度来看，铁路产业的技术一般为成熟技术，同时还有像高速铁路动车组等的高新技术，技术选择的空间较大。

（六）国际融资租赁

融资租赁是集贸易、信贷和技术于一体的一种新型投融资方式，也是国际资本市场最流行、发展最迅速的投融资方式之一，由于几十年来在国际市场上发展迅猛，融资租赁被称为"朝阳产业"或"未来产业"。

所谓融资租赁，通常是指承租人先不用支付现钱，而是向从事租赁业务的中介租赁公司租借设备，并以其经营收入分期偿付设备价款和相关费用，承租期满后，根据合同或协议，承租人可以折价购买所租借的设备，也可以作其他处理。

铁路所涉及设备通常具有技术含量高、金额大、自主开发难度大等特点，因此，铁路宜利用国际租赁市场，利用融资租赁的方式，引进国外先进设备。与其他投融资方式相比，国际融资租赁具有以下特点。

第一，通常不被视为一国的对外负债。这样等于拓宽了利用外资的范围，无论融资租赁规模多大，一般不会影响从国际金融机构获得优惠贷款。

第二，有利于缓解外汇资金来源不足的困难和规避风险。由于不需要一次性支付大笔费用，因而融资租赁通常是一种较适宜于资金相对短缺的国家和地区的投融资方式，并且在一定程度上可以避免国际市场上通货膨胀、设备涨价等方面的风险。

第三，有利于引进国外先进技术。通过租赁方式不仅引进了先进、适用的设备，同时也引进了国外的先进技术，企业可以减少技术开发过程中的风险投资。融资租赁方式通常也是规避出口国对先进技术设备进行管制的一种有效手段。

第四，有利于提高企业经济效益。融资租赁相当于以分期付款的方式购买设备，无须企业集中支付巨额款项，有利于企业对有限的资金资源进行合理配置，以达到最佳经营结果。

近年来，中国国际租赁业得到了较快发展，以融资性进口租赁业务为主，辅之以国产设备国内租赁业务和出口租赁业务的融资租赁格局已初步形成，为中国电力、机械、纺织、通信、家电、建材、化工、环保、矿业等行业引进先进设备、克服资金困难做出了一定贡献。目前，中国国际租赁规模最大、效果最明显的当数民航系统，民航新增国外客机总数的一半以融资租赁的方式取得。但与国外相比，中国融资租赁业还有较大差距，存在很多问题。一方面租赁额较低，目前中国设备租赁额占全部设备投资额的比例仅为1%左右，而美国为32%，韩国为22%。另一方面，中国欠租现象严重，影响了租赁业的健康发展。

铁路行业的高铁机车车辆等设备非常适合投融资租赁，采用融资租赁的方式引进国外高速动车组也是一种可以考虑的选择。目前，政府主体在铁路实行融资租赁投融资方式创新时，应在以下方面有所作为：参照国外经验和惯例，尽快制定有关融资租赁的法律法规；在对国际融资租赁深入研究的前提下，为设立铁路融资租赁专门机构创造条件；加强对融资租赁业务的宣传，使人们不断掌握更多的融资租赁知识，提高融资租赁在铁路投融资方式中的地位。

（七）高铁项目信托融资

在现代金融体系中，信托业务与银行业务、保险业务、证券业务共同构成四大金融业务。信托公司具有财产隔离的独特制度优势，还具有规避政策限制、避税等功能，可以说，信托公司能够真正实现组合投资和组合运用资产。信托公司有合法权利使用自有资金对外投资，而在银行、保险公司、证券公司和基金公司中，除保险公司可以对基金投资不超过15%外，其余都不允许对外投资。目前，国家规定的金融机构业务范围规定，信托公司在各种金融机构中可以说是业务范围最广阔的。

从目前的市场需求看，以推进城际铁路建设为目的而创新的信托产品可以从几方面寻找突破。一是国有资产信托品种方面。信托投资公司可根据铁路国有资产的不同特点和需要推出不同的信托品种，如对铁路国有财产管理则采用财产信托和专项资金信托。二是在城际铁路基础设施信托品种方面还存在很大的开发空间。三是铁路产业投资基金信托业务方面。

（八）利用外资

铁路外资的利用是指实施投资多元化政策充分运用来自国际金融组织、外国政府提供的贷款或赠款，以及境外市场融资、外商投资所得外资，用于加速铁路建设、促进铁路运输业的发展。由于铁路是国民经济的大动脉、国家的重要基础设施，所以国家对铁路利用外资给予了大力支持，铁路成为中国最早利用外资的部门之一。

综上所述，铁路融资是复杂的系统化工作。在高铁基础设施PPP项目融资实际操作中，应根据不同线路项目的特征搭配不同的混合性融资方案，加快培育适宜大规模股权融资、债务融资的市场化融资主体。

二 高铁基础设施项目建设环节公私合作

从目前铁路的固定资产投资分类来看，轨道线路、机车车辆、桥梁隧道和建筑设施是铁路投资的四大方向。而高铁建设期主要涵盖土建、铺轨、车辆购置三大部分。

（一）高铁建设市场的开放

长期以来，铁路建设多是由曾经隶属于铁道部的中铁工程、中铁建筑两大施工企业承担。实施铁路跨越式发展以来，铁道部门不断加大铁路建设市场开放力度。2004年12月31日，建设部、铁道部联合下发《关于进一步开放铁路建设市场的通知》，2006年4月20日，建设部、铁道部联合发布《关于继续开放铁路建设市场的通知》，根据通知，当天起，中国铁路建设市场在设计、施工、监理等方面增加多个路外企业首次进入的领域，其中，时速200千米以下普通铁路设计工作、铁路大型旅客站房和房建工程监理工作等，是新增加的路外企业首次能够进入的领域。铁道部大力推行大标段招标和工程总承包为在铁路建设领域全面进行公私合作开辟了道路，此举将有利于引导施工企业合理配置资源，引进和采用先进技术装备，开展规模化、专业化施工。这些措施不仅强化了施工现场的质量、安全、进度、投资控制，而且在一定程度上促进了施工企业管理水平和市场竞争能力的提高。

但是，通过查阅中国几条主要高速铁路的施工单位（见表3-2），可以明显地发现，无论高速铁路投资资金来自何处，最终在高速铁路的建设中，承担主要建设任务的都是几家铁路行业中最具实力的国有背景施工企业，如中铁股份有限公司等。所以，目前在高速铁路的建设过程中，民间资本只能参与资金投资，而很难直接参与高铁的建设，这说明中国高铁建设市场的开放还远远不够，中国铁路建设行业依然处于高度的国企垄断状态。中国铁路总公司和中国铁建、中国中铁等国有背景施工企业之间有着很深的渊源，那种天然的联系使得双方的关系十分紧密，在这种垄断格局下,体制外部的民营企业很难获得与中国铁建、中国中铁等国有背景施工企业公平竞争的机会,因此,即使是资金实力、技术实力极其强大的民营施工企业,也很难进入中国的高铁建设市场。要在高铁项目建设环节成功应用 PPP 模式,就要求中国政府强力推动铁路建设市场的进一步放开,并对高铁建设招投标工作中的公开性、透明性、平等性进行严格密集地监管监察,确保民营企业在铁路建设市场获得与中央国企同等的竞争地位。

表 3-2　　　　　　几条主要高速铁路线路施工单位一览

高速铁路线路名称	施工单位
京沪高铁	中国铁道建筑总公司 中国中铁股份有限公司 中国水利水电建设集团 中国交通建设股份有限公司
京哈客运专线	哈大线由中国中铁、中建、中交施工
沪昆高铁	沪杭段总体设计单位为中铁第四勘察设计院集团有限公司,站房设计单位为上海联创建筑设计有限公司、中南建筑设计院;咨询单位为铁道第三勘察设计院集团有限公司;线下工程由中铁一局、十局、十一局、十二局、二十四局,中建股份,中交二航局承担;铺轨工程由中铁一局、二十四局承担;站房工程由上海建工、浙江一建、中铁建工承担;四电系统集成施工由中铁电化局、中铁通号集团公司承担
合武铁路客运专线	中国中铁股份有限公司

数据来源:根据交通运输部、中国铁路总公司及新浪财经网站公布的信息整理而成。

(二) 高铁建设的公私合作方式

中国在项目建设期均实行项目法人责任制,项目建设法人在推行公私合作的过程中,主要是通过项目法人与总承包商、分包商、设备供应商、材料商等进行公私合作。

1994 年,铁道部设立了专门从事投资管理业务的部属国有企业中铁建设开发中心,作为铁道部的出资载体和贷款主体,既是铁道部出资者代表，负责开展对部分合资铁路的投资、建设管理工作，也是国家对铁路进行补贴和实施优惠的对象。即中铁建设开发中心（2004年铁路改革后更名为中国铁路建设投资公司）就是铁道部（现中国铁路总公司）投资与建设公私合作的公方主体。

目前，中国高铁招投标工作由中国铁路总公司建设管理部和中国铁路建设投资公司招标部负责组织实施，国内各高铁工程均采取了拆分招标的方式进行，即铁路建设、机车供应以及信号系统分开招标。高铁项目常用的具体建设合作方式包括：传统的施工总承包及项目总承包方式；分段承发包模式；OCM方式（由业主委托CM单位，以一个承包商的身份，采取有条件的"边设计、边施工"，即快速轨道法的生产方式）；设计—管理方式（Design-Manage）；BOT方式；BT方式。

（三）高铁技术领域的公私合作方式

中国高铁技术领域的公私合作主要方式就是从国外引进先进高铁装备及技术，采用的是一种引进—消化—再创新的"市场换技术"的策略。从2004年开始，中国就一直在高铁技术领域奉行该原则，将当今国际上最先进、最成熟、最可靠的技术作为技术引进目标，以铁道部门为主导，以国内企业为主体，以掌握核心技术为目的，消化吸收再创新，力争最终实现高铁设备本土化生产。经过中国高铁技术人才十多年时间的不懈努力，目前中国已掌握了先进动车组和大功率机车核心技术，国产化率可达到80%以上，使中国铁路装备技术一下子跻身世界先进行列。中国国内已有十多家机车车辆重点制造企业和几百家外围企业实现了机车车辆制造水平的跨越，形成了中国铁路新的机车车辆制造产业群。四方股份、长客股份、唐车公司、株洲电力机车公司等主机厂和配套企业的整体实力跨上了崭新平台，目前国内企业已经具备了年产动车组200列的能力。

在有序的引入和持续的消化中，中国高速铁路博采众家之长，通过引进消化—吸收—再创新形成了具有完全自主知识产权的"中国品牌"。目前，中国铁路已经申请了946项专利，在高速动车组、高速铁路基础设施建造技术和既有线提速技术等方面都达到了世界先进水平，已经形成了集设计、施工、制造、运营管理于一体的成套先进技术。中国高速铁路的工程建造技术、高速列车技术、客站建设技术、系统集成技术、运营维护技术、环境保护技术居于世界前列，且形成了完全自主知识产权的高铁成套技术体系。

2009年10月12日普京访华，签署了总金额高达55亿美元的合作协议，其中包括《中俄发展高速铁路备忘录》。2009年11月17日奥巴马来华，铁道部与美国通用电气公司签署了中美《动车组及内燃机战略合作谅解备忘录》。这表示中国在高速铁路领域的领先技术将帮助美国、俄罗斯高铁市场快速发展，为世界减少碳排放做出巨大贡献。

因此，无论是从技术还是从管理模式上，中国高铁都是中外合作、公私合作、后发先至的一个绝佳的样板。

三 高铁基础设施项目运营环节公私合作

高铁运营期的公私合作包括高铁运营市场的准入或许可，以及高铁价格的形成、成本的清算、政府的补贴等。

（一）高铁运营市场的准入

铁路运输经营权就是要解决铁路运输设备的所有权人与占有、使用该设备的经营权人的财产权责关系，铁路运输经营权具有私权兼公权的性质。在高铁项目的网运分离实现后，可以将高铁项目运营权放开，使私营部门也能参与到高铁运营中来。对于从高铁项目公司中剥离出来的路网资产中属于私营部门所有的那部分，可由公共部门以逐步回购或其他方式回收。

中国实行铁路运输经营许可证制度，国家可以通过设定铁路运输经营权，以取得一定利益为条件，将其所有的铁路运输设备或其权利交由铁路运输企业占有、使用。对于中国的高速铁路项目，可以打破垄断，引入竞争机制，所有符合设定铁路运输经营权条件的公司、企业、财团均可成为拥有高铁经营权的主体。届时，像香港铁路有限公司、广深铁路股份有限公司及诸多合资铁路公司这些十分擅长铁路运营的民营企业或混合所有制企业将会最先进入高铁运营市场，为争夺高铁项目的运营管理权展开市场竞争。

(二) 高铁运营成本清算

铁路是国家重要的基础设施，具有明显的公益性特征或称"准公共物品"特性。路网建设投资规模大、回报周期长，项目本身的收益率往往低于社会平均水平，但社会效益十分突出。这一行业特性决定了真正把社会各方面资金吸引到铁路建设上来，必须着力研究解决好公私合作过程中的成本分担问题。

铁路固定设备的费用很大，而这些费用大多是各种运输共同发生的。只有按照适当办法在各种运输产品成本间进行分配，才能分别列入有关的运输成本。因此，在铁路运输成本核算分析中，铁路运输运营成本还需经过分配按照各种不同的成本计算对象来汇集运输费用，还应考虑如何结转、分配和相互间的清算问题。

另外，高度的资产专用性使得民营企业投资修建的铁路很难更改用途，残值也比较低，还会面临其他垄断经营者挤占准租金的威胁。

(三) 高铁运营定价

当前，中国铁路行业整体来看仍然有着浓厚的计划经济体制色彩，大多数铁路项目（包括高速铁路项目）的运营定价仍然是通过向政府进行报批形成，实际上实行的就是一种政府定价机制，铁路运营定价具备很强的刚性特征，不能够随铁路运输服务市场供求状况的变化而及时做出相应的调整，铁路运输企业无法实时运用价格机制对铁路运输资源进行优化配置，市场机制对资源的优化配置功能在当前中国的铁路运输服务行业实际是失灵的。而对于铁路这样一个无法运用市场价格机制正常获取经济收益的行业而言，吸引私营企业和其他社会资本进入的难度是极其大的。

因此，在铁路基础设施领域推广应用 PPP 模式的同时，中国政府也应该适当下放铁路运营定价权。也就是说，未来中国各铁路线路（尤其是高速铁路线路）运营价格的确定，应当尽量减少使用政府定价方法，更多地采用政府指导定价方法甚至市场定价方法，通过这样的铁路运价改革,使铁路运营服务商逐渐获得相对自主的定价权。推动铁路运营定价机制从政府定价向市场定价转变,不仅有利于民间投资者对铁路项目的收益预测,便于民间投资者进行铁路项目投资决策,而且,由于铁路运营服务商能够拥有相当程度的定价权,铁路运营服务商可以根据铁路运营成本变化对铁路运营票价进行动态化的调整,以保证取得既定水平目标的项目收益,这将使铁路行业对民间资本的吸引力大大增加。具体而言,高铁的定价应遵循"公平合理、切实可行"的原则,由政府、企业、用户共同谈判、协调,针对市场准入、价格、服务建立约束市场供求双方的准则,达到既能最大限度保护用户的应有权益,又能保障生产者开展正常经营的积极性。同时,还要提高价格规制效率,防止有的行业和企业滥用市场垄断力量谋取高额利润,充分发挥价格机制在市场经济中调节资源配置的作用。因此,国家应尽快出台高速铁路客运专线运价管理办法,明确国家各有关部门、企业对运价管理的权利范围和职责。

四 高铁基础设施 PPP 项目公私股东的减持和退出

建立了公私伙伴关系的项目公司如何顺利地实现国退民进,让公方股东愿意退出,机构投资者能够顺利退出,这点在公私合作中尤为重要,甚至比吸引私人资本的进入更为重要,因为只有在法律法规和框架内、依公私合作的契约进行有序的国退民进,铁路领域基于全流程的公私合作才能可持续发展,才能有真正的生命力。因此,除了公私股东彼此之间需要建立一种互信机制外,我们还需要对公方股东在项目公司中的存续时间、退出时机等做出明确的规定,这样一方面可以完善企业治理结构,防止一股独大,减少国有大股东侵害私方小股东的机会,另一方面也可以为社会私人资本腾出更多的空间。

产权市场与资本市场是市场经济高度发展与成熟的重要标志之一,而市场经济以民营经济为主体,通过国有股比重降低及社会公众股上升,可充分发挥非国有股权所有者在公司治理中的积极作用,减持国有股,转变企业运行机制,可为建立真正的现代企业制度奠定必要的微观基础。有限公司股东退出的方式包括自愿退出和法定退出,自愿退出也可以称为约定退出。法定退出是指在立法中对股东退出的客观先决条件做出了事前规定,当先决条件成立时,股东或必然或可选择性的退出公司,其退出因具有法律依据而不受其他障碍性规定或协议的影响。

国有资本一般可以通过上市、兼并、重组将股权出售给相关战略投资者或私人资本，逐步减持甚至可能退出某些项目，回归政府职能，并将获取的收益投入其他建设项目中。2001年中国国有股减持管理办法就已出台，目前，减持国有股可以采取的一般方法有：直接注销部分国有股份、国有股份回购、国有股转为优先股和债权、直接出售国有股、增发社会流通股、发行可转换债券、引进战略投资等。

私有股权减持的主要方式是股份回购和转让。对于股权回购或股权转让，《中华人民共和国公司法》《中华人民共和国证券法》《上市公司章程指引》等有关法律、法规、规章都做出了具体的规定。目前，私人投资者的退出路径主要有：投资基金本身上市与回赎；所投资的目标企业上市，则主要应该借助主板市场实现股权转让，或者利用产权交易市场转让所投企业的股权；由高铁公司回购。

具体如表3-3所示。

表3-3　　　　　　　　公私投资的退出路径

项目退出方式	已上市		被其他机构收购			原股东收购	管理层收购	清算
	境内上市	境外上市	境内上市公司收购	境内非上市公司收购	境外收购			
	A股市场	N、H股市场	产权交易中心					

第四节　中国高铁基础设施PPP项目绩效评价

注重经济效率与社会效果的一致性，应成为铁路领域公私合作的基本原则。市场化旨在改善政府作为服务提供者的绩效，铁路领域公私合作的目的在于提高铁路服务效率，满足社会公众对铁路产品和服务在速度、多样性、质量以及便利等方面的个性化需求。但是，由于企业"利润至上"的本能冲动，可能导致市场化的公共服务在利润最大化经营准则指导下，逃避社会责任，侵害公共利益，公共部门和私营部门合作共同提供公共服务，使政府管理面临提高政府能力、建立稳定制度环境、建设诚信政府、改变监管模式、树立廉洁形象等诸多挑战。为此，政府需要通过制定必要的法律法规"迫使"进入铁路服务领域的民间组织贯彻"公众至上"的理念。与此同时，还应该建立一套 PPP 绩效评价标准，加强对 PPP 项目实施过程中的全面质量管理和绩效管理，评估合同执行情况，注重公私合作的实际效果。

中国在铁路建设运营领域应用 PPP 模式的时间尚短，对于铁路建设运营领域运用 PPP 模式后，项目取得的实际绩效状况如何，国内理论界和实务界没有予以太多关注，由于铁路项目的庞大性和 PPP 模式的复杂性，使得铁路 PPP 项目的绩效评价难度较大。经过对 PPP 模式本身特点的考虑及对各种项目绩效评价方法的比较，笔者认为将层次分析法和模糊综合评价法结合起来进行综合运用非常适合高铁基础设施 PPP 项目绩效评价。

一　层次分析方法和模糊综合评价方法

（一）层次分析方法

求权重是综合评价的关键。层次分析法是一种行之有效的确定权系数的有效方法。特别适宜于那些难以用定量指标进行分析的复杂问题。它把复杂问题中的各因素划分为互相联系的有序层次，使之条理化，根据对客观实际的模糊判断，就每一层次的相对重要性给出定量的表示，再利用数学方法确定全部元素相对重要性次序的权系数。

（二）模糊综合评价方法

模糊综合评价方法是由美国工程科学院院士、著名控制论专家 L. A. Zadeh 首创的，他在 1965 年发表了 "Fuzzy Sets"（模糊集合）这一重量级论文，第一次提出了"模糊子集"这一概念，在处理模糊现象问题上实现了重要突破。此后，国内外学者对这一理论进行了进一步研究及发展，使该理论在多个不同学科领域取得了成功应用。本书将尝试把模型综合评价方法引入高铁基础设施 PPP 项目领域，运用多层模糊综合评价法，对高铁基础设施 PPP 项目进行绩效评价。

二 高铁基础设施 PPP 项目绩效模糊综合评价步骤

（一）明确评价对象的评价指标并进行分类

按照一定分类原则将影响到高铁基础设施 PPP 项目绩效评估结果的因素划分为 P 个评价指标，即 U ＝（u_1，u_2，…，u_p），并且可根据需要对一级评价指标 u_i（i ＝ 1，2，…，p）进一步进行细分，构造二级评价指标甚至更多层次的评价指标体系。

（二）制定评价对象的评价集

评价集是根据各层次评价指标对评价对象的状态进行评价，一般以等级制评语进行评价。如规定评价集 V ＝（v_1，v_2，…，v_p），即总共分为 P 个不同等级的评价语集合。

（三）确定评价指标的权重

可以使用层次分析法来确定高铁基础设施 PPP 项目绩效评价各指标的权重，即通过构建指标成对比较矩阵来明确各指标间的相对重要性，然后进行矩阵特征值和特征向量计算，接着进行归一化处理，从而确定各指标的权重，最终得到评价指标的权重向量。如果采取两层次模糊综合评价，则可规定，一级指标 U_i 层对评价目标 U 层的权重向量 A ＝（A_1，A_2，A_3，A_4，A_5），二级指标 U_{ij} 层对一级指标 U_i 层的权重向量为 A_i ＝（A_{i1}，A_{i2}，A_{i3}，…，A_{ik}）。

（四）确定模糊评价矩阵

在制定了评价对象的评价集后，可对评价对象从各类指标 u_i（i ＝ 1，2，…，p）上予以评价，即判断评价对象从子因素 u_i（i ＝ 1，2，…，p）方

面来看对于第 P 级评语的隶属度 $(R\mid u_i)$，这样就可以得到模糊评价矩阵。

（五）进行单因素模糊评价

利用合适的算子将 A_i 与 U_i 的模糊评价矩阵 $(R\mid u_i)$（即二级指标层的模糊评价矩阵）进行模糊矩阵运算，即可得到一级指标层 u_i 对于评价集 V 的隶属向量。

（六）合成各因素进行模糊综合评价

由上一步得到的一级指标层各指标的隶属向量可构成一个新的模糊评价矩阵，再对其进行模糊矩阵运算，即可得到目标层对于评语集 V 的隶属向量。

（七）对模糊综合评价的结果予以分析

在对模糊综合评价的结果进行分析时，通常会采取最大隶属度原则法或者加权平均法。这样即可得到高铁基础设施 PPP 项目绩效评价的结论。

第 四 章

中国高铁基础设施 PPP 项目资本结构分析

第一节 中国高铁基础设施 PPP 项目中的委托代理关系

一 委托代理理论的基本假设及基本观点

20 世纪 30 年代，美国著名学者伯利、米恩斯创立了委托代理理论，自此以后的七八十年里，委托代理理论受到各个领域学者的极大关注，委托代理理论也在各个领域得到了广泛的运用和不断地发展。伯利、米恩斯认为，为了促使企业运作效率及企业价值的上升，可以将企业的所有权与经营权进行两权分离改革，可由足以胜任的代理人（如职业经理人）掌控企业日常经营权，而委托人（企业所有者）仅仅只需掌握足够的剩余价值分配权。此后，学者们在伯利、米恩斯所提出的委托代理理论基本概念的基础之上，根据企业内部信息不对称及企业激励机制乏力的现实问题，对委托代理理论进行了进一步的发展和修正，其中，Wilson、Mirrless、Grossman、Hart 的研究最具代表性。

（一）委托代理理论的基本假设

大体上来说，获得学者们公认的委托代理理论的基本假设主要是以下两点。

第一，委托人和代理人之间的信息不对称或不完全对称：在进行合同交易的时候，委托人能够获取的信息往往比代理人要少得多，而且委托人通常只能借助于能够直接进行观测的信息来对代理人的工作情况进行分析,至于代理人真正付出的努力程度的大小,由于种种原因,委托人实际上是很难直接掌握到的。

第二,委托人风险中性和代理人风险规避:我们在对委托人和代理人之间的合同交易情况进行观察及研究时,一般会假定委托人对风险是采取中立态度的,并且通常认为委托人的效用函数应该具有线性特征;而我们对代理人的风险假设则与此不同,我们通常认为代理人在应对处理风险的时候,从风险倾向上来看,代理人大多属于逃避型,也就是说,代理人具有更为强烈的争取稳定收益的动机,所以,他们的效用函数往往有明显的凸函数特征。

(二) 委托代理理论的基本观点

中国经济学者刘有贵、蒋年云对委托代理理论基本观点进行了比较客观全面的归纳总结。他们认为,代理理论是委托代理理论的源头,代理理论产生之后发生了演化拓展,从而形成了新的委托代理理论,但是委托代理理论与代理理论的基本逻辑是并无二致的。即委托人为了更好地实现自身效用提升,把其所掌握的一部分权力分权给适合的代理人,当然,代理人获得授权后,应该以维护实现委托人利益为原则运用所获得的权力开展各种业务行为;对于代理人,基于经济人假设,代理人实际上追求自身私利的满足,因此,当存在信息不对称或委托人、代理人利益冲突问题的时候,代理人可能并不是以维护实现委托人利益为原则开展各种业务行为,而是以降低甚至牺牲委托人的利益为代价换取自身利益的增加及满足,委托代理问题或委托代理成本问题,正是由这种不良的偏向所导致的。[1] 因此,构造一套行之有效的制衡机制来约束、激励代理人做出与委托人利益方向相一致的行为,就显得十分重要,这种机制的构建,可以起到提高代理人努力程度、降低代理成本并促使代理人提升效率的作用。

---

[1] 刘有贵、蒋年云:《委托代理理论述评》,《学术界》2006 年第 1 期。

二 高铁基础设施 PPP 项目中的委托代理关系

在高铁基础设施 PPP 项目中，项目公司股东、项目公司经营管理层以及项目公司各专业服务提供机构（如项目建设商、设备供应商）之间，都明显表现出委托代理关系的存在。比如，项目建设商既有可能只是以单一专业服务提供商的身份参与工程建设招投标，从而竞得工程建设承包合同，也可以在项目公司发起成立时或成立后通过出资认购项目公司股份或通过其他方式入股，成为项目公司的股东之一，与此同时，项目建设商仍然可以参与工程建设招投标活动，从而竞得工程建设承包合同。因此，项目发起人在发起成立项目公司时，应该清楚认识到是否能够对项目公司的股权进行分配，从而构建起科学的股权配置结构，以达到削减委托代理成本、实现各方共赢的目的，这对于高铁基础设施 PPP 项目的成功与否，是至关重要的一个影响因素。

高铁基础设施 PPP 项目中存在着多层次的委托代理关系，如股东与高铁项目公司之间的委托代理关系，高铁项目公司与各种专业服务商之间的委托代理关系，这种委托代理关系的存在会对高铁基础设施 PPP 项目公司的资本结构选择产生重大影响。例如，在考虑公共部门、高铁专业运营服务商、高铁技术设备提供商等应当占有的股份份额时，一个重要原则就是这种股权结构应该尽可能地使各方的专长得到充分发挥，尽可能地使项目风险得以有效控制。为此本章将基于委托代理理论的一般模型来推导高铁基础设施 PPP 项目在发起建设阶段和运营阶段等两个阶段的股权结构选择问题。

为了简化分析，本章中假设 PPP 项目的各潜在股东均不具备多元化职能，比如高铁专业运营服务商仅仅只是在铁路运营服务方面拥有特别优势，而过去一直以来并不从事工程建设或者工程项目融资业务。在现实当中，情况可能并非如此，主要有两种情况需要注意，一种情况是某些高铁基础设施 PPP 项目股东本身是持多元化经营战略的综合性企业集团，但即使如此，这些企业集团或集团公司内部的各个子公司或各个部门之间一般也会对职能进行明确的界定和区分；另一种情况是，某些股东在项目建成投入运营之后，在企业所掌握的资源和具备的能力充分的前提下，也可能会根据高铁基础设施 PPP 项目生命周期进行动态的业务调整，例如高铁基础设施 PPP 项目建设商转营或兼营高铁基础设施 PPP 项目运营服务。做了简化假设后，这两种情况也适用于本书的分析。

第二节　中国高铁基础设施 PPP 项目股权分配分析

一　发起建设阶段的股权分配

高铁基础设施项目的特点是建造工程规模庞大，建设成本非常高昂，工程建设所需资金数量巨大，所以，决定高铁基础设施项目能否顺利建成运营的最关键因素往往就是两点：一是是否有足够的财力投入高铁基础设施项目；二是资金的投资使用效率是否够高。在对高铁基础设施 PPP 项目的股权分配问题进行分析时，根据现实中可见的一般情况，可首先假定公共部门（包括政府、公共事业单位、公共企业等）充当高铁基础设施项目的发起人，使用委托代理理论框架，以高铁项目总体及高铁项目各参与方的收益变化情况作为决策标准，分析在高铁基础设施项目中引入公共部门以外股东的必要性和公私股东的股权配置。

本书中的高铁基础设施 PPP 项目发起建设阶段，是指从高铁基础设施 PPP 项目立项到高铁路网建设完工、高铁机车配置到位、铁路信号系统设备及电气化设施安装完毕的这一时间段，铁路工程建设商及铁路技术设备供应商是高铁基础设施 PPP 项目在这一时间段里的主要参与者，它们的参与方式主要有两种：一种是作为高铁基础设施 PPP 项目的入股股东共同主导高铁基础设施 PPP 项目投资建设；另一种参与方式则是仅仅充当为项目股东提供各种必要服务的代理人，而并不具备高铁基础设施 PPP 项目股东的身份。

下面基于委托代理理论，讨论是否有必要引入铁路工程建设商及铁路技术设备供应商作为股东。我们将分析对象简化到两个以内，以达到简化分析的目的，具体而言，我们只研究是否需要在高铁基础设施项目中引入铁路工程建设商充当高铁项目股东，而对于铁路技术设备供应商，我们假设其是包含于铁路工程建设商之内的，与现实情况中的工程总、分包关系比较接近。

分别以 T_f 和 T_g 表示公共部门和高铁工程建设商。在高铁基础设施项目发起建设阶段,以 C_e 表示高铁基础设施项目的实际建设工期,分析 C_e 构成时,我们假设对于高铁工程建设商来说,存在着一个与其努力程度没有关联的刚性建设时长 C_f,当然,事实上 C_e 除了会受到刚性建设时长的影响,还与高铁工程建设商在工程建设中付出的努力程度大小有着密切的关联,我们用 $\alpha\eta c$ 来表示由于高铁工程建设商在工程建设中付出了更大的努力而导致的工期缩短时间,那么高铁项目实际建设工期 C_e 为:

$$C_e = C_f - \alpha\eta c \tag{4-1}$$

其中,C_f 表示高铁项目刚性建设时长,也就是由具体高铁基础设施项目建设工作量大小、建设技术难度大小、高铁工程建设商经验等特定因素所决定的工期长度,它不受高铁工程建设商努力程度大小的影响;c 表示单位时间;高铁工程建设商所付出的努力程度大小用 η 来表示,$\eta>0$;α 表示高铁工程建设商努力的工期系数,$\alpha>0$,且 α 是随着 η 的上升呈边际递减趋势的,也就是说,随着高铁工程建设商所付出的努力程度越来越大,由于高铁工程建设商努力程度提高所导致的工期缩短效应越来越小。式(4-1)隐含的意思是,当高铁工程建设商努力程度较小时,高铁基础设施项目的实际完工工期与刚性建设时长的差异较小;随着高铁工程建设商在工程建设中付出的努力程度的上升,高铁基础设施项目的实际完工工期会不断提前,但高铁工程建设商努力程度提高产生的工期缩短效应也会越来越小,且存在最短工期。可以看出,关于工期构成的基本假设,比较符合实际情况。

以 H_{T_g} 表示高铁工程建设商从高铁项目公司那里投标取得的工程建设合同总额,以 g_e 表示高铁工程建设商在项目建设过程中实际耗费的总建设成本。为了便于分析高铁工程建设商作为代理人,在工程建设中所付出的努力程度的大小与高铁工程建设商实际耗费的总建设成本之间的关系,假设高铁基础设施项目的总建造成本 g_e 包含了固定成本 g_f 和可变成本 g_v 这两部分不同性质的成本如式(4-2)所示,其中,g_f 为不受高铁工程建设商努力程度大小影响,由项目自身特定因素决定的固定成本,而 g_v 为与高铁工程建设商努力程度大小相挂钩的变化成本。即:

$$g_c = g_f + g_v \tag{4-2}$$

式（4-2）中，可变成本 g_v 与高铁工程建设商努力程度大小及工期有关。高铁工程建设商努力程度大小及高铁项目工期的成本系数可分别以 β、ω 表示，且 $\beta > 0$，$\omega > 0$。与 α 类似，我们假设 β 和 ω 随 η 和 C_c 的上升呈现出边际递减趋势，为了便于对问题进行简化，可以通过分段函数形式进行处理。即：

$$g_v = \frac{\beta \eta^2}{2} + \omega C_c \tag{4-3}$$

我们以 C 表示高铁基础设施 PPP 项目公司获得授权的项目特许经营期（包含建设期），以 h 表示在高铁项目建成投入运营后项目运营期内单位时间（如年度）产生的利润，则高铁基础设施 PPP 项目公司的利润 MI 为（为简化起见，未考虑现金流贴现问题，后同）：

$$MI = (C - C_c)h - H_{Tg} \tag{4-4}$$

（一）仅由发起人公共部门充当高铁基础设施 PPP 项目公司的单一股东

仅由发起人公共部门充当高铁基础设施 PPP 项目公司的单一股东时，高铁工程建设商仅仅只是担任公共部门的代理人，则高铁工程建设商获得的期望利润为：

$$E(MI_{Tg}) = E(H_{Tg} - g_c) \tag{4-5}$$

将式（4-1）、式（4-2）和式（4-3）代入式（4-5），可得：

$$E(MI_{Tg}) = H_{Tg} - g_f - \frac{\beta \eta^2}{2} - \omega(C_f - \alpha \eta c) \tag{4-6}$$

基于式（4-6），高铁工程建设商的理性选择是尽可能接近甚至达到最优的努力程度 η^*，因为只有那样，高铁工程建设商才能达到使自身利润最大化的目的。根据这一分析，我们可将式（4-6）对 η 进行一阶求导计算，取值为零时，计算整理可得：

$$\eta^* = \frac{\omega \alpha c}{\beta} \tag{4-7}$$

在式（4-6）中代入式（4-7）并且进行计算整理，可得出高铁工程建设商的最大期望利润为：

$$E(MI_{Tg}) = H_{Tg} - g_f - \omega c_f + \frac{\omega^2 \alpha^2 c^2}{2\beta} \tag{4-8}$$

在式（4-1）中代入式（4-7）并且进行计算整理，即可发现当高铁工程建设商期望利润达到最高水平时，与之相对应的最优工期亦可求出，即：

$$C_c^* = C_f - \frac{\omega \alpha^2 c^2}{\beta} \tag{4-9}$$

我们可在式（4-4）中代入式（4-9），即可计算整理求得，高铁基础设施 PPP 项目公司的利润最大值是：

$$(MI)^* = (C - C_f + \frac{\omega \alpha^2 c^2}{\beta})h - H_{Tg} \tag{4-10}$$

（二）引进高铁工程建设商充当高铁基础设施 PPP 项目公司的股东

在高铁基础设施项目是由公共部门与高铁工程建设商共同投资发起的情况下，高铁工程建设商既是高铁基础设施 PPP 项目的参股股东（即委托方），又是获得高铁项目公司授权从事高铁工程建设的代理人，也就是说，在这种情况下高铁工程建设商实际上同时扮演着两种不同的角色。因此，在高铁工程建设商具备高铁基础设施 PPP 项目参股股东身份的情况下，高铁工程建设商的期望利润应该包括两部分，一部分是通过竞标与高铁项目公司达成的高铁工程建设承包合同所产生的利润，而另一部分则是其从高铁基础设施 PPP 项目总利润中分享到的利润分红，据此可知：

$$E(MI_{Tg}) = E(H_{Tg} - g_c) + rMI \qquad (4-11)$$

其中，r 表示高铁工程建设商所拥有的股份在高铁项目公司总股份中所占的比重，且 $0 < r < 1$。

我们把式（4-1）、式（4-2）、式（4-3）和式（4-4）一起代入式（4-11）里面，经过计算整理可得：

$$E(MI_{Tg}) = H_{Tg} - g_f - \frac{\beta\eta^2}{2} + (\omega + rh)(\alpha\eta c - C_f) + rhC - rH_{Tg} \qquad (4-12)$$

在理性驱使下，为了达到自身利润的最大化，高铁工程建设商在高铁工程建设过程中有着强烈动机付出最大程度的努力。因此，我们可将式（4-12）对 η 进行一阶求导运算，当取值为零时，经过计算整理可知：

$$\eta^* = \frac{\alpha c(\omega + rh)}{\beta} \qquad (4-13)$$

将式（4-13）代入式（4-12）并进行计算整理，即可得出高铁工程建设商的最大利润是：

$$E(MI_{Tg}) = (1-r)H_{Tg} - g_f - (\omega + rh)C_f + rhC + \frac{(\omega + rh)^2\alpha^2 c^2}{2\beta} \qquad (4-14)$$

在式 (4-1) 中代入式 (4-13) 并且进行计算整理，即可发现当高铁工程建设商期望利润达到最高水平时，与之相对应的最优工期亦可求出，即：

$$C_c{}^* = C_f - \frac{(\omega + rh)\alpha^2 c^2}{\beta} \qquad (4-15)$$

我们可在式 (4-4) 中代入式 (4-15)，即可计算整理求得，高铁基础设施 PPP 项目公司的利润最大值是：

$$(MI)^* = \left[C - C_f + \frac{(\omega + rh)\alpha^2 c^2}{\beta}\right]h - H_{Tg} \qquad (4-16)$$

作为高铁基础设施 PPP 项目发起人之一的公共部门，因为其拥有的股份在高铁基础设施 PPP 项目公司全部股份中所占的比重为 1-r，因此公共部门可以从高铁基础设施 PPP 项目利润中分配到的那部分利润是：

$$(MI_{Tt})^* = (1-r)\left\{\left[C - C_f + \frac{(\omega + rh)\alpha^2 c^2}{\beta}\right]r - H_{Tg}\right\} \qquad (4-17)$$

（三）两种不同股权结构的对比分析

当仅由公共部门充当高铁基础设施 PPP 项目公司的单一股东时，为了使两种股权配置方案具有可比性，我们可假设在此种情况下公共部门其实在高铁基础设施 PPP 项目公司中引入了财务投资人，财务投资人仅扮演高铁项目投资者角色，如果财务投资人在高铁基础设施 PPP 项目公司中分配获得的股份占全部股份的比重为 r，则在此种情形下，公共部门股东从高铁基础设施 PPP 项目公司利润中分享到的利润部分是：

$$(MI_{Tf})^* = (1-r)\left[(C - C_f + \frac{\omega \alpha^2 c^2}{\beta})h - H_{Tg}\right] \qquad (4-18)$$

我们可以首先比较两种不同股权结构下高铁工程建设商努力程度的大小,有:

$$\Delta \eta = \frac{\alpha c(\omega + rh)}{\beta} - \frac{\omega \alpha c}{\beta} = \frac{r\alpha ch}{\beta} > 0 \qquad (4-19)$$

观察式(4-19)我们可以发现,当高铁工程建设商仅仅只是作为高铁项目公司代理人而未对高铁项目公司入股的情形下,其在高铁项目建设过程中所付出的努力程度,比其同时兼任高铁项目公司股东及高铁项目公司代理人身份时所付出的努力程度要低,并且高铁工程建设商在高铁项目建设过程中所付出的努力程度大小与其在高铁基础设施 PPP 项目公司中占有的股份份额呈现出正相关关系,高铁工程建设商在高铁基础设施 PPP 项目公司中占有的股份份额越小,高铁工程建设商付出的努力程度通常就越低。当然,高铁工程建设商付出的努力程度也会受到努力程度的成本系数的制约,高铁工程建设商付出的努力程度与努力程度的成本系数之间呈现出负相关关系。

我们可以对两种不同股权结构下高铁项目的总利润大小进行比较分析,计算可得:

$$\Delta(MI) = \left[C - C_f + \frac{(\omega + rh)\alpha^2 c^2}{\beta} \right]h - (C - C_f + \frac{\omega \alpha^2 c^2}{\beta})h$$
$$= \frac{rh^2 \alpha^2 c^2}{\beta} > 0 \qquad (4-20)$$

式(4-20)说明,在高铁项目公司中,引入高铁工程建设商充当股东,有利于促进高铁基础设施 PPP 项目总利润的提升,而且高铁基础设施 PPP 项目公司的利润增长大小与高铁工程建设商在高铁基础设施 PPP 项目公司中的占股份额之间存在着正相关的关系,与高铁工程建设商努力程度的成本系数之间则呈现出负相关的关系。

下面我们可以对两种不同股权结构下,公共部门股东从高铁基础设施 PPP 项目公司中分配到的利润进行对比分析,有:

$$\Delta(MI_{Tf}) = (1-r)\frac{rh^2\alpha^2c^2}{\beta} > 0 \qquad (4-21)$$

根据式（4-21）可知，当高铁工程建设商成为高铁基础设施 PPP 项目公司股东时，公共部门股东从高铁基础设施 PPP 项目公司中分配到的利润会变得更多，当然，公共部门股东利润的具体增长值与高铁工程建设商努力成本之间也存在着负相关的关系。

观察式（4-19）、式（4-20）和式（4-21），我们可以发现，如果高铁项目由公共部门类的财务投资者单方面发起，在高铁工程建设商努力程度、高铁工程建设商获得的利润以及项目总获利方面，都比由公共部门和高铁工程建设商作为股东共同发起高铁基础设施 PPP 项目的结果要差。

（四）引入高铁专业运营服务商充当股东

从现实来看，由于在高铁基础设施 PPP 项目发起建设阶段引入高铁专业运营服务商充当高铁基础设施 PPP 项目公司股东可能会因运营服务商在高铁投资建设方面的专业性不足而增大高铁项目建设成本，高铁专业运营服务商大多并不会在高铁基础设施 PPP 项目发起建设阶段对高铁基础设施 PPP 项目进行股权投资，因此，在该阶段，高铁专业运营服务商与项目公司之间并不存在委托代理关系。

当然，在现实中，如果高铁专业运营服务商持多元化经营战略，业务范围同时涵盖了铁路工程建设及铁路运输服务，则亦考虑其作为高铁基础设施 PPP 项目发起股东之一。另外，若高铁专业运营服务商在未来项目竣工后的运营方面有特殊要求，高铁基础设施 PPP 项目公司也可以在项目发起建设阶段就向高铁专业运营服务商分配一部分股份，以尽量降低工程返工率，减少工程建设成本的浪费，提高高铁工程建设效率，缩短高铁工程完工工期。假如在高铁基础设施 PPP 项目的发起建设阶段，有单一铁路运营服务职能的企业迫切要求马上入股高铁项目公司，为了不对其参与高铁投资的积极性造成打击，可以考虑允许其对高铁基础设施 PPP 项目注入资金，但是并不参与高铁基础设施 PPP 项目的工程建设决策及工程建设管理，而仅仅只是充当财务投资人角色。

第四章 中国高铁基础设施 PPP 项目资本结构分析 / 125

(五) 最优股权比例分析

从以上分析可知,从高铁基础设施 PPP 项目发起人公共部门的角度来看,在高铁基础设施 PPP 项目发起建设阶段允许高铁工程建设商加入高铁基础设施 PPP 项目公司的股东行列,可以有效降低委托代理成本,促使公共部门的期望利润上升,公共部门可选择分配给高铁工程建设商的股份份额为 r^*,以达到自身利润最大化的目的。即求解:

$$\max(MI_{Tf})^* = \max\left\{(1-r)\left[(C-C_f)h + \frac{(\omega+rh)h\alpha^2 c^2}{\beta} - H_{Tg}\right]\right\} \quad (4-22)$$

在式 (4-22) 中对 r 进行一阶求导运算,取值为零时,可得高铁基础设施 PPP 项目公共部门发起人分配给高铁工程建设商的最优股份份额是:

$$r^* = \frac{h-\omega}{2h} + \frac{\beta H_{Tg} - \beta h(C-C_f)}{2h^2\alpha^2 c^2} \quad (4-23)$$

对于式 (4-22),当 $0 \leqslant r \leqslant r^*$ 时,高铁基础设施 PPP 项目公共部门股东的期望利润随着高铁工程建设商占高铁基础设施 PPP 项目公司股份比重的减少而减少,两者呈现出正相关关系;而当 $r > r^*$ 时,高铁基础设施 PPP 项目公共部门股东的期望利润随着高铁工程建设商占高铁基础设施 PPP 项目公司股份比重的增加而减少,两者呈现出负相关关系。所以,从高铁基础设施 PPP 项目公共部门股东利益的角度来说,在高铁基础设施 PPP 项目公司分配给高铁工程建设商的股份份额增加到最优比例前,高铁工程建设商拥有高铁基础设施 PPP 项目公司股份的比重是越多越好的。

在式 (4-17) 中代入式 (4-23) 并进行计算整理,可得高铁基础设施 PPP 项目公共部门股东的利润最大值是:

$$(MI_{\pi})\max =$$

$$\left[\frac{h+\omega}{2h} - \frac{\beta H_{Tg} - \beta h(C - C_f)}{2h^2\alpha^2 c^2}\right]\frac{\beta h(C - C_f) - \beta H_{Tg} + h\alpha^2 c^2(v + h)}{2\beta} \quad (4-24)$$

式（4-24）表明，在高铁基础设施 PPP 项目公司分配给高铁工程建设商的股份份额增加到最优比例前，如果允许高铁工程建设商成为高铁基础设施 PPP 项目公司的股东并持有更多的股份份额，由于高铁工程建设商希望通过自身的努力尽量缩短高铁工程完工工期，降低高铁工程建设成本，提高高铁基础设施 PPP 项目公司利润，从而也使自己从高铁基础设施 PPP 项目公司中分享到的利润得以增加，高铁工程建设商的这种付出更大努力的动机也会使得高铁项目公司原股东获得的利润得以增加，从而在高铁基础设施 PPP 项目的发起建设阶段可以达到多方股东的共赢。

（六）小结

根据以上分析可知，高铁基础设施投资类 PPP 项目在发起建设阶段，可由发起人公共部门和高铁工程建设商共同充当股东发起，与公共部门或高铁工程建设商单独发起高铁项目相比，公共部门和高铁工程建设商共同充当股东发起高铁项目可以使委托代理成本减少，从而促进高铁项目总利润及代理方利润的上升。由于在这一阶段单一职能设定的高铁专业运营服务商对高铁基础设施 PPP 项目公司的参股可能会造成委托方与代理方利益的不协调，因此高铁专业运营服务商可以不参与这一阶段的高铁项目注资。

二　运营阶段的股权再分配

在高铁基础设施 PPP 项目工程建设完工并完成各种调试后，即可进入高铁项目运营阶段。在高铁项目运营阶段，高铁项目公司股东通常有两种不同的选择：一种选择是自行对高铁线路进行运营管理；另一种选择是委托专业铁路运营服务商对高铁线路进行运营管理。通过高铁线路的运营收入，高铁项目公司可以实现对工程建设成本的补偿回收并可能获得一定的利润。因此，除了高铁基础设施 PPP 项目发起人公共部门外，还有高铁专业运营服务商,也可能会被引入参与高铁项目运营工作。与高铁工程建设商类似,高铁专业运营服务商参与高铁项目运营的方式也有两种:一种参与方式是作为高铁基础设施 PPP 项目的入股股东共同主导高铁基础设施 PPP 项目的运营;另一种参与方式则是仅作为受项目公司的委托提供专业运营管理服务的代理人,而并不具备高铁基础设施 PPP 项目股东的身份。在下文中我们仍然借助委托代理理论框架,对高铁基础设施 PPP 项目在运营阶段中可能发生的股权再分配进行深入分析。

(一)高铁工程建设商继续担任高铁基础设施 PPP 项目公司股东

如果在高铁基础设施 PPP 项目运营阶段保留高铁工程建设商继续充当高铁基础设施 PPP 项目公司股东,可能会因高铁工程建设商在铁路运营服务方面的专业性不足而增大高铁项目运营成本,因此,通常来说高铁工程建设商应该在高铁基础设施 PPP 项目运营阶段退出对高铁基础设施 PPP 项目的股权投资,为引入高铁专业运营服务商腾出空间。

当然,在现实中,如果该 PPP 项目中的高铁工程建设商持多元化经营战略,业务范围同时涵盖了铁路工程建设及铁路运输服务,则亦考虑保留其作为高铁基础设施 PPP 项目运营阶段的股东之一。在高铁基础设施 PPP 项目的运营阶段,如果有单一铁路工程建设职能的企业强烈要求必须保留其高铁项目公司股东的地位,为了不对其参与高铁投资的积极性造成打击,亦可以考虑允许其保留对高铁基础设施 PPP 项目的股权投资,但是必须明确要求其不得参与高铁基础设施 PPP 项目的项目运营决策及项目运营管理,而仅仅只是充当高铁基础设施 PPP 项目财务投资人的角色。

(二)不引入新股东

如果高铁工程建设商退出对高铁基础设施 PPP 项目公司的股权投资,仅由高铁基础设施 PPP 项目原发起人公共部门作为高铁项目唯一保留股东,则在公共部门与高铁专业运营服务商之间,表现出明显的委托代理关系,会对高铁项目治理造成影响。我们可以用 T_0 来表示高铁专业运营服务商，用 π 来表示高铁项目进入运营阶段后的总产出：

$$\pi = \varphi\eta + \vartheta \qquad (4-25)$$

在式（4-25）中，高铁专业运营服务商在高铁运营中付出的努力程度大小用 η 来表示；高铁专业运营服务商在高铁运营中付出努力造成产出的产出系数用 φ 来表示，$\varphi>0$；而 ϑ 则用来代表均值为 0、方差为 ρ^2 的对特定高铁项目总产出存在影响的外生影响因素。高铁专业运营服务商的努力水平决定其产出均值，但与外生影响因素产生的方差无关。

从本章第一节中所介绍的委托代理理论的基本假设可知，在典型的委托代理关系中，大多数时候代理人都有风险规避型倾向，而委托人的风险倾向则大多属于风险中性型。假设高铁项目公司与高铁专业运营服务商经过谈判磋商，最终确定下来高铁项目公司与高铁专业运营服务商之间达成的高铁运营服务代理合同额为：

$$R_{T_O}(\pi) = \sigma + \lambda\pi \qquad (4-26)$$

在式（4-26）中，σ 为高铁专业运营服务商根据高铁运营服务代理合同的约定可以从高铁项目公司处取得的固定收入，在委托代理关系中，委托人为了激励受托人，通常会在对代理人支付的固定代理费之外再额外增加一项与委托人总收益相挂钩的奖励，以使得代理人的利益与委托人的利益绑到一起，促使代理人尽可能朝着与委托人利益相一致的方向展开行动，更好地履行委托人交付给其的职责，这样就可以达到尽量促进委托人总收益上升的目的。因此，我们在本书中也对委托代理关系中常用的这种激励制度加以考虑，我们相应引入激励系数 λ 以体现高铁项目公司对高铁专业运营服务商的努力的奖励。

在高铁项目运营阶段，高铁基础设施 PPP 项目公司的期望利润可表示为：

$$E(MI_c) = E[\pi - R_{T_O}(\pi)] = \varphi\eta - \sigma - \lambda\varphi\eta \qquad (4-27)$$

根据委托代理理论，在典型的委托代理关系中，多数时候高铁专业运营服务商都有风险规避型倾向，我们可以在高铁项目运营阶段的分析中引入 VNM 效用函数，即 $v = -\eta^{-\beta y}$，在该效用函数中，高铁专业运营服务商的风险规避倾向强度用 β 表示，而 y 则代表高铁专业运营服务商实际收入。我们可以用 b 来表示高铁专业运营服务商的努力程度成本系数，且显然 $b > 0$，我们可假设高铁专业运营服务商的成本由两部分成本构成：一部分成本为与高铁专业运营服务商在高铁项目运营中付出努力程度大小相关的努力成本，即系统努力成本；另一部分成本为高铁专业运营服务商承担及管理风险所耗费的成本，即风险成本。那么，根据 VNM 效用函数，我们可以将高铁专业运营服务商的系统努力成本表示为 $g_{T_O} = b\eta^2/2$，而将高铁专业运营服务商的风险成本表示为 $\beta\lambda^2\rho^2/2$。那么，高铁专业运营服务商期望利润可以表示为：

$$E(MI_{T_O}) = \sigma + \lambda\varphi\eta - \frac{b}{2}\eta^2 - \frac{1}{2}\beta\lambda^2\rho^2 \qquad (4-28)$$

从式（4-28）可以看出，高铁专业运营服务商能够通过选择付出不同程度的努力来达到不同的利润水平，因此我们可对 η 进行一阶求导运算，经过计算整理可得：

$$\eta^* = \frac{\lambda\varphi}{b} \qquad (4-29)$$

根据理性经济人假设，高铁基础设施 PPP 项目公司希望能够尽量使自身的期望利润上升，那么根据式（4-27），高铁基础设施 PPP 项目公司必须要与高铁专业运营服务商进行协商，从而使高铁基础设施 PPP 项目公司支付给高铁专业运营服务商的固定收入 σ 和激励系数 λ 能够合理确定，也就是要求 $\max[E(MI_c)] = \max(\varphi\eta - \sigma - \lambda\varphi\eta)$。我们可以用 $\bar{y}$ 来表示高铁专业运营服务商从高铁项目代理运营中获得的行业合理利润，那么根据式（4-28）显然可以推出：

$$\sigma + \lambda\varphi\eta - \frac{b}{2}\eta^2 - \frac{1}{2}\beta\lambda^2\rho^2 \geq \bar{y} \qquad (4-30)$$

在理性驱使下,高铁基础设施 PPP 项目公司和高铁专业运营服务商一样追求期望利润最大化的目标,因此高铁基础设施 PPP 项目公司并不愿意给予高铁专业运营服务商比行业合理利润更高的利润水平,因此我们认为,应该对式 (4-30) 取临界值,才更加符合现实情况,也就是说,我们可以对式 (4-30) 按等号进行处理。然后我们就可以在式 (4-28) 中代入式 (4-29) 和式 (4-30),接着对激励系数 λ 进行一阶求导运算,取值为零时,经过计算整理有:

$$\lambda^* = \frac{\varphi^2}{\varphi^2 + b\beta\rho^2} \qquad (4-31)$$

高铁专业运营服务商的理性选择是尽可能接近甚至达到最优的努力程度 η^*,因为只有那样,高铁专业运营服务商才能达到使自身利润最大化的目的。根据这一分析,我们可以在式 (4-29) 中代入式 (4-31),进行计算整理,即可得到高铁专业运营服务商应该选择的最优努力程度是:

$$\eta^* = \frac{\varphi^3}{b(\varphi^2 + b\beta\rho^2)} \qquad (4-32)$$

我们可以在式 (4-30) 中代入式 (4-31) 和式 (4-32),进行计算整理,即可知高铁专业运营服务商从高铁基础设施 PPP 项目公司那里取得的固定收入应该是:

$$\sigma^* = \bar{y} + \frac{b\beta\rho^2\varphi^4 - \varphi^6}{2b(\varphi^2 + b\beta\rho^2)^2} \qquad (4-33)$$

我们可将式 (4-31)、式 (4-32) 和式 (4-33) 分别代入式 (4-27) 和式 (4-28),经过计算整理,即可求出高铁基础设施 PPP 项目公司和高铁专业运营服务商的最高期望利润分别为：

$$E(MI_c^*) = \frac{b\beta\rho^2\varphi^4 + \varphi^6}{2b(\varphi^2 + b\beta\rho^2)^2} - \bar{y} \qquad (4-34)$$

$$E(MI_{T_O}^*) = \bar{y} \qquad (4-35)$$

（三）引进高铁专业运营服务商充当高铁基础设施 PPP 项目公司的股东

在高铁基础设施项目是由公共部门与高铁专业运营服务商共同作为股东的情况下，高铁专业运营服务商既是高铁基础设施 PPP 项目的参股股东（即委托方），又是获得高铁项目公司授权从事高铁线路运营管理的代理人，也就是说，在这种情况下高铁专业运营服务商实际上同时扮演着两种不同的角色。因此，在高铁专业运营服务商具备高铁基础设施 PPP 项目参股股东身份的情况下，高铁专业运营服务商的期望利润应该包括两部分：一部分是通过竞标或协商方式与高铁项目公司达成的高铁运营代理合同所产生的利润；而另一部分则是其从高铁基础设施 PPP 项目运营阶段产生的项目利润中分享到的利润分红，据此可知：

$$E(MI_{T_O}) = \sigma + \lambda\varphi\eta - \frac{b}{2}\eta^2 - \frac{1}{2}\beta\lambda^2\rho^2 + r(\varphi\eta - \sigma - \lambda\varphi\eta) \qquad (4-36)$$

在式（4-36）中，r 表示高铁专业运营服务商所拥有的股份在高铁基础设施 PPP 项目公司总股份中所占的比重，且显然有 $0 < r < 1$。

作为高铁基础设施 PPP 项目发起人之一的公共部门，因为其所拥有的股份在高铁基础设施 PPP 项目公司全部股份中所占的比重为 $1 - r$，因此公共部门股东可以从高铁基础设施 PPP 项目获取的期望利润是：

$$E(MI_{T_y}) = (1 - r)(\varphi\eta - \sigma - \lambda\varphi\eta) \qquad (4-37)$$

高铁专业运营服务商的理性选择是尽可能接近甚至达到最优的努力

程度 η^*，因为只有那样，高铁专业运营服务商才能达到使自身利润最大化的目的。根据这一分析，我们可将式（4-36）对 η 进行一阶求导计算，取值为零时，计算整理可得：

$$\eta^* = \frac{\varphi}{b}(\lambda + r - \lambda r) \tag{4-38}$$

我们可以假定高铁基础设施 PPP 项目公司与高铁专业运营服务商约定的固定收入和激励系数不变，以便进行比较分析。随后我们可在式（4-38）中代入式（4-31），经过计算整理，即可求出高铁专业运营服务商在高铁基础设施 PPP 项目运营管理中应该付出的最优努力程度是：

$$\eta^* = \frac{\varphi}{b}\left[r + \frac{(1-r)\varphi^2}{\varphi^2 + b\beta\rho^2}\right] \tag{4-39}$$

接下来，我们可以将式（4-31）、式（4-33）和式（4-39）代入到式（4-27）、式（4-36）和式（4-37），然后进行计算整理，就可以求出高铁基础设施 PPP 项目公司期望利润、高铁专业运营服务商期望利润、公共部门期望利润，如下所示：

$$E(MI_c) = \frac{2b^2\beta^2\rho^4\varphi^2 r + b\beta\rho^2\varphi^4 + \varphi^6}{2b(\varphi^2 + b\beta\rho^2)^2} - \bar{y} \tag{4-40}$$

$$E(MI_{T_o}) = \frac{b^2\beta^2\varphi^2 r^2\rho^4 + br\beta\rho^2\varphi^4 + r\varphi^6}{2b(\varphi^2 + b\beta\rho^2)^2} + (1-r)\bar{y} \tag{4-41}$$

$$E(MI_{T_f}) = (1-r)\frac{2b^2\beta^2\rho^4\varphi^2 r + b\beta\rho^2\varphi^4 + \varphi^6}{2b(\varphi^2 + b\beta\rho^2)^2} - (1-r)\bar{y} \tag{4-42}$$

（四）两种不同股权结构的对比分析

当仅由公共部门充当高铁基础设施 PPP 项目公司的单一股东时，为了使两种股权配置方案具有可比性，我们可假设在此种情况下公共部门其实在高铁基础设施 PPP 项目公司中引入了财务投资人，财务投资人仅扮演高铁项目投资者角色，如果财务投资人在高铁基础设施 PPP 项目公司中分配获得的股份占全部股份的比重为 r，则在此种情形下，公共部门股东从高铁基础设施 PPP 项目公司利润中分享到的利润部分是：

$$E(MI_{Tf})^* = (1-r)\frac{b\beta\rho^2\varphi^4+\varphi^6}{2b(\varphi^2+b\beta\rho^2)^2} - (1-r)\bar{y} \qquad (4-43)$$

我们可以首先比较两种不同股权结构下高铁专业运营服务商努力程度的大小，有：

$$\Delta\eta = \frac{r\varphi\beta\rho^2}{\varphi^2+b\beta\rho^2} > 0 \qquad (4-44)$$

观察式（4-44）我们可以发现，当高铁专业运营服务商仅仅只是作为高铁项目公司代理人而未对高铁项目公司入股的情形下，其在高铁项目运营过程中所付出的努力程度，比其同时兼任高铁项目公司股东及高铁项目公司代理人身份时所付出的努力程度要低，并且高铁专业运营服务商在高铁项目运营过程中所付出的努力程度大小与其在高铁基础设施 PPP 项目公司中占有的股份份额呈现出正相关关系，高铁专业运营服务商在高铁基础设施 PPP 项目公司中占有的股份份额越小，高铁专业运营服务商付出的努力程度通常就越低。当然，高铁专业运营服务商付出的努力程度也会受到努力程度的成本系数的制约，高铁专业运营服务商付出的努力程度与努力程度的成本系数之间呈现出负相关关系。

我们可以对两种不同股权结构下高铁基础设施 PPP 项目的总利润大小进行比较分析，计算可得：

$$\Delta E(MI_c) = \frac{b\beta^2\rho^4\varphi^2 r}{(\varphi^2+b\beta\rho^2)^2} > 0 \qquad (4-45)$$

式（4-45）说明，在高铁基础设施 PPP 项目公司中，引入高铁专业运营服务商充当股东，有利于促进高铁基础设施 PPP 项目总利润的提升，而且高铁基础设施 PPP 项目公司的利润增长大小与高铁专业运营服务商在高铁基础设施 PPP 项目公司中的占股份额之间存在着正相关的关系。

下面我们可以对两种不同股权结构下，公共部门股东从高铁基础设施 PPP 项目公司中分配到的利润进行对比分析，有：

$$\Delta E(MI_{Tf}) = (1-r)\frac{b\beta^2\rho^4\varphi^2 r}{(\varphi^2 + b\beta\rho^2)^2} > 0 \tag{4-46}$$

根据式（4-46）可知，当高铁专业运营服务商成为高铁基础设施 PPP 项目公司股东时，公共部门股东从高铁基础设施 PPP 项目公司中分配到的利润会变得更多。

观察式（4-44）、式（4-45）和式（4-46）我们可以发现，如果高铁项目股权由公共部门类的财务投资者单方面予以掌控，在高铁专业运营服务商努力程度、公共部门股东获得的利润以及高铁基础设施 PPP 项目总获利方面，都比由公共部门和高铁专业运营服务商共同作为股东运营高铁基础设施 PPP 项目的结果要差。

（五）最优股权比例分析

从以上分析可知，从高铁基础设施 PPP 项目发起人公共部门的角度来看，在高铁基础设施 PPP 项目运营阶段允许高铁专业运营服务商加入高铁基础设施 PPP 项目公司的股东行列，可以有效降低委托代理成本，促使公共部门的期望利润上升，公共部门可选择分配给高铁专业运营服务商的股份份额为 r^*，以达到使自身利润最大化的目的。即求解：

$$\max E(MI_{Tf}) = \max\left[(1-r)\frac{2b^2\beta^2\rho^4\varphi^2 r + b\beta^2\rho^2\varphi^4 + \varphi^6}{2b(\varphi^2 + b\beta\rho^2)^2} - (1-r)\bar{y}\right] \tag{4-47}$$

在式（4-47）中对 r 进行一阶求导运算，取值为零时，可得高铁基础设施 PPP 项目公共部门发起人分配给高铁专业运营服务商的最优股份份额是：

$$r^* = \frac{1}{2} + \frac{\bar{y}(\varphi^2 + b\beta\rho^2)^2 - b\beta\rho^2\varphi^4 - \varphi^6}{4b^2\beta^2\rho^4\varphi^2} \qquad (4-48)$$

对于式（4-47），当 $0 \leqslant r \leqslant r^*$ 时，高铁基础设施 PPP 项目公共部门股东的期望利润随着高铁专业运营服务商占高铁基础设施 PPP 项目公司股份比重的下降而下降，两者呈现出正相关关系；而当 $r > r^*$ 时，高铁基础设施 PPP 项目公共部门股东的期望利润随着高铁专业运营服务商占高铁基础设施 PPP 项目公司股份比重的上升而下降，两者呈现出负相关关系。所以，从高铁基础设施 PPP 项目公共部门股东利益的角度来说，在高铁基础设施 PPP 项目公司分配给高铁专业运营服务商的股份份额上升到最优比例前，高铁专业运营服务商拥有高铁基础设施 PPP 项目公司股份的比重是越大越好的。

在式（4-41）和式（4-42）中分别代入式（4-48），并进行计算整理，可得高铁基础设施 PPP 项目发起人公共部门及后续加入的股东高铁专业运营服务商的利润最大值分别是：

$$E(MI_{Tf})^* = \left[\frac{1}{2} + \frac{b\beta\rho^2\varphi^4 + \varphi^6 - \bar{y}(\varphi^2 + b\beta\rho^2)^2}{4b^2\beta^2\rho^4\varphi^2 r}\right]\left[\frac{2b^2\beta^2\rho^4\varphi^2 r + b\beta\rho^2\varphi^4 + \varphi^6}{2b(\varphi^2 + b\beta\rho^2)^2} - \bar{y}\right] \qquad (4-49)$$

$$E(MI_{To})^* = \frac{b^2\beta^2\varphi^2 r^2\rho^4 + br\beta\rho^2\varphi^4 + r\varphi^6}{2b(\varphi^2 + b\beta\rho^2)^2} + \left[\frac{1}{2} + \frac{b\beta\rho^2\varphi^4 + \varphi^6 - \bar{y}(\varphi^2 + b\beta\rho^2)^2}{4b^2\beta^2\rho^4\varphi^2 r}\right]\bar{y} \qquad (4-50)$$

式（4-49）、式（4-50）表明，在高铁基础设施 PPP 项目公司分配给高铁专业运营服务商的股份份额上升到最优比例前，如果允许高铁专业运营服务商成为高铁基础设施 PPP 项目公司的股东并持有更多的股份份额，由于高铁专业运营服务商希望通过自身的努力尽量降低高铁项目运营成本，提高高铁基础设施 PPP 项目公司利润，从而使自己从高铁基础设施 PPP 项目公司中分享到的利润也增加，高铁专业运营服务商的这种付出更大努力的动机也会使得高铁项目发起人公共部门获得的利润增加，从而在高铁基础设施 PPP 项目的运营阶段可以达到多方股东的共赢。

（六）小结

根据以上分析可知，高铁基础设施投资类 PPP 项目进入运营阶段，从理论上来说，原股东高铁工程建设商应当转让原来所持有的高铁基础设施 PPP 项目公司股份或仅扮演高铁基础设施 PPP 项目财务投资人角色，高铁工程建设商不应参与到高铁基础设施 PPP 项目的运营管理中来。在高铁项目运营阶段，可以考虑引入新股东高铁专业运营服务商，与公共部门单独掌控高铁项目相比，公共部门和高铁专业运营服务商共同充当股东对高铁项目进行运营管理可以使委托代理成本减少，并且高铁专业运营服务商在高铁线路运营中可以运用比公共部门更为先进的管理手段和技术手段，可以建立更为科学的项目治理机制，从而可以促进高铁项目总利润及公共部门利润的上升。

第三节　中国高铁基础设施 PPP 项目融资结构分析

确定资本结构（Types of capital and debt）的核心问题之一就是如何以最低的成本和风险进行融资。中国高速铁路的建设资金来源主要包括两大类，即所有者权益和负债，不同的资产负债比率将产生不同的资本结构。因此，铁路公私合作的资本结构问题，实际上主要包括了公方所占的投资比例及合理的资产负债结构两个问题。上一节分析了高铁基础设施 PPP 项目的股权分配问题，这一节对资本结构的另外一个问题——融资结构问题进行分析。

从理论上讲，要衡量高铁基础设施 PPP 项目融资结构是否合理，主要标准有四个：第一是高铁基础设施 PPP 项目平均资本成本是否能够达到最低；第二是在当前融资结构下是否能够募集到足够的项目投资建设资金；第三是高铁项目公司或其他利益关联方的市场价值是否能够达到最大；第四是高铁基础设施 PPP 项目公司面临的财务风险是否能够承担。当融资结构达到最优状态的时候，高铁基础设施 PPP 项目的权益性资本与债务性资本会形成一个最优的比例，这时，高铁基础设施 PPP 项目能够以最低水平的平均资本成本募集到充足资金，企业面对的财务风险较小，且企业的市场价值达到最高水平。在现实中，高铁基础设施 PPP 项目的融资结构是否合理，主要是通过平均资本成本和资本回报率的对比来进行判断的，如果高铁基础设施 PPP 项目的平均资本成本低于资本回报率，则高铁基础设施 PPP 项目当前的融资结构是合理的；如果高铁基础设施 PPP 项目的平均资本成本高于资本回报率，则认为高铁基础设施 PPP 项目当前的融资结构是不合理的。

一 最优融资结构分析

如果我们用 S 来表示高铁基础设施 PPP 项目股东通过股权投资方式注入高铁项目的权益资本，用 D 来表示高铁基础设施 PPP 项目公司的借贷资金（债务融资方式主要包括银行借贷和发行债券，为简化分析起见，本书只考虑银行借贷方式），用 Z 来表示高铁基础设施 PPP 项目的全部建设资金（为简化分析起见，本书假设高铁基础设施 PPP 项目的全部建设资金来源只有股权投资和债务融资两种途径），用 R_Z 来表示高铁基础设施 PPP 项目全部投资的收益率，用 R_S 来表示高铁基础设施 PPP 项目权益资本的收益率，用 R_D 来表示银行贷款利率。则有：

$$Z = S + D \qquad (4-51)$$

$$R_S = \frac{ZR_Z - DR_D}{S} \qquad (4-52)$$

我们将式（4-51）代入式（4-52），经过计算整理可得：

$$R_S = R_Z + \frac{D}{S}(R_Z - R_D) \qquad (4-53)$$

由式（4-53）可知，影响高铁基础设施 PPP 项目权益资本收益率的因素主要有两个：第一，高铁基础设施 PPP 项目全部投资收益率与银行贷款利率之间的利差大小（$R_Z > R_D$）。如果高铁基础设施 PPP 项目运营阶段的盈利状况良好，银行贷款利率比高铁基础设施 PPP 项目全部投资收益率要低，则表示银行贷款利息比高铁基础设施 PPP 项目的收益要少，高铁基础设施 PPP 项目权益资本收益率会变大。如果高铁基础设施 PPP 项目运营阶段的盈利状况差，银行贷款利率比高铁基础设施 PPP 项目全部投资收益率还要高，则表示银行贷款利息比高铁基础设施 PPP 项目的收益还要多，高铁基础设施 PPP 项目权益资本收益率会变小。第二，高铁基础设施 PPP 项目公司的借贷资金与权益资本的比例关系为 D/S，如果 D/S 上升，利差（$R_Z - R_D$）的系数会相应扩大。

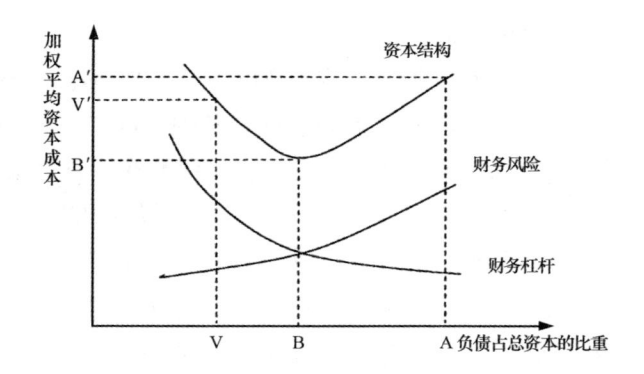

图 4-1　高铁基础设施 PPP 项目融资资本结构
与财务杠杆、财务风险关系

观察图 4-1 可以发现，高铁基础设施 PPP 项目融资结构最优点并不是位于财务杠杆利益最大点 A 的位置上，也不是位于财务风险最小点 V 的位置上，而是在加权平均资本成本的最低点 B 的位置上。因此，加权平均资本成本的最低点 B 对应的借贷资金与权益资本的比例就是高铁基础设施 PPP 项目最优融资资本结构。

二　高铁基础设施 PPP 项目融资结构优化模型构建

收益与风险一般是相伴相随的，项目投资者可以获得的收益往往与项目风险的大小密切相关，通常来说，投资者承担的风险越大，其获得的收益也应该越高。所以，在确定高铁基础设施 PPP 项目权益资本收益率的时候，必须要将风险的影响纳入考虑范围内。因此，我们可以在高铁基础设施 PPP 项目权益资本收益率的分析中引入 CAPM 模型（资本资产定价模型），以便确定高铁基础设施 PPP 项目权益资本收益率。根据 CAPM 模型，任何一个投资项目的总收益，都是由两部分不同的收益共同组成的，其中，一部分是无风险的收益，也就是在不承担风险的情况下任何一笔资金做任何投资都理所应当获取的收益，这部分收益主要体现出货币的时间价值。另一部分则是风险收益，这部分收益是对投资者承担项目投资风险的一种回报，也就是一种风险补偿，项目投资者承担的风险越大，那么通常来说其获得的风险收益也应该越大。同样，高铁基础设施 PPP 项目权益资本收益率也等于无风险收益率加上风险收益率之和。如果我们用 R_m 对资本市场平均收益率予以表示，用 R_f 对无风险收益率予以表示，用 β 来表示高铁基础设施 PPP 项目股东的风险敏感系数（即高铁基础设施 PPP 项目股东对资本市场融资风险变化的敏感程度）。可得：

$$R_S = R_f + \beta(R_m - R_f) \qquad (4-54)$$

通常来说，对于高铁基础设施 PPP 项目股东的无风险收益率，我们可以考虑选择与铁路行业特征相近的政府债券收益率代表无风险投资收益率。对于平均投资收益率 R_m，我们可以考虑用国内上市公司年总资产报酬率均值加以表示。对于 β 值，我们则可以根据铁路的行业门类归属，寻找相同或类似的资料予以表示。在许多资本市场较为发达的国家，政府有关部门或金融机构会对上市公司的 β 值等方面的情况进行调研分析并对社会定期提供公开报告。表 4-1 即为 2017 年美国工业部门资产 β 值情况。由于铁路行业应当归属工业部门中的交通运输部门，因此我们对于高铁基础设施 PPP 项目可取 $\beta = 0.83$。

表4-1　　　　　　　　2017年美国工业部门资产 β 值

工业部门门类	β 值	工业部门门类	β 值
电子元器件	1.49	纺织工业	0.82
化工工业	0.88	造纸业	0.82
食品工业	0.84	钢铁工业	0.61
交通运输	0.83	油气输送	0.52
百货	0.95	通信部门	0.50

数据来源：美国能源部2017年美国工业部门资产调查报告。

如果我们用 r_{WACC} 表示高铁基础设施 PPP 项目加权平均资本成本，用 T 表示政府规定的企业所得税率。则有：

$$r_{WACC} = \frac{S}{S+D}R_S + \frac{D}{S+D}R_D(1-T) \tag{4-55}$$

$$资本回报率 = 净营业利润 \div 投入资本 \tag{4-56}$$

将 R_S、R_D、S、D、T 代入式（4-55）中，即可计算出高铁基础设施 PPP 项目加权平均资本成本。按照价值评估的理论，如果项目平均资本成本低于项目资本回报率（可用财务内部收益率代表），则说明投资项目的融资结构是合理的，而两者的差距越大，说明该投资项目的价值越大。因此，我们可以通过平均资本成本和资本回报率的对比来进行投资项目融资决策。

本书第六章将使用此方法以京沪高铁项目作为算例进行试算。

第五章

中国高铁基础设施 PPP 项目风险分担与收益分配分析

　　项目风险分担是否合理与收益分配是否均衡是决定高铁基础设施 PPP 项目能否获得成功的关键所在。高铁基础设施 PPP 项目的项目风险来源不一，风险成因复杂，风险种类较多，许多风险都难以通过防控措施有效治理。可是，这也并不代表我们对 PPP 项目风险完全无能为力，只能任由风险事件的危害发生。如果我们能够对高铁基础设施 PPP 项目各参与主体应当承担风险的责任进行科学合理的划分，就能够使高铁基础设施 PPP 项目的总体风险下降，并且通过风险分摊，可以使每个参与主体分担的风险大致在其承受范围之内，这样，私营部门就会更加放心大胆地进入原来由公共部门负责供给的公共产品、准公共产品行业领域。然而，承担风险总是与获取利益联系在一起的，因此，必须在风险分担的基础上，做到利益均衡，才能确保 PPP 项目各参与方互相合作，使得 PPP 项目整体利益最大化。本章研究的目的就是要探寻一种高铁基础设施 PPP 项目风险分担的有效途径，以及 PPP 项目各参与方收益分配方案，以此指导高铁基础设施 PPP 项目的成功建设实施。

　　在高铁基础设施 PPP 项目中，有种类繁多的各种参与主体加入项目，它们在高铁基础设施 PPP 项目中发挥的作用和扮演的角色各不相同，作为一个利益共同体，它们同样都面临着 PPP 项目风险带来的威胁，也同样都会分担到一部分 PPP 项目风险，当然它们各自分摊到的风险种类和承担的风险份额是情况各异的。要对高铁基础设施 PPP 项目风险进行合理分担，就必须对 PPP 项目风险分担的各参与方有充分的认识和理解。

本章首先对高铁基础设施 PPP 项目可能面临的风险进行了识别，然后分析 PPP 项目利益相关者风险偏好的影响因素，在综合各方条件考虑的基础上，提出政府是风险中立者，而私营部门和金融机构是风险规避者。再在充分认识和理解 PPP 项目风险分担原则的基础上，构建高铁基础设施 PPP 项目风险分担框架，并且提出各参与方的风险控制能力、风险化解能力、风险偏好决定了高铁基础设施 PPP 项目风险在各部门之间的分担情况，同时认为对于不可控且不能化解的风险，应该制订更为合理的措施进行防范，而不能简单地将该风险归政府部门承担。值得注意的是，本章在研究高铁基础设施 PPP 项目风险分担与收益分配问题时，为了简化问题的分析，我们将主要研究高铁基础设施 PPP 项目中的两个核心参与者：一个是公共部门投资者，另一个是私营部门投资者。也就是说，我们主要是考虑公共部门投资者和私营部门投资者之间的风险分担和利益分配问题。

风险和收益是密切相关、密不可分的两个关键性因素。因此，本章对影响高铁基础设施 PPP 项目收益分配的因素进行了深入分析，然后先使用 Shapley 值法对高铁基础设施 PPP 项目收益进行初次分配，再在考虑公私双方风险分担及其他三个影响因素的前提下，构建了基于风险修正的高铁基础设施 PPP 项目 Shapley 收益分配模型，得到高铁基础设施 PPP 项目收益的二次分配方案。

第一节　中国高铁基础设施 PPP 项目风险识别

一　高铁基础设施项目风险的定义、特点及形成机制

（一）高铁基础设施 PPP 项目风险定义

事实上，对于到底应该怎样界定风险的含义，当前国内外尚未出现一个被学术界公认的权威的风险概念。大体上来说，我们通常认为风险应该是指在一定条件及时期内某种事件未来可能发生的结果不确定，各种结果的变动程度较大，且一般如果出现不利结果，则会对事件当事人

的利益造成损害。综观国内外学者们对风险概念所做的界定，主要包括以下几种不同的风险观。

1. 风险的主、客观学说

风险的主观学说认为，风险就是对当事人利益造成威胁的不利事件发生的可能性，不利事件发生的机会越大，则当事人面临的风险就越大，不利事件是否真的发生是不确定的，这种不确定性产生的原因是，个人对客观事物只能进行主观估计，而不能以客观的尺度予以衡量。而风险客观学说则是以风险客观存在为前提，即风险是可以进行测度的不确定性。

2. 风险是预期损失的不利偏差

段兵认为，"不利"是相对而言的，例如，若事件发生后可能导致的实际损失会超出原来的预期，即构成了正偏差，也就是一种不利偏差，这种事件结果发生的可能就是风险。[1]

3. 风险是指损失的大小和发生的可能性

朱淑珍认为，可以用事件未来出现不利后果后给事件当事人造成的利益损害大小及不利后果发生的概率来界定风险及其程度。[2] 王明涛认为，对风险的界定应该考虑三个维度的因素：一是不利后果出现的概率，二是不利后果出现后可能造成的损失大小，三是损失的易变性。[3]

4. 风险因素相互作用形成风险

持这类观点的学者通常认为，风险的形成离不开一定的必要条件，比如最重要的必要条件就是风险因素的存在，使风险因素与风险结果之间能够产生连接的则是风险事件。例如，郭晓亭等认为，在现实当中，风险是以风险事件的存在为充分条件的，风险主要表现为当事人需要承受风险结果导致的利益损害的可能性。[4] 叶青、易丹辉提出，所谓风险，应该就是指风险因素、风险事故和风险结果之间的递进联系关系及这种

---

[1] 段兵：《金融风险管理理论新进展——TRM 评述》，《国际金融研究》1999 年第 8 期。
[2] 朱淑珍：《中国外汇储备的投资组合风险与收益分析》，《上海金融》2002 年第 7 期。
[3] 王明涛：《证券投资风险计量理论评述》，《经济经纬》2003 年第 5 期。
[4] 郭晓亭、蒲勇健、林略：《风险概念及其数量刻画》，《数量经济技术经济研究》2004 年第 2 期。

关系导致当事人利益遭受损害的可能性。[①]

综合上述各种观点，本书将高铁基础设施 PPP 项目风险界定为：在既定的环境条件和时间范围内，某种事件会对高铁基础设施 PPP 项目的投资建设运营投融资产生不确定的影响，这种事件后果对高铁基础设施 PPP 项目的影响会导致利益损失，这种事件发生的可能性就是高铁基础设施 PPP 项目风险。

（二）高铁基础设施 PPP 项目风险特点

1. 阶段性

高铁基础设施 PPP 项目风险的阶段性特征主要体现在两个方面：一方面，在高铁基础设施 PPP 项目建设和运营的不同阶段，高铁基础设施 PPP 项目参与者面临的风险大小不同，在某些阶段面临的风险很大，在其他阶段面临的风险较小，表现出明显的差异性；另一方面，不同种类的风险存续的时间段也不太一样，某些种类的风险是高铁基础设施 PPP 项目在某一阶段或环节特有的风险，比如完工风险是高铁基础设施 PPP 项目建设阶段特有的风险，运营风险则是高铁基础设施 PPP 项目运营阶段特有的风险，而有些风险却是在高铁基础设施 PPP 项目全生命周期中一直存续的，比较典型的有政治风险、不可抗力风险等，这些种类的风险是高铁基础设施 PPP 项目参与者从始至终都要面对的。

2. 复杂性

高铁基础设施 PPP 项目由于其规模大、建设周期长、政治经济环境变化大、参与方众多，因此其面临的风险极为复杂。一方面，在项目各阶段面临的风险种类繁多，而每一风险在项目各阶段的表现形式也各不相同。另一方面，由于 PPP 项目参与方众多，则风险承担者众多，在各参与方之间进行风险分担也是一个复杂的过程。

3. 受政府的影响大

采用 PPP 模式建设运营高铁基础设施项目，私营部门需要获得政府授予的高铁线路特许经营权，因而就会面临获准风险。此外，由于高铁

[①] 叶青、易丹辉：《中国证券市场风险分析基本框架的研究》，《金融研究》2000 年第 6 期。

基础设施属于准公共产品,这意味着铁路运输服务的价格需要得到一定的规制,以体现出政府对社会公共利益的维护和实现,因此,在 PPP 模式下,政府虽然可以将高铁线路运营权交给私营部门,但是仍然会采用各种政策措施对高铁线路运营进行监管,在政府认为确有必要的时候,可能会使用行政权力对高铁运营进行干预,这些干预有可能造成私营部门的利益受损,这就使得高铁基础设施 PPP 项目遭遇一定的风险。因此,在中国,政府对高铁基础设施 PPP 项目的参与度较高,对高铁基础设施 PPP 项目的影响比较大。

(三) 高铁基础设施 PPP 项目风险形成机制

高铁基础设施 PPP 项目风险的发生会给高铁基础设施 PPP 项目的参与者带来利益损失,而要想避免那些风险事件的发生,就必须对高铁基础设施 PPP 项目风险形成机制进行研究。只有通过研究分析弄清楚高铁基础设施 PPP 项目风险形成的机制,才能够使高铁基础设施 PPP 项目风险的防范及控制效果得到改善。

从高铁基础设施 PPP 项目的潜在风险来源来看,经过梳理我们不难发现,高铁基础设施 PPP 项目的潜在风险来源通常来自三个不同的方面:高铁基础设施 PPP 项目投融资结构、高铁基础设施 PPP 项目的外部环境、高铁基础设施 PPP 项目自身的特殊性。我们可将高铁基础设施 PPP 项目的这些不同风险来源划分为两大类:一类是风险内部来源,包括项目投融资结构和项目自身的特殊性;另一类是风险外部来源,具体来说就是项目所处的外部环境。对于高铁基础设施 PPP 项目中存在的那些潜在风险来说,如果未满足必要的条件,潜在风险因素并不会真的转化为真正的风险,而只有当必要条件得到满足的时候,才会真正转化为风险,从而给高铁基础设施 PPP 项目的参与者造成利益损失,而潜在风险因素转化为风险的必要条件就是风险事件的发生。例如,对于铁路基础设施投融资的外汇风险而言,汇率波动是难以预计的,当一国对于另一国出现较大赤字时,两国之间收支不平衡,收入逆差国的货币就可能会对另一国发生对外贬值,从而使得潜在的外汇风险转化成现实损失,这会对铁路 PPP 项目的投资建设运营产生重要影响,这里的风险事件就是两国收支出现不平衡。同时,高铁基础设施 PPP 项目风险事件的发生,对 PPP 项目产生的后果主要包括项目成本增加、项目工期延长、质量下降和项目收益率降低这四个方面。在对风险来源、风险事件及风险影响后果三者之间的关系进行深入探究后,我们可以总结出高铁基础设施 PPP 项目的风险形成机制:高铁基础设施 PPP 项目潜在风险来源因素可能会引起高铁基础设施 PPP 项目风险事件,而一旦发生高铁基础设施 PPP 项目风险事件,就会给高铁基础设施 PPP 项目的参与者带来项目成本增加、项目工期延长、项目质量下降或项目收益率降低等不利的影响结果,从而导致高铁基础设施 PPP 项目参与者的风险损失。如图 5-1 所示。

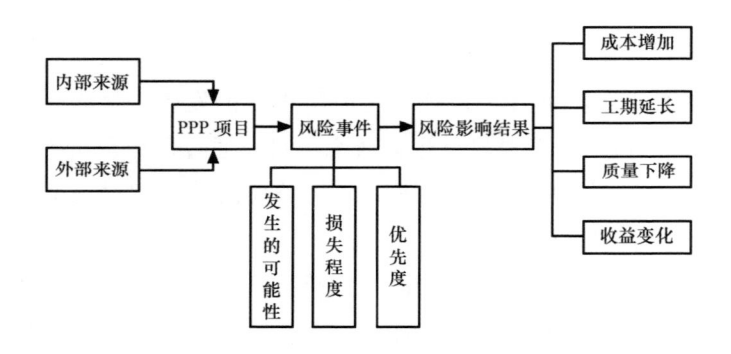

图 5-1　高铁基础设施 PPP 项目风险形成机制

二　高铁基础设施 PPP 项目风险识别

PPP 模式基础设施项目参与方众多,不确定性因素多,对环境影响大,实施周期长,经济技术风险大,在国民经济中占重要地位。项目实施过程中常受多种因素干扰,其不确定性影响时间跨度大,所以对这些不确定性因素的正确认识和把握是十分重要的。在总结前人研究成果及结论的基础上,结合现实情况,采用合适的基础设施项目风险识别过程与方法,本书提出了高铁基础设施 PPP 项目建设运营过程中可能面临国别风险、不可抗力风险和特定项目风险。

(一)国别风险

国别风险与高铁基础设施 PPP 项目所处国家的政治、金融和法律环境有关，高铁基础设施 PPP 项目的发起人通常难以对这一类风险施加有效的管控。

1. 国家政治风险

国家政治风险是指由于高铁基础设施 PPP 项目所处的国家政治意识形态变化、政治制度环境状况不理想，中央政府及地方政府政策缺乏连贯性等原因导致的高铁基础设施 PPP 项目投资建设运营遭遇失败或高铁基础设施 PPP 项目投资者利益受损的可能性。具体而言，国家政治风险主要包括：政府强制征收或没收高铁基础设施项目的风险、政府政策变更风险、腐败政府的权力寻租行为。

2. 国家金融风险

国家金融风险主要是指由于利率变化、汇率变化、通货膨胀等原因使得高铁基础设施 PPP 项目公司清偿银行贷款或铁路债券的压力变大，高铁基础设施 PPP 项目公司难以履行到期债务还本付息义务或财务成本过高，对高铁基础设施 PPP 项目的正常投资建设运营造成不利后果。具体而言，国家金融风险主要包括：利率波动风险、汇率波动及外汇管制风险、通货膨胀风险。

3. 国家法律风险

对于 PPP 项目而言，现行法规条文的法律层次较低、内容相对简单，存在立法空白，这也使得 PPP 项目面临法律方面的风险。PPP 项目是一项复杂的系统工程，涉及面广，参与部门多，关系错综复杂，目前还没有涵盖 PPP 项目实施的完善的法律制度，使得整个项目的运行得不到很好的保障。同时，法律执行力度不够也会对 PPP 项目产生风险。

（二）不可抗力风险

不可抗力风险是指高铁基础设施 PPP 项目参与者签订 PPP 合同时缺乏有效预防措施，执行 PPP 合同过程中一旦发生就难以避开也难以控制损失的风险。具体来说，不可抗力风险主要包括三种：第一种是战争风险，第二种是军事政变风险，第三种是自然灾害风险（如台风、地震、泥石流等）。

（三）特定项目风险

因为高铁基础设施 PPP 项目具有一次性、不可重复性的特点，因此，各个项目的风险具有差异性,特定项目风险就是指项目自身所具有的风险,这类风险是可预见、控制和管理的。签约前应就此类风险因素进行分析,以便将这些风险公正、合理、客观地在各参与主体之间进行分担,以保障PPP项目的顺利建设实施。特定项目风险主要包括以下几点。

1. 开发风险

这主要是初始阶段所面临的风险。高铁基础设施项目在前期准备阶段的费用繁多、花费很高,如项目可行性研究费等费用,如果高铁基础设施PPP项目的参与者在与发起人的谈判或招投标中,出现谈判失败或投标失败,会使参与者的前期努力和花费付之东流,无法收回成本费用。同时,高铁基础设施PPP项目公司为实施项目投融资、工程设计工作及获取政府授予的特许经营权,可能有大量申请需要由政府进行审核批准,而政府的审核流程复杂、审核环节较多,通常需要花费较多的时间,如果得不到政府及时的批准,将很可能导致高铁基础设施PPP项目的延期,无法在预定的时间内完成工程建设,导致高铁基础设施PPP项目公司难以按时偿还贷款、收回成本。

2. 市场风险

市场风险是指PPP项目在建设运营过程中,由于竞争、价格、供给等因素使得项目风险增加。它主要包括产品销售风险、原材料和燃料供应风险。产品销售风险主要涉及两个问题,即产品的价格和需求。例如,高铁基础设施PPP项目的运营票价过高导致对高铁运输服务的有效需求不足,或由于在现有高铁基础设施PPP项目较近的范围内再建设一个与当前高铁线路有一定重合性的铁路项目,影响了社会公众对现有高铁基础设施PPP项目所提供的运输服务的需求量,可能会导致高铁运营价格下降,从而降低了高铁基础设施PPP项目的收益率水平。另外,假如高铁基础设施PPP项目对某些原材料和燃料依赖程度高,那么一旦那些原材料和燃料的供给短缺或市场价格上涨(例如高铁项目建设运营中合规无缝钢材、电力供应不足或市场价格上涨),就会对PPP项目产生较大的风险。

3. 合作者信用风险

这种风险贯穿于项目的各个阶段。由于PPP项目是一个委托代理项目,其在实施过程中信息不能在各层级、各合作者之间顺畅流通,会导致双方信息不对称,无法准确掌握项目参与方的资信状况、技术和资金能力、风险管理能力等，参与方的信用必须要有保证，因为项目贷款偿还取决于未来现金流入，这就决定了金融机构更加关注项目参与方的信用和项目的获益能力，以避免由于合作者信用问题而对自身造成的风险状况。

4. 完工风险

完工风险是指项目完工后无法达到预期运行标准或者无法完工或者延期完工而带来的风险。其后果非常严重，不能预期投产经营，就没有足够现金支付生产和偿还债务的费用，导致贷款利息增加，从而增加了项目的总成本费用。

5. 建设运营风险

它主要是指建设运营阶段存在的技术风险、经营管理风险等，其影响体现在技术的先进性、可操作性、适用性、稳定性等，它们对项目的成功建设和运营影响极大，直接决定了项目的可操作性，因此技术障碍是 PPP 项目在建设运营过程中最主要的风险。经营管理风险是指在高铁基础设施 PPP 项目的建设运营过程中，由于高铁基础设施 PPP 项目公司自身的管理制度不科学不健全、优秀管理人才缺乏、管理理念及管理手段落后，致使高铁基础设施 PPP 项目的管理水平低下，从而给高铁基础设施 PPP 项目建设运营带来的一些风险，例如监督缺失风险、工程质量风险及服务质量风险等。

6. 环境风险

环境风险是指有关高铁基础设施 PPP 项目的所有环境问题包括项目建设地的气候环境状况、地理环境状况及环境保护要求对高铁基础设施 PPP 项目造成不利后果的可能性。高铁基础设施 PPP 项目建设受气候环境或地理环境等方面条件的制约，可能会影响项目的正常施工，恶劣的气候环境和地理环境可能要求更先进的技术，而这很可能会导致项目建设及运营成本的增加；恶劣的气候环境和地理环境还可能会导致建设施工难度过大，建设施工进度缓慢，从而导致项目工期的大幅度延误，这会对高铁基础设施 PPP 项目的投资者造成极大的利益损失。另外，由于近年来中国政府越来越清楚地认识到环境保护的重要性，越来越重视经济发展与生态环境保护之间的协调，在环保立法方面，政府的要求越来越高，在环保执法方面，政府的力度越来越大，高铁基础设施 PPP 项目投资者可能需要让项目的建设运营达到相当高的环保水平，才能达到政府所提出的环保要求标准,而要想项目达到更高的环保水平,就必须要拿出大笔资金加强在环保方面的投入,并且不得不忍受环保成本上升所带来的项目总体成本上升,这样会使得高铁基础设施 PPP 项目的成本水平上升、运营效率下降、盈利空间缩小,在某种极端情况下,政府基于环境保护的考虑,甚至会终止特定高铁项目。因此,环境风险对高铁基础设施 PPP 项目的影响日益重大。

由上述对高铁基础设施 PPP 项目风险因素识别分析可知,PPP 项目风险因素复杂多样,但是这些风险之间存在着相互关联关系,有些风险是起因,会导致后续一系列的风险。例如,不可抗力的发生,会导致项目审批延误和建设期延长,形成开发风险和完工风险,同时项目审批延误导致项目不能按期完成,因而开发风险导致了完工风险的产生,并且由于项目不能如期完成,影响了项目预期现金流入的时间,无法按时偿还贷款,产生了合作者信用风险,因此导致高铁基础设施 PPP 项目出现问题。

高铁基础设施 PPP 项目风险关联关系如图 5-2 所示。

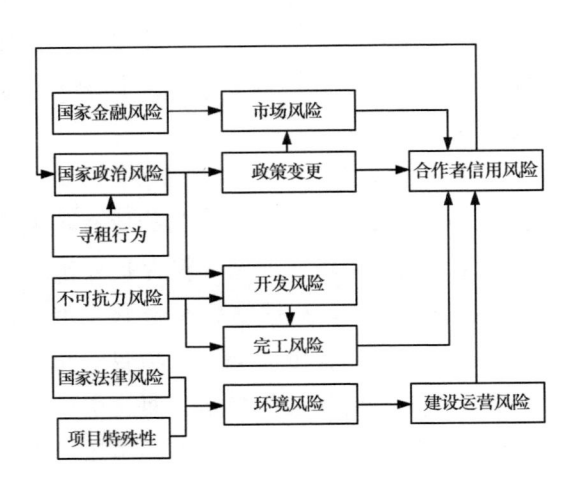

图 5-2 高铁基础设施 PPP 项目风险关联关系

通过图 5-2 的分析可得,高铁基础设施 PPP 项目各个风险因素之间存在着一定的因果联系,掌握各个风险之间的关联关系,有助于项目管理者顺藤摸瓜,从源头上控制 PPP 项目的起始风险,遏制风险的扩张和发散,保障高铁基础设施 PPP 项目的顺利建设和运营。

第二节　中国高铁基础设施 PPP 项目风险分担

一　高铁基础设施 PPP 项目利益相关者风险偏好

（一）高铁基础设施 PPP 项目利益相关者风险偏好的影响因素

要想把高铁基础设施 PPP 项目风险在项目利益相关者之间进行合理地分担，就必须要对高铁基础设施 PPP 项目涉及的各种利益相关者的风险倾向特征进行深入分析，弄清楚不同利益相关者在面对项目风险时的偏好差异。即使是同一种风险，它对不同的高铁基础设施 PPP 项目参与者产生的影响后果也是不同的，因此，不同的高铁基础设施 PPP 项目参与者面对同一种风险时的态度都可能不一样。通常来说，高铁基础设施 PPP 项目利益相关者对高铁基础设施 PPP 项目风险的承受力和偏好性主要是由以下几方面因素共同决定的。

1. 投入的多少

高铁基础设施 PPP 项目的参与者在高铁基础设施 PPP 项目投资建设运营过程中投入的资源越多，就越是渴望自己所加入的高铁基础设施 PPP 项目能够获得成功，能够接受的高铁基础设施 PPP 项目风险也越小，十分害怕自己对高铁基础设施 PPP 项目的巨额资金投入由于项目风险的损害而无法回本或获得理想收益。高铁基础设施 PPP 项目投资者的投入水平大小与其能够接受的风险大小之间的关系如图 5-3 所示。从图 5-3 可以看出，虽然不同风险偏好类型的高铁基础设施 PPP 项目投资者的投入大小对其风险偏好的影响并不完全一样，但是也有一个共同点，就是他们对项目成功的期望水平都是随着自身对高铁基础设施 PPP 项目投入的上升而提高的。当其对高铁基础设施 PPP 项目的投入水平较低时，他们能够接受较大的高铁基础设施 PPP 项目风险，也就是说，哪怕该高铁基础设施 PPP 项目获得成功的概率较低，他们也会愿意接受。而当其对高铁基础设施 PPP 项目的投入水平较高时，他们在对高铁基础设施 PPP 项目进行投资决策或建设运营管理的时候，就会表现得十分认真谨慎，且表现出更加强烈的希望自己所参与的高铁基础设施 PPP 项目获得成功的愿望。

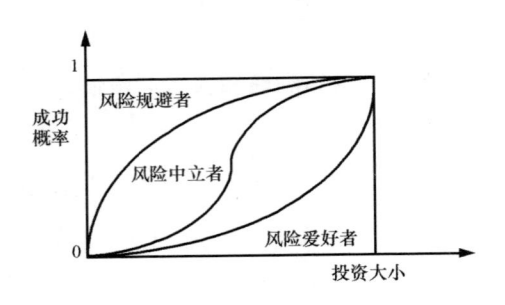

图 5-3　不同投资者对风险的态度

2. 收益的多少

PPP 项目的收益总是和风险联系在一起的。当承担的风险越多、风险发生的概率和损失越大时，利益相关者希望能够获取更多的收益来弥补由于风险事件而遭受的损失。反过来讲，如果利益相关者获得的收益越大，他们越愿意承担风险来保障 PPP 项目的成功运作。

3. PPP 项目利益相关者的地位和拥有的资源

PPP 项目属于公私合营，谁掌握控制权，谁就将获得更多的收益，谁就要承担更多的风险，即所谓的责权利相对等的原则。同时，PPP 项目本身就是一个资源整合、优势互补的投融资模式。在 PPP 项目中，由于利益相关者的优势及所拥有的资源各不相同，因此，拥有的资源越多，越具有优势，利益主体愿意承担的风险也就越多。

（二）高铁基础设施 PPP 项目主要利益相关者的风险偏好

通过上述对 PPP 项目利益相关者风险偏好影响因素的分析可知，PPP 项目利益相关者的风险偏好各不相同，主要有如下几种表现形式。

1. 政府的风险偏好

采用PPP模式建设的高铁基础设施项目,由于公共物品产权理论的支撑,使得其产权不宜完全公有或私有。私营部门作为"理性经济人",往往追求个人经济利益的最大化,而忽略了社会公共利益,因此,在基础设施PPP模式中,政府应该处于控制、监管地位。作为PPP项目的发起方,其更希望项目能够取得成功。同时,政府由于其特殊职能,拥有众多资源,以此辅助PPP项目的顺利实施。例如,政府可以通过提供政策保障、出台法律措施、提供税收支持等,避免PPP在实施过程中所面临的风险。又由于政府追求的是社会公共利益,而非经济利益,因此,在项目实施过程中,其可以将部分的风险分担给项目更大的受益者或更具有优势来承担这部分风险的利益群体,以此来分担PPP项目风险。因此,在基础设施PPP项目中,政府属于风险中立者,它愿意承担部分风险以化解PPP项目所面临的不确定性,但是,由于其自身能力条件的约束,为了降低项目总成本,提高项目成功的概率,也愿意将部分无法承担的风险分担给其他利益群体,以获取项目总体利益的最大化。

2. 私营部门的风险偏好

PPP项目能够吸引私营部门投资是因为它能够通过向用户收取费用或者向公共部门收取费用等方式使私营部门获取一定的投资报酬。私营部门作为"理性经济人",希望能够以最小的投入获得最大的利益报酬,因此,他们通常不愿意承担风险,而习惯将风险转移给政府部门或其他参与者。然而,风险和收益是密切相关的,当私营部门承担风险时,风险溢价上升,则其愿意承担风险;当项目经验丰富、风险认识充分时,也会愿意承担风险。因此,总体上来讲,私营部门是风险规避者,但是,随着外界条件的改变和自身优势的提升,其对风险的偏好也会发生改变。

3. 金融机构的风险偏好

高铁基础设施PPP项目由于规模大、投入多,势必利用金融机构的贷款来保障项目的资金来源。众所周知,金融机构发放贷款,是由于其认为该公共项目未来还款源是有保障的,其还款的可能性也是很大的。而贷款利率通常是由国家政策性法规所规定的,因此他们不愿意冒更大的风险,而愿意将贷款发放给成功概率更高的项目。同时,金融机构作为贷款方,在高铁基础设施投资建设中,不占控制地位,也不能获取除贷款利息之外的其他收益,因此,并不愿意承担高铁基础设施 PPP 项目风险,金融机构也属于风险规避者。

二 高铁基础设施 PPP 项目风险分担的目标及基本原则

(一) 高铁基础设施 PPP 项目风险分担的目标

我们需要对高铁基础设施 PPP 项目中各参与者承担的项目风险进行合理分配,以达到以下目标。

第一,通过高铁基础设施 PPP 项目中各参与者对高铁基础设施 PPP 项目风险的共同分担,最好能够防止风险事件发生或者降低风险事件发生的可能性,即使风险事件真的发生,则我们制定的高铁基础设施 PPP 项目风险分担方案能够使风险事件对高铁基础设施 PPP 项目投资者造成的利益损害降低。

第二,高铁基础设施 PPP 项目中的各种参与者负责承担的风险界限十分清晰,大家对各自应该承担的风险责任十分明确。这样,大家各自运用有效措施对自己责任范围内的风险进行防范及控制,各自承担相应的风险管理成本,任何一个高铁基础设施 PPP 项目参与者都只能自行承担由于其未处理好自身职责范围内风险而付出的代价。这样,采用 PPP 模式进行高铁基础设施项目的投资建设运营就会成为各种利益相关者的共同选择。

第三,通过高铁基础设施 PPP 项目中各参与者对高铁基础设施 PPP 项目风险的共同分担,使得在整个高铁基础设施 PPP 项目的生命周期内,高铁基础设施 PPP 项目中的各种参与者都会时时考虑到自身分配到的风险责任,从而在高铁基础设施 PPP 项目的投资建设运营中,形成理性谨慎的行为习惯。在风险损失的压力下,高铁基础设施 PPP 项目中各参与者都会尽全力对分配给自己的风险进行防范与管理,为高铁基础设施 PPP 项目的成功共同付出最大的努力。

(二) 高铁基础设施 PPP 项目项目风险分担的基本原则

在分配 PPP 项目风险时,必须遵循如下的风险合理分担原则。

1. 风险分担与控制力相匹配的原则

这是指谁最有能力控制某种风险，就将该风险交给某方承担；双方都没有控制力时，则将该风险在各方之间进行分担，或者将该风险转移给第三方。这样，一方面可以降低 PPP 项目的总体风险水平；另一方面，可以降低风险控制的成本，同时使各参与方有能力并且积极地去防范控制风险，使得风险分担具有科学性、合理性和可行性。

2. 责权利相对等的原则

风险分担必须与高铁基础设施 PPP 项目参与者分配到的权力和分享到的利益相匹配，对于高铁基础设施 PPP 项目中的任何一个参与者来说，承担的风险责任越多，它在高铁基础设施 PPP 项目公司中掌握到的权力也应该越大，它在高铁基础设施 PPP 项目公司收益分配中分享到的收益份额也应该越高；反之，承担的风险责任越少，它在高铁基础设施 PPP 项目公司中掌握到的权力就应该越小，它在高铁基础设施 PPP 项目公司收益分配中分享到的收益份额就应该越低。而且，如果高铁基础设施 PPP 项目中的任何一个参与者做出了某种恶意行为或过错行为导致了其他参与者本不应该承担的风险损失，则这个参与者必须对利益受损的项目风险承担方予以等额赔偿。

3. 因果原则

参与基础设施建设的参与各方必须为其恶意行为所产生的后果负责。这一原则是针对参与方发生违规行为，造成了 PPP 项目意料之外的风险，损害了其他合伙人权益和项目整体利益，需要为此风险承担责任。为了高铁基础设施项目整体利益最大化，各参与方之间应相互监督，并制定相关的政策，签订相关的合同协议等文件，以此来避免此类风险的发生。

4. 风险承担要有上限原则

许多公共部门官员往往持有"采用 PPP 模式的目的之一就是能够尽量多的把风险从公共部门向私营企业进行转移"这种非常谬误的观点。实际上，如果将其无法承担的风险强行转移给私营企业，风险事件一旦真的发生，由于私营企业在风险控制能力上的不足，通常都会导致其向社会公众提供的公共设施或公共服务的质量出现大幅度下降，同时还会导致风险控制总成本的大幅度上升。因此，不能一味地要求私营企业承担其无法承担的责任风险，风险承担必须有上限。

三 高铁基础设施 PPP 项目风险分担框架

通过上述对 PPP 项目利益相关者风险偏好的了解和风险分担原则的论述，我们认为高铁基础设施 PPP 项目可以采取如下的风险分担模式，如图 5-4 所示。

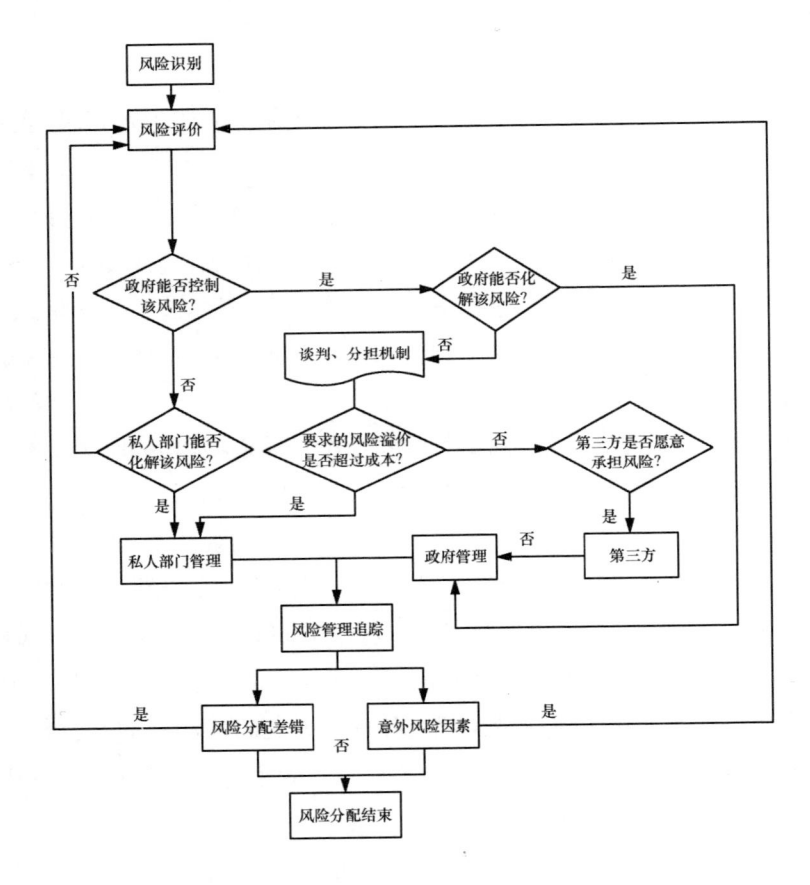

图 5-4 高铁基础设施 PPP 项目风险分担框架

综合上述对高铁基础设施 PPP 项目风险分担的分析，可以得到如下几点结论。

（一）高铁基础设施 PPP 项目参与者对项目风险的直接控制能

力会影响政府部门和私人部门之间的风险分担

这里所谓项目风险的直接控制能力，是指高铁基础设施 PPP 项目参与者有能力在某些高铁基础设施 PPP 项目风险发生之前通过有效策略及措施降低甚至消除该项目风险发生的可能性；或者在该项目风险发生之后，高铁基础设施 PPP 项目参与者能够通过有效策略及措施减少甚至消除风险事件对高铁基础设施 PPP 项目造成的损失。在需要决定将某种高铁基础设施 PPP 项目风险分配给哪个项目参与者更为合适的时候，应该首先分析有没有哪个参与者对该种风险有直接控制能力，如果发现的确有这样的参与者，那么该种项目风险就应该优先分配给该参与者承担，这种风险分配模式有助于激励该参与方充分发挥主观能动性，充分运用自身优势及所掌握的特殊资源，以更为积极负责的态度对该种项目风险进行严格管控，从而降低该种高铁基础设施 PPP 项目风险发生的可能性、风险的损害程度及高铁基础设施 PPP 项目的总成本。如果高铁基础设施 PPP 项目中的某个参与方对某种项目风险具备很好的风险控制能力，却出于私利的考虑或其他原因而不愿意承担该风险，那么高铁基础设施 PPP 项目风险分配磋商的交易费用势必会大大增加，很可能导致高铁基础设施 PPP 项目的发起失败，即使经过反复的协商勉强达成一致，过高的交易成本最终也会转化为高铁基础设施 PPP 项目的总体成本，导致高铁基础设施 PPP 项目的经济性严重下降，同时，将该种项目风险分配给并不具备有效控制能力的高铁基础设施 PPP 项目参与者，也会使风险事件发生的可能性变大，或者使风险事件发生时造成的损害变大，最终实际上会对高铁基础设施 PPP 项目中的所有参与者的利益带来不利影响。

（二）高铁基础设施 PPP 项目参与者对项目风险的化解能力会影响政府部门和私人部门之间的风险分担

这里所谓项目风险的化解能力，是指高铁基础设施 PPP 项目参与者在自愿承担某种项目风险时，能够利用自身所掌握的或能够利用的外部资源，运用一定的防范手段，降低甚至消除某种风险事件发生后对高铁基础设施 PPP 项目的不利影响。风险化解，实际上主要针对的是高铁基础设施 PPP 项目参与者无法进行有效控制的风险，最常用的且被证明行之有效的风险化解方式就是风险转移,也就是原来负责承担该种风险的高铁基础设施PPP项目参与者将该种风险转移给某个第三方,该第三方能够很好地控制和管理风险,即使该种风险真的发生了,该第三方也能够以最低的成本承担风险,或者该风险事件对其造成的损失与其风险承受能力相比微不足道。具体来说,高铁基础设施PPP项目参与者可将其自身难以施加有效控制的项目风险转移给该高铁基础设施PPP项目所提供运输服务的消费者,或者将某些风险转移给商业银行、保险公司等金融机构。

将高铁基础设施PPP项目风险转移给消费者是高铁基础设施PPP项目风险化解的最简单的一种方式。分散的高铁运输服务消费者与高铁基础设施PPP项目的主要参与者政府、私营部门相比,其个体力量十分弱小,而且由于数量庞大,他们也很难达成一致,基本无法形成统一的集体行动,因此在与政府及私营部门的利益博弈中,消费者的讨价还价能力是比较小的,往往只能被动地接受政府或私营部门转移过来的高铁基础设施PPP项目风险,他们是高铁基础设施PPP项目风险溢价的最终承担者。私营部门主要可以通过提高高铁运输服务价格、延长高铁基础设施PPP项目特许经营期限、降低高铁运输服务质量这几种不同的手段将项目风险转移给高铁运输服务消费者。

能否将高铁基础设施PPP项目风险转移给商业银行去承担和处理,主要是由商业银行对高铁基础设施PPP项目风险的偏好性及对风险溢价的要求决定。通常来说,商业银行一般有很强的风险规避倾向性,在商业银行的业务管理中,最为重视和管理最为严格的就是贷款风险控制程序,商业银行一般对风险的忍受能力较低,但是如果商业银行更多的参与到高铁基础设施项目,其对高铁项目的投资经验会越来越丰富,对高铁基础设施PPP项目的投资决策能力和监管能力会越来越强,在与高铁基础设施PPP项目发起人之间的长期合作中会积累起越来越深厚的互信,在这个过程里他们对高铁项目风险的厌恶程度可能会逐渐减少,从而可能会同意以更高的风险溢价(即要求具有较高风险的高铁基础设施PPP项目接受比市场水平更高的贷款利率)为条件来承担政府或私营部门转移过来的部分风险。

政府和私营部门也可以通过向有关保险公司投保为高铁基础设施PPP项目购买保险的方式进行风险转移,减少自身的项目风险损失。保险公司拥有极其雄厚的财力,承受风险损失的能力极强,而且保险公司就是专业承接社会风险的机构,其风险管理能力极强。从保险公司的业务范围来看,通常也涉及了大量的工程项目,这样就可以使原本过高的高铁基础设施 PPP 项目风险在很多个不同的工程项目间进行分散,所以,保险公司应该也有为高铁基础设施 PPP 项目提供适当的保险的意愿及能力,风险保险也应该成为高铁基础设施 PPP 项目风险化解的一种有效途径。当然,是否通过向保险公司购买保险的方式来转移风险,还取决于高铁基础设施 PPP 项目投资者自身直接承担风险的成本与保险公司保费之间的比较,如果高铁基础设施 PPP 项目投资者自身直接承担风险的成本低于向保险公司投保的保费支出,则高铁基础设施 PPP 项目投资者就没有必要将项目风险转移给保险公司。

(三) 高铁基础设施 PPP 项目参与者对项目风险的偏好会影响政府部门和私人部门之间的风险分担

私人部门作为 PPP 项目的合作伙伴之一,是以获取项目收益为目的的。基础设施项目的收益具有不确定性,在这种不确定下,对于风险的分配必须与收益结合在一起考虑,即风险收益相对等。然而,相同的风险和收益对不同的投资者,其态度及感受是各不相同的。

通过上述各参与方对风险的偏好可知,私人部门属于风险规避者,他们要求在承担风险增加的同时必须增加对其收益率的补偿,这种收益率即为风险溢价。对于风险规避者而言,如果风险是在其控制范围之内,其要求的风险溢价会低于政府承担的成本,以此来降低风险的分配成本。但是,如果风险是在其控制范围之外,私人部门要求的风险溢价会越来越高,当风险溢价超过政府承担风险成本的时候,则私人部门承担风险会增加 PPP 项目风险分配的成本,此时,可以考虑由第三方承担这类风险,如果第三方拒绝承担,则由政府承担此部分风险更为合理。同时,私人部门的项目经验也会影响到其风险偏好,经验越丰富,对风险的认识程度越充分,私人部门对风险的厌恶程度也会降低,承担风险的溢价要求也会降低,以此降低项目风险分配的成本。

政府属于风险中立者,它主要关注项目的成功实施及社会效益,因此，其要求的风险溢价等于承担风险的成本。通过了解政府和私人部门的风险偏好问题，可以帮助我们更好地分担 PPP 项目风险。

(四) 政府部门和私人部门无法控制和化解的风险分配问题

对于政府和私人部门都无法予以有效控制同时也难以通过风险化解方式进行处理的高铁基础设施 PPP 项目风险，有一种观点认为，把这些项目风险交给政府来承担是最佳选择，因为政府拥有合法的政治权力，可以对管辖范围内的公民及企业征税，且其征税权是由国家强制性作为保证的，因此，政府可以通过税收方式将某些基础设施 PPP 项目风险从基础设施 PPP 项目投资者那里转移给辖区内的众多纳税人，从而实现基础设施 PPP 项目风险损失的分散化。但是，这样做对于纳税人来说其实是很不公平的，纳税人不得不被动地接受与其财富增值之间本来毫无关联的一些风险，这些风险并非其自身财富创造过程中产生的风险，而完全是外界强行转移给他们的，承担这些风险会对其拥有的财富造成损失。而且，如果把这类项目风险统统交给政府部门来承担，还可能会使得私人部门缺乏责任感，对那些风险的威胁毫不在意，不对那些风险进行任何预测及防范，也不会积极配合政府部门的风险预测及防范行动，消极放任那些风险事件的出现，从而导致高铁基础设施 PPP 项目管理中出现不道德风险。因此，经过深入分析和综合考虑，我们认为，对于政府部门和私人部门无法控制和化解的高铁基础设施 PPP 项目风险，交由政府部门和私人部门共同来承担是比较明智的选择。

第三节　基于风险修正的高铁基础设施 PPP 项目 Shapley 收益分配模型

高铁基础设施 PPP 项目涉及项目的发起、设计、投融资、建设、运营、退出等多个环节，每一个环节都是高铁基础设施 PPP 项目必不可少的重要组成部分。通常来说，在高铁基础设施 PPP 项目建设实施过程中涉及的利益相关者主要包括公共部门（包括政府部门、公共事业单位、公共企业等）、私营部门、金融机构、铁路工程建设商、铁路技术设备提供商等项目参与者,而且它们在高铁基础设施 PPP 项目中各自发挥着不同的作用,扮演着不同的角色,承担着不同种类及不同程度的项目风险,也分享着不同份额的项目收益,从而共同构成高铁基础设施 PPP 项目的利益相关者。

但是,观察高铁基础设施 PPP 项目利益相关者的现实状况,从利益相关者的契约性、重要性、风险性和利益关联性这四种重要因素进行考虑,可以发现,高铁基础设施 PPP 项目中最核心、最重要的利益相关者实际上主要就是公共部门和私营部门。同时,为了简化对问题的分析,我们也可以假设在高铁基础设施 PPP 项目中,只有两个项目参与主体,即公共部门和私营部门。在这个假设前提下,以下我们对高铁基础设施 PPP 项目收益分配问题的研究也将紧紧围绕着公共部门和私营部门这两个关键利益团体展开。

一 高铁基础设施 PPP 项目收益分配影响因素分析

在高铁基础设施 PPP 项目收益分配中,按照"风险共担、利益共享"基本原则的要求,另外对公共部门及私营部门对高铁基础设施 PPP 项目的投入大小、公共部门及私营部门对高铁基础设施 PPP 项目成功运作所做的贡献大小、公共部门及私营部门对高铁基础设施 PPP 项目合同的执行状况也适当予以考虑,从而得到了如图 5-5 所示的高铁基础设施 PPP 项目收益分配影响因素构成。

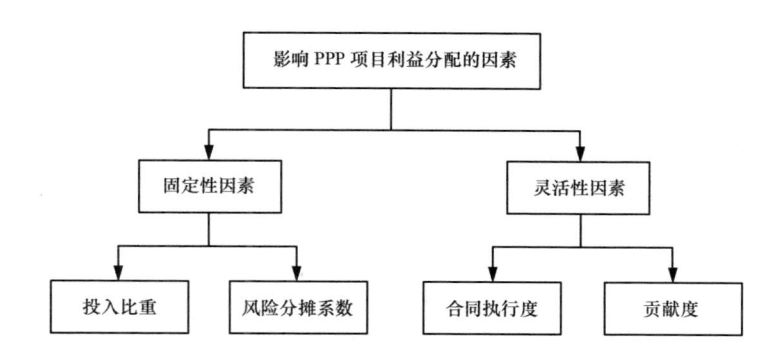

图 5-5 高铁基础设施 PPP 项目收益分配影响因素构成

（一）公共部门及私营部门对高铁基础设施 PPP 项目的投入大小

公共部门及私营部门对高铁基础设施 PPP 项目的资本金投入金额及投入方式，一般由双方通过友好协商方式共同予以确定，公共部门及私营部门对高铁基础设施 PPP 项目投入的资本金规模可大可小，各自取得的高铁基础设施 PPP 项目公司股份比例也相应可大可小，这样就形成了不同高铁基础设施 PPP 项目股权配置结构。占有不同股份份额的高铁基础设施 PPP 项目投资者在高铁基础设施 PPP 项目中拥有的控制权大小不一，尤其表现在现金流权方面的差异上。一般来说，对于任何一个高铁基础设施 PPP 项目投资者而言，其对高铁基础设施 PPP 项目投入的资金越多，其在项目收益分配过程中期望分配到的收益份额也越大。因此，对于任何一个投资项目来说，要想保证收益分配的公平性，就必须要对项目收益分配与项目资本投入相对等原则适当运用。

由于高速铁路属于重要国家基础设施，中国政府通常希望保持对高铁基础设施 PPP 项目的一定控制权，尤其是对于高速铁路干线网络，政府极为重视，一般不太愿意交由私营部门控股。同时由于高铁基础设施 PPP 模式在中国只是刚刚发端，私营部门尚未对政府形成足够的信任，再加上当前许多已建成运营的高铁项目表现出的盈利能力较弱，至少在短期内，高铁基础设施 PPP 项目中公共部门的投入占比应该比私营部门的投入占比高。

（二）公共部门及私营部门对高铁基础设施 PPP 项目风险分担份额

在传统的铁路投融资模式中，基本上是公共部门单独进行高速铁路投资，公共部门单独承担全部风险，因此，公共部门所承担的项目风险极大。在高铁基础设施投资中引入 PPP 模式后，由于有私营部门新加入高铁基础设施项目，我们就可借助 PPP 模式将一部分高铁基础设施项目风险从公共部门这里转移到私营部门，由于私营部门对某些种类的项目风险具有比公共部门更强的风险防范与控制能力，可以提高高铁基础设施 PPP 项目的风险管理水平，从而可以有效地减少项目风险损失，提高项目整体收益水平。可见,公共部门及私营部门对高铁基础设施 PPP 项目风险的分摊是否合理,会对高铁基础设施 PPP 项目整体利益及各投资者的利益实现产生直接影响。一般来说,利益和风险应当是相互对应的,对于任何一个高铁基础设施 PPP 项目投资者而言,其对高铁基础设施 PPP 项目承担的风险份额越大,其在项目收益分配过程中期望分配到的收益份额也越大。对于愿意承担更多高铁基础设施 PPP 项目风险的项目参与者,在对高铁基础设施 PPP 项目收益进行分配的时候,理所应当地应对他们予以适当倾斜,以补偿他们承担更多项目风险给自身造成的风险成本,这样就可以激励其他的项目参与者更加积极地承担高铁基础设施 PPP 项目风险,大大减少高铁基础设施 PPP 项目的交易成本,从而推动高铁项目各参与方尽快形成共识、达成合作协议,提高高铁基础设施 PPP 项目运作过程中的合作效率,最终提升高铁基础设施 PPP 项目的总体收益水平及项目各参与方的收益水平。总之,决定公共部门与私营部门能否达成合作的首要前提条件就是双方是否能够获得与其风险分担份额相对应的收益。可见,公共部门与私营部门之间的项目风险分担比例是影响高铁基础设施 PPP 项目收益分配的至关重要的一个因素。

(三) 公共部门及私营部门对高铁基础设施 PPP 项目合同的执行状况

高铁基础设施 PPP 项目的成功是建立在公共部门与私营部门亲密无间的合作关系基础之上的,而公共部门与私营部门要想形成密切合作关系,就必须要通过友好平等协商达成一系列的合同,以 PPP 合同的方式对公共部门及私营部门在高铁基础设施 PPP 项目运作过程中应当享有的权利和必须履行的义务进行明确的约定。从理论上来说,一旦公共部门和私营部门签订了高铁基础设施 PPP 项目合同,双方就都应该严格执行高铁基础设施 PPP 项目合同中的各项条款,但是,实际上不论是公共部门还是私营部门,都具有单方面的私利,有可能会为了维护和实现自身私利而不惜违反高铁基础设施 PPP 项目合同中的约定,做出有损于项目总体利益而有利于实现自身私利最大化的行为,或者对自身本应承担的职责任务采取单方消极懈怠的态度,不管是哪种情况,最终都会导致高铁基础设施 PPP 项目总体收益及各投资方收益水平降低。因此，我们在高铁基础设施 PPP 项目收益分配中需要对公共部门和私营部门的合同执行度予以适当考虑。某个高铁基础设施 PPP 项目投资者的 PPP 合同执行度越高，它在高铁基础设施 PPP 项目收益分配过程中所分享到的收益就应该越多；某个高铁基础设施 PPP 项目投资者的 PPP 合同执行度越低，它在高铁基础设施 PPP 项目收益分配过程中所分享到的收益就应该越少。所谓高铁基础设施 PPP 项目合同执行度，是指公共部门和私营部门为了使高铁基础设施 PPP 项目获得成功，达到项目总体收益最大化目标，遵守高铁基础设施 PPP 项目合同约定而采取积极行动的程度。可见，高铁基础设施 PPP 项目合同执行度可以用来衡量公共部门及私营部门在高铁基础设施 PPP 项目运作过程中，对高铁基础设施 PPP 项目总体收益最大化所付出努力程度的大小。在制定高铁基础设施 PPP 项目收益分配方案时将项目合同执行度作为影响因素之一，可以激励高铁基础设施 PPP 项目各投资者积极主动地执行 PPP 项目合同条款，减少单方违约或消极懈怠行为，从而提升高铁基础设施 PPP 项目总体收益及各投资方收益水平。

（四）公共部门及私营部门对高铁基础设施 PPP 项目成功运作所做出的贡献大小

虽然公共部门与私营部门已经通过友好平等协商达成了一系列的合同，以 PPP 合同的方式对公共部门及私营部门在高铁基础设施 PPP 项目运作过程中应当享有的权利和必须履行的义务进行明确的约定。但是，高铁基础设施 PPP 项目合同不可能涵盖所有可能发生的问题，在高铁基础设施 PPP 项目运作过程中，很可能会有一些合同中未做约定的突发问题发生。其原因主要有三个方面：第一，不管是公共部门还是私营部门，其在高铁基础设施 PPP 项目中决策时的理性都是有限的；第二，PPP 模式在中国还只是刚刚开始推广应用，在高铁基础设施领域的应用则更是处于刚刚起步的阶段，高铁基础设施 PPP 模式本身极其复杂；第三，高铁基础设施 PPP 项目所处的外部环境是复杂多变的，一旦外部环境发生了变化，往往就会出现许多新的问题。根据上述分析可知，在高铁基础设施 PPP 项目运作过程中，公共部门和私营部门很可能会面临一些原来未曾预测到的突发情况，公共部门和私营部门必须要根据高铁基础设施 PPP 项目自身特征变化及外部环境的变化迅速及时地做出反应及调整，否则高铁基础设施 PPP 项目就有可能会走向失败。公共部门和私营部门根据高铁基础设施 PPP 项目自身特征变化及外部环境变化应该作出的反应，在原来的高铁基础设施 PPP 项目合同中往往未做明确规定，而且要做出这种动态化的反应和调整，往往意味着公共部门和私营部门中的某一方或双方都要为了高铁基础设施 PPP 项目的成功而做出临时的牺牲和贡献。为了激励公共部门和私营部门为了高铁基础设施 PPP 项目的成功自发做出临时的牺牲和贡献的行为，我们在制定高铁基础设施 PPP 项目收益分配方时也应当将公共部门和私营部门为了高铁基础设施 PPP 项目的成功自发做出的额外贡献作为影响因素之一予以考虑。

二 基于风险修正的高铁基础设施 PPP 项目 Shapley 值收益分配模型构建

从激励角度考虑，在高铁基础设施 PPP 项目合作伙伴关系确立时，各利益相关者应当就收益分配方案达成一致。PPP 项目合作意味着新收益分配格局产生，其利益公平分配是项目顺利建设和实施的源动力。收益与各参与方承担的风险、投资的比重、合同执行度和贡献度呈正比例，有助于调动合作伙伴工作的积极性，实现 PPP 项目总体利益的最大化。利益相关者对 PPP 项目存在着不同的利益需求，这种不同的甚至可能相矛盾的利益需求会使得 PPP 项目合作伙伴之间发生不可避免的冲突和矛盾。本书假定在高铁基础设施 PPP 项目总体收益既定的前提条件下，全盘考虑 PPP 项目收益分配影响因素的作用，试图建立一个能够使各方满意度最大的收益公平分配方案，以促使各方利益冲突和矛盾的解决。

（一）基于 Shapley 值法高铁基础设施 PPP 项目收益初次分配

对于高铁基础设施 PPP 模式而言，一般由公共部门提供部分高铁项目资本、政府政策及特许经营权授权等，而私营部门则主要提供高铁项目资金、高铁运营管理服务，双方通过特许经营协议及合资合作合同各取所需，股权交易由此产生，从这个角度来看，它们之间的关系就明显属于一种合作博弈关系。因此,我们可以运用夏普利值法(Shapley 值法)对高铁基础设施 PPP 项目收益进行初步分配。

高铁基础设施 PPP 项目的各参与者共同组成一个参与人集合,我们将这个高铁基础设施 PPP 项目参与者集合表示为 N,高铁基础设施 PPP 项目参与者集合中包含的项目参与者数量用 n 来表示。我们以 S 来表示由高铁基础设施 PPP 项目参与者集合中一部分参与者签订合作协议组建的战略联盟,则显然有 SN,即 S 为高铁基础设施 PPP 项目参与者集合 N 下的一个子联盟,我们可将子联盟 S 中包含的项目参与者数量即子联盟的规模表示为 $|s|$。我们可用 $V(S)$ 来表示定义在子联盟集 S 上的特征函数,实际上也就是子联盟 S 获得的高铁基础设施 PPP 项目收益。那么,根据合作博弈理论,我们可知:

$$v(\phi) = 0 \tag{5-1}$$

$$v(s) > \sum_{i \in s} v(i) \tag{5-2}$$

我们可用 φ_i 来表示子联盟 S 局中人 i 获得的高铁基础设施 PPP 项目收益,那么,依据 Shapley 定理我们可得:

$$\varphi_i = \sum \frac{(|s|!-1)(n-|s|!)}{n!}[v(s)-v(s-i)] \tag{5-3}$$

在上式(5-3)中,$[v(s)-v(s-i)]$ 中的 $v(s-i)$ 表示高铁基础设施 PPP 项目子联盟 S 中去掉联盟成员 i 后的联盟项目收益,因此 $[v(s)-v(s-i)]$ 实际上就是联盟成员 i 对子联盟 S 的收益贡献(即联盟成员 i 对联盟 S 产生的边际贡献)。

我们在高铁基础设施 PPP 项目投资建设运营过程中经常能够看到的项目参与者主要包括公共部门(包括政府部门、公共事业单位、公共企业等)、私营部门、金融机构、铁路工程建设商、铁路技术设备提供商等,而且它们在高铁基础设施 PPP 项目中各自发挥着不同的作用,也分享着不同份额的项目收益,从而共同构成高铁基础设施 PPP 项目参与者集合。但是，从契约性、重要性、风险性和利益关联性这四种重要因素进行考虑，可以发现，高铁基础设施 PPP 项目中最核心、最重要的参与者实际上主要就是公共部门和私营部门。同时，为了简化对问题的分析，我们也可以假设在高铁基础设施 PPP 项目中，只有两个主要的项目参与者，即公共部门和私营部门。经过简化后，高铁基础设施 PPP 项目就成为公共部门和私营部门两方共同合作开展的投资项目，因此在高铁基础设施 PPP 项目收益分配 Shapley 值的测算过程中，我们可以假定 $i=1, 2$，分别用来表示高铁基础设施 PPP 项目中的公共部门参与者和私营部门参与者 $N=\{i\}$，表示 N 是参与人 i 的集合，则 $n=2$；修正前公共部门分配到的高铁基础设施 PPP 项目收益和私营部门分配到的高铁基础设施 PPP 项目收益则分别以 φ_1 和 φ_2 表示。

（二）基于风险修正的高铁基础设施 PPP 项目 Shapley 值收益分配模型构建

简单地使用 Shapley 值法来对高铁基础设施 PPP 项目的各参与者进行收益分配，显然无法体现出对风险成本的补偿，也无法激励项目参与者积极承担高铁基础设施 PPP 项目风险。而在高铁基础设施 PPP 项目收益的分配过程中，除了应将各参与者分担的风险份额这个至关重要的因素纳入考虑之外，高铁基础设施 PPP 项目各参与者的投入大小、各参与者对高铁 PPP 合同的执行度高低、各参与者对高铁基础设施 PPP 项目的贡献度大小这几个因素也应该引起我们的足够重视。因此，本书中我们先用 Shapley 值法对高铁基础设施 PPP 项目收益进行初次分配，再将公私双方风险分担及其他三个影响因素纳入考虑范围，构建基于风险修正的高铁基础设施 PPP 项目 Shapley 收益分配模型，得到高铁基础设施 PPP 项目收益的再分配方案。具体而言，我们可以将影响高铁基础设施 PPP 项目收益分配的四个修正因素表示为集合 J，$J=\{j\}$（$j=1, 2, 3, 4$，分别用来表示影响高铁基础设施 PPP 项目收益分配的四个不同因素：高铁基础设施 PPP 项目各参与者的投入大小、高铁基础设施 PPP 项目各参与者分担的风险份额、高铁基础设施 PPP 项目各参与者合同执行度的高低、高铁基础设施 PPP 项目各参与者的贡献度大小）。

如果我们用 a_{ij} 来表示高铁基础设施 PPP 项目参与者集合 N 中第 i 个参与者关于第 j 个收益分配修正因素的测度值，则可以得到如表 5-1 所示的高铁基础设施 PPP 项目收益分配修正因素测度值。

表 5-1　高铁基础设施 PPP 项目收益分配修正因素测度值

	1（投入比例）	2（风险分担系数）	3（合同执行度）	4（贡献度）
1（公共部门）	a_{11}	a_{12}	a_{13}	a_{14}
2（私营部门）	a_{21}	a_{22}	a_{23}	a_{24}

根据表 5-1，我们容易得到影响高铁基础设施 PPP 项目收益分配的修正矩阵 A：

$$A = \begin{bmatrix} a_{11} & a_{12} & a_{13} & a_{14} \\ a_{21} & a_{22} & a_{23} & a_{24} \end{bmatrix}$$

然后我们可以对矩阵 A 进行归一化运算，从而可以获得矩阵 $B = b_{ij\,n\times m}$。接下来我们可以确定每个收益分配修正因素对高铁基础设施 PPP 项目收益分配的影响程度矩阵，我们将它表示为 $\lambda = \begin{bmatrix} \lambda_1 & \lambda_2 & \lambda_3 & \lambda_4 \end{bmatrix}^T$。则显然有：

$$\begin{bmatrix} R_1 & R_2 \end{bmatrix}^T = B \times \lambda \qquad (5-4)$$

式（5-4）中，R_1 表示收益分配方案调整后各收益分配修正因素对公共部门收益分配的综合影响程度，R_2 表示收益分配方案调整后各收益分配修正因素对私营部门收益分配的综合影响程度。

那么，收益分配方案调整后公共部门和私营部门分别应当获得的收益分配值是：

$$V_1 = \varphi_1 + \left[\left(R_1 - \frac{1}{n} \right) \times V(s) \right] \qquad (5-5)$$

$$V_2 = \varphi_2 + \left[(R_2 - \frac{1}{n}) \times V(s) \right] \qquad (5-6)$$

将公式（5-5）和（5-6）进行计算，我们就可以得到基于修正 Shapley 值的高铁基础设施 PPP 项目收益再分配方案，这个项目收益再分配方案综合全面地考虑了影响高铁基础设施 PPP 项目收益分配的四个重要因素：高铁基础设施 PPP 项目各参与者的投入大小、高铁基础设施 PPP 项目各参与者分担的风险份额、高铁基础设施 PPP 项目各参与者合同执行度的高低、高铁基础设施 PPP 项目各参与者的贡献度大小，因此，基于修正 Shapley 值的高铁基础设施 PPP 项目收益再分配方案比使用 Shapley 值法得到的项目收益原始分配方案要更科学、更公平。

第六章

京沪高铁项目案例分析

第一节 京沪高铁项目概况

原有的京沪铁路营运总里程为1463千米，其营运里程在全国铁路总里程中占比2%，京沪铁路业务种类主要是客运和货运，虽然京沪铁路的铁路营运里程短，但承担了全国铁路客运总量的10.2%，在全国铁路货运总量上京沪铁路也占据了7.2%的市场份额，经济的迅速发展使人口流动性增大，也增加了货运的市场需求量，为此在原有京沪铁路线基础上新修了京沪高铁。京沪高铁通车后，原来京沪铁路的运输能力不足市场需求一半的局面得到缓解，且年货运量超过了1亿吨。

京沪高铁营运总里程约1300千米，与原有的京沪铁路大部分平行修建，全程没有使用原有线路铁轨，全部新修，京沪高铁预计每小时可行驶350千米，沿途省份共设立21个站点，不到四小时就可以走完全程，每年在客运上往返运输总量约16000万人，比原京沪铁路的日运输能力增加了30万—35万人。京沪高铁无论投资额还是技术含金量都堪称中国铁路项目之最，也是全球一次完工、运营里程最长、技术含金量最高的高速化铁路。

从经济角度看，京沪地区的国内生产总值占全国总量的2/5，从地理角度看，京沪地区是京津和长三角两个经济发达区域连接的中心点。随着经济的发展，京沪地区的运输需求量逐年增加，也带动了其他交通工具的运输量，其中京沪两地往返的公路总长度平均每年约增长5%，公路客运运输总量平均每年约增长8%，往返京沪两地的飞机航班量由于客运量较大，每年增长约14%。

第二节 京沪高铁项目参与主体及全流程公私合作

一 京沪高铁项目参与主体

中国的快速铁路网络包括快速客运专用线路、城际铁路线路和经过改造后速度较快的传统客货并用铁路线路。过去中国地区发展不平衡现象十分突出，东部地区省份较为发达，随着西部大开发战略和中部崛起战略的出台和不断推进，跨越多个地区的国家级重大基础设施项目数量不断增加，比如横跨西部、中部、东部地区的西气东输项目，贯通北部、南部地区的南水北调项目等，这些基础设施项目与普通的市政基础设施项目相比，其投资、建设、运营管理都复杂得多，若要成功采用PPP模式投资建设，其需要吸引更多的项目参与者，其合作行为和合作关系更错综复杂。

京沪高铁项目中，最初注入资本金的投资方就多达11家，后期股权变更又增加了新的投资者，加上铁路基础设施供给、运营维护等方面都需要更多的合作伙伴参与进来，在京沪高铁项目中各参与主体有不同的责任和不同的角色定位。京沪高铁项目资金来源主要是中国铁路建设投资公司、铁路线路周边地方政府、保险公司和欲长期持有京沪高铁股票的战略投资者等，后期车辆提供、运营服务、通信服务等参与主体间的关系和权责错综复杂，如表6-1所示。

表6-1 京沪高铁项目的公私合作不同阶段的合作伙伴关系

参与主体	角色	主要作用	投融资	建议	租赁	运营	维护
国家财政	财政投入	财政补贴	主权融资				
国资委	资产管理	债务豁免	国资代表				
铁道部	铁道基金	监管	补贴	√		√	√
铁路局	路网站场设施	调度、运营	—	√	√	√	√
地方政府	征地拆迁	谈判协调	—				
地方铁投	地方政府代表	股东代表	出资				

续表

参与主体	角色	主要作用	投融资	建议	租赁	运营	维护
中铁投资	铁道部代表	股东代表	出资	√	√		
银行	银企合作	股东代表	出资				
保险	机构投资者	股东代表	出资				
社保	机构投资者	股东代表	出资				
产业基金	战略投资者	股东代表	出资				
京沪SPV	融资主体	融资法人	风险隔离			√	
京沪SPC	运营主体	企业法人	—	√	√	√	√
铁工铁建	承建方	工程承包	出资	√			
南车北车	车辆提供	车辆提供	出资	√	√		
通信信号	运营服务	通信服务	—			√	√

修建时间早于京沪高铁的高速铁路大多主要由铁道部和铁路沿线周边地方政府注入资本金发起项目,而在京沪高铁项目中,虽然铁道部在首轮融资中注入647.07亿元的资本金,以56.267%的股权成为第一大股东,对京沪高铁项目保持控股,但此次由中国社会保障基金和四家保险公司联合注资的资金达260亿元人民币,共持股约22.609%,这打破了过往铁路项目中大部分由铁道部和铁路沿线地方政府注资的局面,这种以营利为目的的市场化投资者参与京沪高铁项目并持有京沪高铁较大份额的股权,虽然暂时未能改变铁路行业政府主导的局面,但相较其他铁路项目,京沪高铁在满足铁路公益性的基础上,其铁路及铁路周边配套设施的商业化开发的程度更强,较为活跃的资本经营使京沪高铁价值增值、效益增长;京沪高铁相较于其他铁路项目市场化投资者的持股量更大,在铁道部和铁路沿线地区政府对铁路的决策上有一定话语权,其牵制力较强。虽然商业银行由于多种原因首次融资中不能对京沪高铁项目注资,但与政府跟投型基金、私营企业等一样,均对京沪高铁项目关注度极高,这对未来京沪高速铁路股份有限公司的公私深度合作有极大的推动作用,最终能否独立对公司进行运营管理也犹未可知。京沪高铁是一条世界瞩目的高速铁路项目,项目中采用的PPP模式更是对中国铁路行业起到了很好的示范作用,掀开了铁路PPP模式的新篇章。

二 京沪高铁项目全流程公私合作分析

（一）京沪高铁项目投融资环节公私合作

1. 京沪高铁项目资本金筹措

通常来说，中国的高速铁路基础设施的权益性融资渠道主要由中央政府实物资产投资、中央政府注入项目资本金、地方政府以土地或地方财政资金入股、铁道部注入项目资本金和公私企业注入项目资本金等组成。

京沪高铁股份公司的资本金投入方主要有以下几个。

（1）铁道部。

京沪高铁项目中中国铁路建设投资公司注入 647.07 亿元资本金，以 56.267% 的股权控股京沪高速铁路股份有限公司，中国铁路建设投资公司隶属中国铁道部，其京沪高铁中的资金主要来源于铁路建设基金。铁路建设基金每年约有 300 亿元人民币可用作铁路投资，对一个铁路建设项目的年投资额控制在 30 亿元左右最佳，从京沪高铁的运作现状看，每年约有一半的投资金额需要铁路建设基金承担，约为 100 亿元人民币，远超出了铁路建设基金设置的 30 亿元人民币额度，中国铁路总公司为了控制投资风险，也为了保证有充足的资金对其他铁路项目进行投资，在京沪高铁项目的建设期间和运营期间，应该积极鼓励外部资本的进入，以减少京沪高铁资金对铁路建设基金的依赖，所以，将铁路建设基金在京沪高铁中 75% 的投资额置换成外部资金最为稳妥。

（2）沿线各省政府。

京沪高速铁路表现出明显的正外部性，其中一个表现就是京沪高铁项目建设运营后，造成线路周边地区的土地迅速增值，途经地区的经济发展受到该项目强烈的刺激，沿线地区的地方政府因京沪高铁项目的建成而获得更多的财政收入，因此，沿线地方政府应对京沪高铁项目承担合理的投资份额。京沪高速铁路项目总投资 1150 亿元，其中有约 243 亿元是线路沿途七个省份通过项目中所占用的土地折算现金及地方财政投资资金拨款参与投资，沿线各省政府入股投资中，有约 70 亿元是京沪高速铁路项目征用 90697 亩土地的土地使用权转让费用，另一大部分主要是征用土地时产生的拆迁及公民安置费用,由于费用巨大,京沪高速铁路项目中征用的土地可以当作沿线地方政府的部分入股资产。

(3) 社会保障基金。

全国社会保障基金的资金来源主要包括私人和企业缴纳的保费、中央政府财政拨款、国有企业减持股份筹集到的资金、以其他方式筹集到的资金、社保基金投资所获得的收益等,中国的社会保障基金由中国社会保障基金理事会统一负责运营管理。由于企业和个人缴纳社保费用后短期是不可取现使用的,所以社会保障基金具有负债时间跨度大、极少发生中短期紧急支付大额保费等资本负债特质,所以对投资周期较长、收益有一定保障的项目进行投资较为合适,京沪高铁项目建设周期较长,通车运营后盈利需要较长的时间,长远来看,其前景可观,这正好与社会保障基金的投资方向相吻合。

京沪高铁项目的初始投资资金有约 8.696% 来自全国社会保障基金,总投资金额为 100 亿元。

(4) 保险公司通过信托方式参与投资。

从保险公司近年来的闲置资金获益率分析,由于可投资渠道较少且有诸多限制,有一半的闲置资金被保险公司放在银行,其获益率仅为 4%,如保险公司用闲置资金对铁路进行投资,可将获益率从 4% 提高到 6%—8%,不仅使铁路建设的资金更充足,也能大大提高保险公司的收益率。从保险公司的资金特质分析,其项目的投资周期较长,投资回收期需 8—14 年的铁路建设项目正好符合保险公司的这一资金特质,因此保险公司用闲置资金对铁路建设项目进行投资是可行的。为了鼓励从事保险行业的公司采用信托形式对国家的基础设施建设项目进行投资,政府开放了从事保险行业的公司持有未上市公司股权的权限。

在由中国平安保险(集团)股份有限公司设立的平安资产管理有限责任公司发起,太平洋保险、泰康人寿、太平人寿参与的铁路投资活动中,共融资 160 亿元入股京沪高铁建设项目,在整个京沪高铁建设项目中约占股 13.913%。

2. 京沪高铁项目债务融资

国外公司在项目盈亏情况不明朗的情况下,对这种高危项目的资金来源,只有少量会考虑通过借债的形式获取,大部分选择注入资本金,原因在于如果一旦项目进展不顺利，项目收益达不到计划收益，那大量举债所负担的利息会大大增加项目的财务压力，对项目后期顺利开展十分不利，但如果项目收益良好，通过借债获取的资金，可用作抵税，项目中平衡其中利弊显得十分重要。京沪高铁投资额巨大，未来的收益情况虽有诸多利好条件为基础，但风险仍然极高，此次京沪高铁项目所需资金中，有一半是投资者注入的资本金，剩余皆为债务资本。

3. 引进战略投资者

战略投资者作为潜在的投资者，其资金、管理、技术等方面一般较强，对所投资的项目都是以长期合作为前提共同谋求最大利益，对投资的项目一般持股较大且持股年限在5—7年及以上，所以战略投资者在对项目注入资本金时都极为慎重。京沪高铁项目的投资额巨大，且从建设到通车运营的时间周期相较一般项目长，投资者的投资收益回收时间较长，未通车前是没有利润回报的，这对战略投资者来说风险较大，为了减少投资风险，所注资的项目大多即将结束工期或者所投项目已经正常运作。战略投资者大多在项目后期才会注入资本金，而京沪高铁项目在建设期就需要大量资金，为了缓解战略投资者的投资压力，同时让京沪高铁项目有充足的资金进行建设，京沪高速铁路股份有限公司在京沪高铁项目建设期向政策性银行——国家开发银行贷取一定比例的款项，作为京沪高铁项目中的资本金或股本投入，由于国家开发银行具有利率低，还款期长的特点，所以较为适合京沪高铁这种借款周期较长的项目，给战略投资者的资金进入留有充足的时间，后期国家开发银行的软贷款可与战略投资者注入的资本金进行等额置换。

按照有关政策，中国国内的商业银行不能直接对其他行业的机构进行股权投资，这个政策阻碍了国内商业银行在京沪高铁项目中注入资本金，但国内的商业银行仍积极地通过其他方式对京沪高铁项目进行投资。中银国际控股有限公司作为中国银行股份有限公司旗下的全资附属投资银行机构，在2002年积极推动了中国铁路行业朝着"铁路所有权和运营权分开"的新模式变革，中国铁道部在2010年以60亿元人民币向中银国际控股有限公司转让了4.537%的股份，中国银行通过旗下子公司对京沪高铁项目注入资本金，这刺激了其他商业银行也通过类似方法对京沪高铁进行注资。国家开发银行向京沪高铁提供了高额软贷款，但因为政策原因，无法将债权转化为股权,只能收取少量利息,不能拥有其股权,为此,国家开发银行在积极进行商业化的改革,试图拿到"许可证"解决这一问题。

除上述融资来源,由于京沪高铁连接京沪等发达地区,所采用的新技术多达一千余项,多种优势也能增加投资者的信心,其中不乏铁路相关行业的一些公司,比如列车制造行业的中国南车集团、中国北车集团以及一些建筑工程行业的企业均有意投资京沪高铁,譬如中国中铁股份有限公司和以工程承包为主业的中国铁道建筑总公司(简称 CRCC)。

4. 京沪高铁资产证券化融资

ABS 融资模式需融资项目有项目资产作为支撑且能保证预期收益,而自投入使用后的京沪铁路已经有了较稳定的收益,这满足采用 ABS 融资模式的硬性条件。采用 ABS 融资不仅可以在资本市场发行债券进行融资,保证京沪铁路在建设运营中有充足的资金链,也能保证高铁项目的控制权依旧在政府手中,这比较满足公共部门的诉求。

京沪高铁资产证券化是指京沪高铁资产的原始权益人把京沪高铁项目所拥有的资产,从原始权益人的资产负债表中剥离出来并真实出售给一个特设机构 SPV,SPV 将其中的风险与收益要素分离并重新组合为资产池,将其转变成以证券发行收入支付购买证券化资产的价款,见图 6-1。

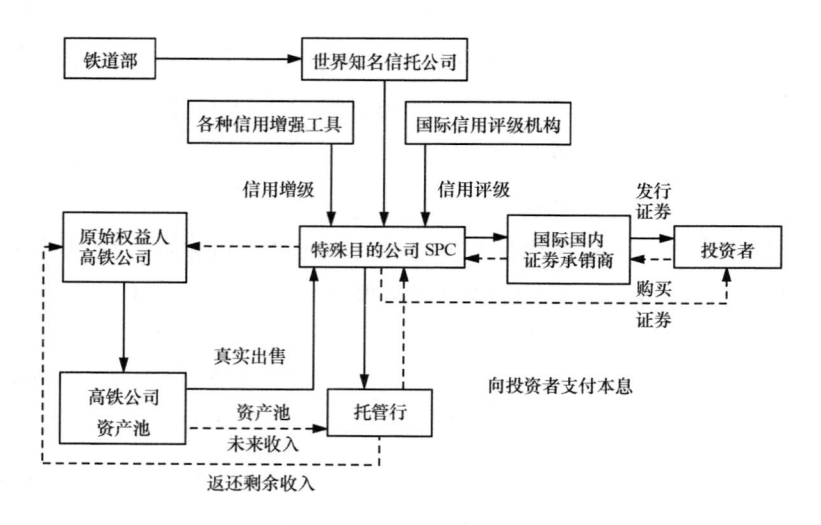

图 6-1 利用资产证券化方式进行滚动融资的运作

说明:图中实线代表相互关系,虚线代表资金流向。

5. 吸引铁路产业投资基金投资

"产业投资基金"也被称为"风险投资基金"及"私募股权投资基金"，大多会对未上市但发展空间巨大的公司注入资本金，其本质是将资产集中起来由专业的机构运作管理，具有利息低、投资期较长的特点，为了获得长期稳定的利益，对所投资的项目大多更关注该企业的潜在升值空间，用注入资本金的方式帮助企业迅速发展的同时，也会在特定的时间通过一定的方式实现资本增值收益，京沪高铁项目具有规模大、发展潜力大、投资期较长等特点，这正好与产业投资基金的投资方向较为契合。铁路产业投资基金的来源主要有社会保障基金、保险行业资金、国内外企业资本及个体户资金等。中国政府为了引入资本市场中的外部资金，使中国的基础设施建设中有充足的资金，在 2014 年底扶持成立了中国铁路发展基金股份有限公司，预计每年将吸收民间资金 2000 亿—3000 亿元，用作政府大型建设项目投资等，这为在京沪高铁项目中采用产业投资基金铺平了道路。

6. 以股权私募方式吸引民营企业投资

京沪高铁建设项目中，尤其是铁路的周边设施、商业配套设施、京沪二通道等建设中可以采用 PE，对私企定向发行股份，以鼓励支持私企参与铁路建设投资，不仅可以增加铁路行业的融资渠道，也能使私营企业在后期通过多种方式出售持股获利。

7. 境内外上市

20 世纪 90 年代晚期，铁路行业开始进入资本市场，通过发行股票的方式筹措资金，相较其他行业起步较晚，但由于铁路行业建设周期和盈利周期都较长，很多铁路行业公司目前不具备上市条件，所以目前上市的铁路行业公司不多，因此通过发行股票融入的资金较少，京沪高铁也遇到了铁路行业同样的问题。随着通车运营的时间拉长，京沪高铁逐步开始盈利，开始为上市做好各项准备工作，当遇到可上市的契机，京沪高铁即可上市，进入资本市场发行股票，以保证项目有充足的资金运作。

（二）京沪高铁项目建设环节公私合作

1. 京沪高铁工程概况

京沪高速铁路主线路主要由高架桥梁搭建而成，全线长度为1318千米，其中有桥梁搭建的线路长度在1140千米左右，其次路基长约162千米，剩余约16千米的长度由隧道组成。京沪高速铁路全线约有96%的路段铺设无碴轨道，剩余路段铺设有碴轨道。此次通过土建招标的线路长度约为全线长度的96%，达到了1270千米。

京沪高铁在2008年4月开始修建，原计划5年竣工的项目提前两年于2011年7月投入使用。京沪铁路兴修一年就完成了铁路主线路长度的99%，长度为1308千米的线路耗资668亿元。在2010年底完成京沪高速铁路中所有的桥梁工程、站房施工建设。在2011年5月完成了所有无碴、有碴轨道的铺设工作，两个月后，通过调试的京沪高速铁路正式通车投入运营。

2. 京沪高铁项目建设环节公私合作

京沪高铁项目建设期的公私合作主要表现为公私性质的工程承包商共同加入项目建设，公私性质工程承包商彼此之间展开密切合作，配合完成整个京沪高铁项目的建设工作。在中国，基础设施建设常常采用"代建总承包制""交钥匙"工程等建设方式。高铁基础设施建设环节公私合作取得成功的关键就在于竞争机制的引入，公共部门通过竞争性磋商或者公开招标确定工程总承包商，工程总承包商也要采取竞争性磋商或者公开招标方式将建筑、安装、设备、劳务等不同业务分包给多个符合要求的企业。

（1）京沪高铁工程总承包的公私合作。

中国中铁、中铁建、中建等五大集团旗下的15家公司参与了京沪高铁土建工程投标。2008年1月，铁道工程交易中心公布了《新建京沪高速铁路土建工程施工总价承包招标中标结果》，总价约达837亿元的京沪高铁土建工程由6家公司承建，包括中国铁道建筑总公司旗下的中铁十七局、中铁十二局，中国中铁股份有限公司旗下的中铁一局、中铁三局，中国水利水电建设集团以及中国交通建设股份有限公司。其中，中国铁建得到的合同份额约为京沪高铁土建工程总造价的 40%。从京沪高铁土建工程单位造价来看，最低造价只有 0.54 亿元/千米，远远低于世界高速铁路的造价。京沪高铁工程的建设总承包商，基本还是与原铁道部有着深厚渊源的中央国企，例如中国中铁、中国铁建、中交建，工程总承包中完全没有私营建筑企业的身影，这反映出京沪高铁项目在建设环节的公私合作水平还是很低的，高铁基础设施建设市场的垄断局面亟待打破。

（2）京沪高铁车辆工程的公私合作。

在 2000 年中国铁路机车车辆工业总公司经过拆分重组形成了南车集团和北车集团，在国内铁路列车市场上的占有率超过了 95%，南车集团在成立八年后分别在上海、香港上市，北车集团在成立九年后，在上海证券交易所上市。因一系列因素，在 2015 年南车集团正式并入北车集团，合并重组后对外名称改为中国中车股份有限公司。

京沪高铁上使用的高速列车由加拿大庞巴迪、日本川崎重工、德国西门子、法国阿尔斯通等四家外企和原南、北车集团旗下四家子公司共同制造，此次订单总额约 1000 亿元。为了在保证技术的前提下，最大限度地实现"中国制造"，此次京沪高铁中使用的高速列车仅有 1/10 的列车是外资公司提供，1/5 是进口零件自行组装，其余均为四家内资公司制造，不仅引入先进列车制造技术生产出了每小时行驶 300 千米的高速列车，而且此次使用的高速列车中超过 80% 的列车均是本土内资公司制造。如表 6-2 所示。

表 6-2　　　　　　　　京沪高铁机车的中外合作

外国公司	加拿大庞巴迪	日本川崎重工	德国西门子	法国阿尔斯通
内资公司	青岛四方公司	南车四方公司	北车唐山车辆厂	北车长春公司
获得订单数（例）	40	60	60	60
转让关键专利项	—	—	9	7
获订单金额	3.82 亿美元	800 亿日元	6.69 亿欧元	6.2 亿欧元

中国高铁从 2004 年起步，经过 9 年的发展，从最初的国外进口，将技术分解消化并吸收，到自主研发超过 1000 项高速铁路技术专利，中国

高铁已经不能满足于国内市场，凭借着中国高铁产业集中等优势，中国高铁正积极进军国外市场，有出海之势。为了打开高铁的国际市场，实现高速列车自给自足且大量出口，铁道部大力扶持国内相关公司，并在2010年建立了多个项目组专门对接国外铁路工程项目，其中有美国、俄罗斯、委内瑞拉、缅甸、印度等。

（3）京沪高铁工程咨询与项目管理的公私合作。

在京沪高铁项目中，三家德方公司通过与中方公司组建联合体的身份参与了工程咨询的投标，分别是铁道第五勘察设计院和德国 PEC＋S 集团公司联合体、中铁二院工程集团有限责任公司中铁第一勘察设计院集团有限公司和德国沃森工程技术有限公司联合体、中铁工程设计咨询集团有限公司和德国弗克斯伯交通有限公司联合体。而投标土建工程监理的则是各地方监理和咨询公司。

总的来说，由于铁路建设领域目前行业壁垒还比较高，市场准入条件比较苛刻，所以从工程总承包这个层次上来讲，仍然是国有大型央企及其控股的上市公司为主导，在机车设备和技术合作方面，则通过成立合资公司和联合体的形式进行公私合作，当然，在分包层次公私合作的层面则广泛得多。中国主要的钢铁、水泥、机械制造等行业中的龙头企业以及铁路基建公司、生产特种材料公司都在京沪高铁产业链条上获益，相关的建材供应商及铺轨机、挖掘机等设备提供商，也纷纷加入京沪高铁项目建设中。

（三）京沪高铁项目运营环节公私合作

在传统观念中，铁路基础设施具备天然垄断特征，不仅表现在政府对铁路行业准入的管制，还表现在通路权分配、管外运输、共线共站、信号指挥、运营调度、线路及车辆维护、收入清算分配等诸多困难对民间资本的阻碍。

1. 京沪高速铁路客运公司的委托经营

在现阶段，政府为了在高铁项目中引入民间资本，开始逐渐放开高铁的运营权和高铁维护服务的权限，为了加快高铁公私合作模式的开启，政府采用与私营企业签署管理合同、租用合同和服务合同的方式，向客运货运分开管理、主业辅业分开、铁路所有权和运营权分开的运营模式转变，铁路业的市场体系逐渐成熟。

京沪高速铁路线路所有权归国家所有，依据合同实行委托经营，铁道部（现中国铁路总公司）和京沪高速铁路客运公司签订经营合同，京沪高速铁路客运公司负责京沪高铁客运运营，铁道部对其进行监督。但是，京沪高速铁路的实际运营，是由京沪高铁客运公司委托给北京铁路局、济南铁路局、上海铁路局共同负责运营，可见京沪高铁项目在运营阶段并未引入原铁道体系外的高铁专业运营服务商作为参股股东，因此，项目委托代理成本会比较高，项目治理效率会受到损害。京沪高铁的发起股东平安资产管理有限责任公司和全国社会保障基金理事会在2013年认为，京沪高铁项目公司治理不规范和铁路清算系统不透明而威胁要退出投资，此后两者在项目治理中的话语权才得到提高。

2. 京沪高铁项目运营中公私主体间的分工

京沪高铁项目中的线路基础设施、电路系统保养维修、通信信号等项目均由政府控股的京沪高速铁路线路公司负责，京沪高速铁路线路公司通过向客运公司收取线路过轨费盈利，中速列车在京沪高铁主线铁轨上行驶缴纳的过轨费也是其收入来源之一。京沪铁路原有线路中的客运站与京沪高速铁路客运公司共享时，共站地方的地方铁路局将会对京沪高速铁路客运公司收取设备使用费。

3. 列车运行组织的合作与分工

一般而言，列车运行线路图制定及修改权和行车调度权共同构成了铁路运输调度权的核心内容。就京沪高铁的运营来说，其采取了中速列车与高速列车共线运营的运输调度机制。

高速铁路在运营管理中的调度指挥权指的是在运营中有列车运输班次、行车调度、动车组行车调度、列车电力调度、客运服务、设备维修等权限，是铁路行业公司进行铁路生产经营活动时的必备要素。在京沪高铁项目上，主要由中国铁路总公司在运营管理中对各项资源进行调度指挥，京沪高铁的主线路与济南、徐州、天津及南京等地方原有的国家铁路连接在一起，目前在原有国家铁路线路上运行的动车，如果时速超过200千米也允许在京沪高铁铁轨上行驶，目前京沪高铁在客运模块，主要利润来源于北京—上海的长途客运，未来，将会在京沪高铁沿线城市中，以城市对城市的快捷短途客运为重点盈利。如果中国铁路总公司将京沪高铁的调度指挥权下放部分至京沪高速铁路股份有限公司，制定出适合目前业务发展需求的调度体系，京沪高速铁路股份有限公司拥有部分列车运输班次、行车调度、动车组行车调度、列车电力调度、客运服务等调度自主权，这样在跨主线支线客运运输和城市对城市的短途运输中资源配置更加优化，有利于增加京沪高铁项目的盈利率。如图6-2所示。

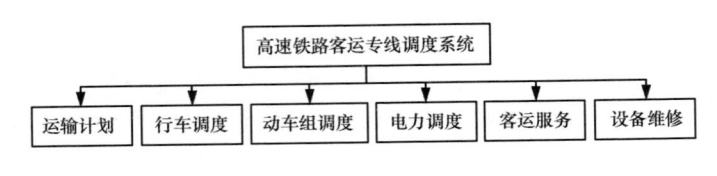

图6-2 高速铁路客运专线调度系统

（四）京沪高铁项目公私合作双方的减持和退出

中国铁路建设投资公司（中国铁路总公司下属企业）在2010年2月前是京沪高铁中持股最多的公司，共持股56.267%，由于多方面因素，中国铁路建设投资公司决定以60亿元人民币出让4.537%的股权，所有外部资本均可购买。中国铁路建设投资公司与中国银行旗下的中银投资在2010年3月30日签订了《产权交易合同》，自此中国银行在京沪高铁中的持股份额排名第五。

京沪铁路从2008年开始兴建，在正式通车运营前一年对外出让4.537%的股份，原价值为52.1755亿元人民币的股份以60亿元人民币的价格转手，不到两年收益约7.8亿元人民币，升值15%。

此次京沪高铁项目股权转让事件中，铁道部与中国银行旗下的中银投资可谓是礼尚往来，由中银投资策划并提出的铁路路网所有权和运营权分离的运营模式对中国铁路改革起到了极大的推动作用，而此次股权转让也让中国银行跻身京沪铁路第五大股东，弥补了之前中银投资因《中华人民共和国商业银行法》的规定无法参与京沪高铁融资的缺憾。

京沪高铁项目从计划、融资、兴建至通车运营，整个项目从始至终，政府都是主要的参与者和领导者，其间政府在京沪高铁中注入资本金，其目的是完善铁路网络，让中国铁路向高速化铁路发展，引起外部资本对京沪高铁项目的重视从而引入资本金建设京沪高铁。后期政府又通过各种方式撤出资本金，主要在于政府每年对铁路建设上的投资有限额，从公益性和完善铁路网络的大局出发，要想社会总收益达到最高值，在京沪高铁项目成熟时政府需撤出资本金，从而对其他铁路项目进行投资。政府的资本金在京沪铁路中进入和退出都是自主性行为。

公私投资方在京沪高铁项目中想撤出资本金均有多种方式，公共部门想撤出资本金，其考虑的因素会更为复杂，既要保证退出时对自身有一定的经济回报，又要考虑退出的社会价值，因此在开放的市场中以股份转化为债权、存量资本对外售卖、上市发行股票等方法减少持股量或全部撤出资本金较为稳妥。私人部门想从京沪高铁中撤出资本金，可在产权交易市场将所持股份有偿转让，或被高铁公司回购，如投资基金和被投资的公司一旦上市，均可以在市场中发行股票，以达到股份减持的目的。

中国铁路总公司可通过以下三种方式撤出京沪高铁项目中的部分原始投资：以特定的资产池为基础在市场中发行可交易的证券；有偿转让所持股份；将京沪高铁抵押对外发行债券融资。一旦投入使用后的京沪高铁在财务上连续三年盈利，其他上市条件也均符合时，可以将京沪高速铁路股份有限公司上市，通过发行股票的方式在资金上实现国退民进，再以撤出的资本金对其他铁路项目进行投资。政府在整个高速铁路项目中的投融资周期大致为：项目发起—注入资本金—绝对控股—相对控股—运作上市—国有资本退出、民间资本进入，政府在铁路项目中资金进入和退出的投融资过程加快了中国高速铁路的建设速度。

第三节　京沪高铁项目资本结构分析

一　京沪高铁项目公私股东的股权分配分析

股权结构是公司治理的核心问题，所有权结构（股权结构）为一个企业寻求利润最大化过程的内在结果。因而京沪高铁的治理结构也可以看作公私各方及利益相关者相互博弈的均衡战略组合，京沪高铁的治理结构的关键是股权分配与利益分配。从投资收益率看，京沪铁路原有线路因多方面因素利润本就十分可观,如果京沪高铁通车运营,京沪铁路就可以以货运为主,京沪高铁以客运为主,互相配合下的两条京沪铁路线路,其整体利润空间巨大。如果京沪高铁全部由政府投资建设,其未来所有的收益也均归政府所有,但每年政府对铁路行业的投资份额有限,京沪高铁又是一项成本极高的高速铁路,如果全部由政府投资,可能导致其他三条铁路建设投资额不足,阻碍了铁路多元化进程,折损了铁路业的长期利益,从长远角度出发,为了使中国铁路线路更加完善,加快客、货运业发展以带动铁路沿线经济,就必须减少政府对京沪高铁的投资额,吸引外部投资者对京沪高铁注入资本金,这样,外部资本在这样优质的项目中获得利益,加快了企业的发展,也刺激了更多民间资本对铁路项目的投资热情,而政府也有更多的资金建设其他铁路,完善中国铁路网络。要想使京沪高铁的组织体系更加合理,其建设运营体系更加成熟,在长期利益和短期利益并重、全局收益和个体收益并重、政府收益和私营资本收益并重的前提下,开发出适合不同阶段的资本体系与股权结构尤为重要。

京沪高铁的股权分配情况如下。

(一) 初期拟定的股权分配

36%的股权由铁道部持有,银行及社会保障基金持股27%,剩余为地方政府持股。

2007年11月2日,《中国日报》发表了一则关于京沪高铁股权分配细则的新闻,新闻报道中国政府为了对京沪高铁项目融资,以保证项目的顺利施工,将成立京沪高速铁路有限责任公司,京沪高铁项目预计总投资额为2200亿元,其中有1100亿元由铁道部、各大商业银行、社会保障基金、地方政府注入资本金,剩余资金全部通过对外发行债券的方式获得,暂不接受国外资金进入京沪高铁项目。原计划铁道部以400亿元人民币入股京沪高铁,约持股36%;中国银行注资100亿元人民币,中国工商银行注资100亿元人民币,全国社会保障基金理事会注资100亿元人民币,共持股约27%;剩余的400亿元,有一半是京沪高铁沿线地方政府以土地折算成市价入股,另一半是京沪高铁沿线三个直辖市和四个省从各自地方政府的财政资金里划拨费用投资京沪高铁。

中国政府规定公司的注册资金不能低于所投资项目投资额的30%，但《中国日报》报道的京沪高速铁路有限责任公司注册资金为1100亿元，京沪高铁项目总投资额约为2200亿元，京沪高速铁路有限责任公司的注册资金在京沪高铁项目总投资额中占一半比例，虽然与最终融资方案有差别，但也侧面说明了注资者对京沪高铁项目未来前景十分看好。按照原计划，有三家商业银行计划对京沪高铁项目注入资本金，与铁道部的合作意向洽谈进展顺利，但由于相关政策规定，禁止商业银行对京沪高铁的此次注资，导致商业银行最终与京沪高铁项目无缘，而中央政府监督管理下的对项目感兴趣的几家国有企业在京沪高铁项目注资的有关问题上也未能与铁道部达成一致，导致项目融资困难重重。原计划铁道部以400亿元人民币的资本金持有京沪高铁36%的股权，但融资的不顺利和国际金融危机爆发，使融资到的外部资本达不到原计划的融资量，铁道部不得不以牺牲其他铁路线投资建设的速度为代价，增加京沪高铁的投资额，同时得益于政府的四万亿计划，为铁道部增加京沪高铁投资额提供了强有力的支持，当然，其结果就必然凸显出社会资本在京沪高铁项目投资中占比太小的问题。当时的有关政策给社会资本投资铁路和参与铁路运营设置了太多关卡，例如，三大商业银行就因为《中华人民共和国商业银行法》的有关政策与参与京沪高铁首轮融资失之交臂。国家开发银行积极进行商业化改革，一旦改革顺利拥有了投资业务许可证，其在京沪高铁中由债权人转变成股权人将成为可能。

（二）发起时实际的持股比例

2008年1月9日，注册资本为1150亿元的京沪高速铁路股份有限公司正式成立。为了有充足的资金建设运营京沪高铁，经过多渠道融资，有11位原始投资人入股，其中中国铁路建设投资公司以647.07亿元的投资额在京沪高速铁路股份有限公司中持股约56.267%，成为最大股东。京沪高铁沿线省市主要以土地折算入股和少量地方政府财政投资入股，分别由北京市、上海市、天津市、南京市、山东省、河北省、江苏省、安徽省等八个地方政府投资公司组成，其中上海申铁投资有限公司以

75.49亿元的资本金在京沪高速铁路股份有限公司中持股6.564%，北京市基础设施投资有限公司以38.34亿元的资本金占股约3.334%，天津城市基础设施建设投资集团有限公司在京沪高铁中投资31.63亿元，约占2.751%的股份，山东省高速公路集团有限公司以18.57亿元的资本金入股京沪高速铁路股份有限公司，约占股1.615%，河北建投交通投资有限责任公司以6.8亿元的资本金在京沪高速铁路股份有限公司中持股约0.591%，江苏交通控股有限公司以43.74亿元的资本金占股约3.803%，安徽省投资集团有限责任公司持股0.563%，总投资6.47亿元，南京铁路建设投资公司占股1.903%，约21.88亿元投资额。在此次融资活动中，地方政府的作用不容小觑。由中国平安资产管理有限责任公司发起组成的中国平安、太平人寿、泰康人寿、太平洋保险等保险团体共同以160亿元资本金在京沪高速铁路股份有限公司占股约13.913%，共同成为京沪高速铁路股份有限公司的第三大股东，此次保险财团出资的资本金中有39.375%的资金由中国平安承担，剩余的60.625%由另外三家保险公司出资。剩余的股份则收入全国社会保障基金理事会囊中，以100亿元资本金入股成为京沪高速铁路股份有限公司的第四大股东，拥有8.696%的股份。由于京沪高速项目极大，测算的项目总投资约为2200亿元人民币，意味着有约1000亿元人民币的资金缺口，虽然足够京沪高铁项目前期的启动资金，但后期建设、列车设备、运营维护等都需要大额支出，由此京沪高铁项目仍需要通过多种方式吸纳更多的社会资本。

（三）京沪高铁项目股份分配变化动态及未来持股结构预测

对京沪高铁项目发起时及现行的股权结构进行观察，可以发现，京沪高铁项目当前的股权配置结构仍然不太合理，公共部门占股比例过高，私营部门的占股比例过低，未来项目股权配置结构应朝着公方逐渐降低、私方逐渐提高的方向调整，此外，京沪高铁项目在运营阶段并未引入原铁道体系外的高铁专业运营服务商作为参股股东，因此，项目委托代理成本会比较高，项目治理效益会受到损害，这也是需要在后面的股权配置结构调整中予以改进的。

假定京沪高铁有三个大股东，根据持股比例，可以将这三个大股东分为公方股东 A、机构投资者股东 B、私方股东 C。项目投资初期由 A 股东同时对公司进行经营管理，对公司具有绝对控制权优势。B 股东不参与公司日常管理，为单纯的战略投资者，公司上市后逐步减持其股份并退出，C 股东希望进入铁路领域并逐步扩大其在京沪高铁中的股份比重，最终主导京沪高铁的运营管理。

在公司正常运营前他们的持股比例分别为 α、β、γ，且有

$$1 > \alpha > \beta > \gamma > 0, \alpha + \beta + \gamma < 1$$

其余（$1 - \alpha - \beta - \gamma$）的股份由上市后的公众小股东所持有。此时公方为大股东，这将有利于公司获得进入铁路建设与运营领域的许可，也有利于公司向机构投资者及社会民间投资者融资，从而使公司整体价值提升。此时京沪高铁公司市场价值为 V_0。

Cronqvist Henrik、Mattias Nilsson 研究认为，控股股东具有掠夺其他股东的激励和能力，而限制这种掠夺行为的唯一方法是利益驱动，只有当控股股东具有不去从事掠夺财务的激励时，其掠夺行为才可能从动机上得到限制。[①]

因此，随着公司达到正常运营状态，A 股东作为国有股东，当一股独大时，A 股东有侵害公司权益的倾向并会从中受益，但此时公司就会因公方一股独大而使效益产生损失，公司的价值变为 V_1，公司价值的变化为：$\Delta V = V_0 - V_1$

设：$\Delta V(k) = k(V_0 - V_1)$

$\Delta V(k)$ 称为公司一股独大效率损失函数，k 表示公司治理水平，$k > 1$。k 值越大，表明公司治理效率越高，对公司价值的影响就越大。

此时，必须通过一定的外部干预机制降低公方 A 的股权比重，提高私方股份比例以完善公司治理，提高公司运营效率。

但如果私方 C 为最大股东，那么 C 侵犯行为对自身的损失比较大，损失为：$k\gamma(V_0 - V_1)$

[①] Cronqvist Henrik, Mattias Nilsson, "Agency Costs of Controlling Minority Shareholders", *Journal of Financial and Quantitative Analysis*, Vol. 38, No. 1, January 2003, pp. 695–719.

则国有股东 A 选择侵权的条件为：

隐蔽收益：$\Omega > 0$

非国有股东 C 的侵权条件为：

$\Omega > \alpha k (V_0 - V_1)$

很显然，非国有股东 C 侵害公司权益的代价比国有股东侵害公司权益的代价更大一些，因此，k 值越高，私有化比例越高，公司的治理会越好，公司价值对于侵权事件敏感性越高，公司被侵权时价值下降越多，这就导致了发生侵权的条件不断提高，发生侵权的概率会不断下降。

京沪高铁第一阶段的投资结构中，铁道部代表国家持股比例高达56.267%，而不是项目立项初期拟定的36%相对控股水平，其他投资人出资比例为43.733%。据此，我们可以得出如下结论。

在第一阶段建设期中，私方 C 不适合大规模地对京沪高铁进行股权投资，机构 B 此时的投资主要是战略性的，仅能对 A 进行一定限度的监督与制衡。中铁工、中铁建、中车等工程承包商和设备分包方可能会在此阶段入股京沪高铁项目。不过，由于此时还仅仅处于建设期，京沪高铁公司尚无任何收益，国有股东 A 股份超过2/3，B 股东也为国有背景大型机构，A 股东没有损害京沪高铁的利益动机，其监督机制主要是通过国家的国资部门和审计部门执行，因此，此时不太可能发生 A 股东侵权行为，这也印证了前面的说法，当然，这样做的好处还可能是考虑到只有国家才能承担项目建设前期的巨大风险，另一方面也要为下一步机构投资者或战略投资者入股京沪高铁留下空间，还可以为将来实现"建运分离""网运分离"留下伏笔。

预计第二阶段，项目进入运营期正常运营一段时间后，由于投资融资及建设期的风险已经释放完毕，项目赢利前景越来越被看好。基于铁道部发展客运专线的长远战略考虑，铁道部会在适当时机转让一部分股份给私方 C，希望引入更多的私营资本投资，尤其是可能引进具有先进技术手段、管理手段的运营管理商。公方股东 A 承诺在一定时间节点时逐步减持国有股份，此后，私方 C 同意在第二阶段增加股份份额，并承认 A 股东享有种子投资的地位，A 股东据此可获取一部分风险收益 V_R，在 A 股东通过上市或其他方式转让其股份时，还可以获得一定的高溢价 V_F。

即A股减持的条件是B，C必须支付 $(V_0+V_R+V_F)$。私方C在此阶段也开始真正大规模展开对京沪高铁项目的股权投资，私方C所占的股份份额会有较大幅度的提高。另外，机构投资者B在这一阶段也会增加对京沪高铁的股权投资，其占有的股份份额也会有所提高。这一阶段铁道部持股会维持一个相对控股地位，其持股比例将维持在35%以上的相对控股地位，以确保对项目有一定的控制权。

预计第三阶段，铁道部可能会在理顺价格机制、市场风险得到一定程度的释放后，继续让渡一部分股权给机构投资者，并吸引战略投资者如国内外私募基金PE、铁路产业股权投资基金（IPO）入股，通过他们的入股，提高k值，完善京沪高铁的法人治理结构，建立规范的现代企业制度，为公司最后上市奠定基础，也为国有资金及私募基金的退出设计一套完善的退出机制，这一阶段铁道部持股逐渐降低到35%左右。

预计第四阶段，当京沪高铁上市后，中国铁路总公司国有资本继续减持，其巨额的增值资金又可以作为收购京沪高铁线路的备用资金，或作为种子基金投资另外的高速铁路客运专线的建设，以实现滚动投资，可持续发展，而最终减持后中国铁路总公司持有的股份已经低于35%，中国铁路总公司与其他国资背景投资者共同持有35%左右的股份份额。

由于此时，A、B、C三大股东均无绝对控股地位，作为国有的A股东相对控股，B股东的行为选择有两种：要么选择与公方合谋，将私方C置于不利地位；要么成为公方一股独大的制衡力量，与私方股东C一起对股东A进行制衡与监督。

当股东B与股东A共谋时，他们将共同分享Ω，分享的比例和他们相互之间的股份比例相当，同时也会由于参与共谋而使公司贬值的更厉害，而监督则可以使公司价值少损失Δv，其自身的利益损失也减少，同时付出一定的监督成本C，那么监督行为的净收益为监督可以获得的收益除去监督成本后的净额。监督成本不仅与自身股份比例负相关，也与监督对象的股份比例正相关。其关系可描述为：监督成本C与监督对象的股份比例ε^-呈正比，与自身的股份比例ε呈反比。

设监督成本函数如下：

$$C(\varepsilon^-,\varepsilon) = \mu\varepsilon^- + \lambda\varepsilon; \mu,\lambda > 0$$

其中 μ、λ 为监督成本系数，与公司治理环境、股东性质等因素有关。由于 A 股东为国有股东，如果其考虑到要推动整个铁路体制与公私合作的改革战略目标的实现，加上国家可以对铁路持股行为进行一定程度的管制，再加上机构投资者需要对广大的投资人负责，因此，我们可以认为理想的情况是：股东 A 会适时地逐步减持自己的股份，股东 B 会对股东 A 形成一定的制衡关系。如果股东 C 损害公司或公共利益时，股东 B 与股东 A 可以共同对股东 C 形成一定的制约。

二 京沪高铁项目融资结构分析

京沪高铁项目注册资本金约占 50%，债务融资比例约为项目总投资的 50%。R_D 表示铁路资金的借贷利率，此处用 2013 年的 5 年期以上贷款基准利率表示，即 6.55%；R_f 表示无风险投资收益率，用一年期国债利率平均值表示，即 3.25%；β 沿用美国较为成熟的 β 估计值的平均值，见表 4-1，取 $\beta=0.83$；r_m 表示资本市场平均投资收益率，依据全国工商联发布的信息显示，2013 年度 A 股市场中非 ST 上市公司年总资产报酬率均值达 5.82%，故本书选取 $r_m=5.82\%$；T 为所得税率，按 25% 计取。

由公式（4-54）得：

$$R_S = R_f + \beta(R_m - R_f) = 3.25\% + 0.83 \times (5.82\% - 3.25\%) = 5.38\%$$

由公式（4-55）得：

$$r_{WACC} = \frac{S}{S+D}R_S + \frac{D}{S+D}R_D(1-T) = 50\% \times 5.38\% + 50\% \times 6.55\% \times (1-25\%) = 5.15\%$$

另经过财务评价，测算项目的财务内部收益率为 5.66%。财务内部收益率 5.66% 大于加权平均资本成本 2.46%，因此，从融资结构的角度来看，项目的资本金与债务的比例是合理的。

第四节　京沪高铁基础设施 PPP 项目绩效评价

第一步，明确评价对象的评价指标并进行分类。

京沪高铁基础设施 PPP 项目评价指标体系如表 6-3 所示。

表 6-3　　京沪高铁基础设施 PPP 项目评价指标及权重

一级指标	权重	二级指标	权重
项目建设质量（U_1）	0.265	U_{11} 设计水平	0.157
		U_{12} 材料质量水平	0.178
		U_{13} 设备质量水平	0.125
		U_{14} 土建工程质量水平	0.275
		U_{15} 安装工程质量水平	0.169
		U_{16} 工程返工率	0.096
项目进度控制（U_2）	0.232	U_{21} 项目立项进度控制	0.105
		U_{22} 项目招标进度控制	0.065
		U_{23} 项目设计进度控制	0.178
		U_{24} 项目融资进度控制	0.189
		U_{25} 项目投资进度控制	0.125
		U_{26} 项目建设进度控制	0.338
项目成本控制（U_3）	0.253	U_{31} 设计成本控制	0.041
		U_{32} 融资成本控制	0.181
		U_{33} 建设成本控制	0.315
		U_{34} 返工成本控制	0.118
		U_{35} 运营成本控制	0.233
		U_{36} 维修成本控制	0.112
项目满意度（U_4）	0.105	U_{41} 政府部门满意度	0.228
		U_{42} 私营机构满意度	0.259
		U_{43} 公众满意度	0.513

续表

一级指标	权重	二级指标	权重
项目效益（U_5）	0.145	U_{51}项目商业效益	0.259
		U_{52}项目经济效益	0.246
		U_{53}项目社会效益	0.341
		U_{54}项目环保水平	0.154

第二步，制定评价对象的评价集。

本案例确定模型中各指标的评价等级为5级，即 $V = (V_1, V_2, V_3, V_4, V_5)$，评语集为｛优，良，中，差，劣｝。其中，$V_1$表示优，$V_2$表示良，$V_3$表示中，$V_4$表示差，$V_5$表示劣。

第三步，确定指标权重。

由表6-3可见，U_i层对U层的权重向量 $A = (A_1, A_2, A_3, A_4, A_5) = (0.265, 0.232, 0.253, 0.105, 0.145)$。$U_{ij}$层对$U_i$层的权重向量为 $A_i = (A_{i1}, A_{i2}, A_{i3}, \cdots, A_{ik})$。由表6-3知，$A_1 = (0.157, 0.178, 0.125, 0.275, 0.169, 0.096)$，$A_2 = (0.105, 0.065, 0.178, 0.189, 0.125, 0.338)$，$A_3 = (0.041, 0.181, 0.315, 0.118, 0.233, 0.112)$，$A_4 = (0.228, 0.259, 0.513)$，$A_5 = (0.259, 0.246, 0.341, 0.154)$。本书中一级指标权重和二级指标权重均系采用层次分析法计算得到，且经过计算C.R.值均小于0.100，通过了一致性检验。

第四步，确定模糊评价矩阵。

二级指标对评语集V的隶属程度的计算方法为，对15名专家进行问卷调查，15名专家中，有5名是精通PPP领域的学者，5名是有PPP项目推广运作丰富实践经验的相关部门政府官员，还有5名受访者是曾经参与高铁基础设施PPP项目的民营机构工程建设及项目管理专家。请他们根据各评价指标对本案例项目的绩效进行评价，并对他们的评判结果进行统计及计算，可得出各二级指标的模糊评价矩阵如下所示。

$$R_1 = \begin{bmatrix} 0.4 & 0.4 & 0.2 & 0 \\ 0.9 & 0.1 & 0 & 0 \\ 0.8 & 0.2 & 0 & 0 \\ 0.8 & 0.2 & 0 & 0 \\ 0.6 & 0.2 & 0.2 & 0 \\ 0.4 & 0.4 & 0.2 & 0 \end{bmatrix} \quad R_2 = \begin{bmatrix} 0.5 & 0.3 & 0.1 & 0.1 \\ 0.6 & 0.3 & 0.1 & 0 \\ 0.4 & 0.4 & 0.2 & 0 \\ 0.7 & 0.1 & 0.2 & 0 \\ 0.7 & 0.2 & 0.1 & 0 \\ 0.8 & 0.2 & 0 & 0 \end{bmatrix}$$

$$R_3 = \begin{bmatrix} 0.5 & 0.4 & 0.1 & 0 \\ 0.3 & 0.5 & 0.2 & 0 \\ 0.1 & 0.6 & 0.1 & 0 \\ 0.1 & 0.7 & 0.2 & 0.1 \\ 0.2 & 0.8 & 0.1 & 0 \\ 0 & 0.7 & 0.3 & 0 \end{bmatrix} \quad R_4 = \begin{bmatrix} 0.7 & 0.2 & 0.1 & 0 \\ 0.8 & 0.2 & 0 & 0 \\ 0.8 & 0.1 & 0.1 & 0 \end{bmatrix}$$

$$R_5 = \begin{bmatrix} 0.8 & 0.1 & 0.1 & 0 \\ 0.6 & 0.3 & 0.1 & 0 \\ 0.8 & 0.2 & 0 & 0 \\ 0.4 & 0.3 & 0.3 & 0 \end{bmatrix}$$

第五步，进行单因素模糊评价。

将 A_i 与 U_i 的模糊评价矩阵（$R \mid u_i$）（即二级指标层的模糊评价矩阵）进行合成，得到单因素的模糊综合评价结果向量 S_i，即可获得新的模糊评价矩阵。运算结果如下：

$S_1 = A_1 \times R_1 = (0.6828, 0.2328, 0.0844, 0, 0)$

$S_2 = A_2 \times R_2 = (0.6529, 0.2337, 0.1029, 0.0105, 0)$

$S_3 = A_3 \times R_3 = (0.1647, 0.6712, 0.1523, 0.0118, 0)$

$S_4 = A_4 \times R_4 = (0.7772, 0.1487, 0.0741, 0, 0)$

$S_5 = A_5 \times R_5 = (0.6892, 0.2141, 0.0967, 0, 0)$

新的模糊评价矩阵为：

$$R = \begin{bmatrix} 0.6828 & 0.2328 & 0.0844 & 0 & 0 \\ 0.6529 & 0.2337 & 0.1029 & 0.0105 & 0 \\ 0.1647 & 0.6712 & 0.1523 & 0.0118 & 0 \\ 0.7772 & 0.1487 & 0.0741 & 0 & 0 \\ 0.6892 & 0.2141 & 0.0967 & 0 & 0 \end{bmatrix}$$

第六步，合成各因素进行模糊综合评价。

$$S = A \times R = (0.265, 0.232, 0.253, 0.105, 0.145) \times \begin{bmatrix} 0.6828 & 0.2328 & 0.0844 & 0 & 0 \\ 0.6529 & 0.2337 & 0.1029 & 0.0105 & 0 \\ 0.1647 & 0.6712 & 0.1523 & 0.0118 & 0 \\ 0.7772 & 0.1487 & 0.0741 & 0 & 0 \\ 0.6892 & 0.2141 & 0.0967 & 0 & 0 \end{bmatrix} = (0.556, 0.332, 0.107, 0.005, 0.000)$$

第七步，对模糊综合评价的结果予以分析。

本书采取最大隶属度原则对评价结果进行分析，根据模糊综合评价结果可以判定，京沪高铁项目总体绩效水平为"优"。其中，京沪高铁项目在项目建设质量、项目进度控制、项目满意度、项目效益这四个方面，都达到了"优"的水平，在项目成本控制方面，京沪高铁项目的绩效水平为"良"，这表明京沪高铁项目在项目成本控制上并没有达到最优绩效，应当深入分析其原因，加强项目成本管理，努力降低该项目当前的运营成本和维修成本，并为其他高铁基础设施 PPP 项目的成本全方位降低提供经验借鉴。

第七章

铁路基础设施 PPP 模式国际经验借鉴

第一节 国外铁路基础设施发展状况

一 世界铁路总体发展状况

普通铁路因大多由国家出资修建运营或通过改制等方式将原有的民营铁路进行国有化，是公共基础设施，具有公共性。高铁，顾名思义，是速度和高层次服务的结合，其公共性相比普通铁路来说较弱。在世界铁路发展历程中，世界各国政府都在追求更高的铁路运输速度，中国政府也不例外，中国政府和社会公众对高速铁路的迫切需求为铁路 PPP 模式在中国铁路行业的引入创造了一个良好的契机。因此，我们需要从铁路的发展历程和改革方向来探讨高铁 PPP 模式。

西方各国铁路改革分四个阶段，分别为：自由运营、政府介入限制、国有化、民营化。从世界铁路发展的数据来看，欧洲（本书中俄罗斯作为欧洲国家）的铁路是全球最密集的，而美国的铁路运营的里程数是最高的。2015 年底，世界铁路营运规模排名前十二的国家如表 7-1 所示。

美国铁路在 1987 年底约有 26 万千米（2015 年减到约 22.8 万千米）。美国的铁路极为发达，其铁路网络由 26 条主要干线和数量较大的分支线路构成，主要干线贯穿南北，横跨东西，另有十多条线路从西南连接东北，是美国铁路网的主要组成部分。由于多种复杂的原因，美国并未在高速铁路建设上投入很多资金，美国现在仅有一条名为 Acela 的高速铁路处于营运之中。

表 7-1　　　　　世界铁路营运里程前 12 名的国家　　　　　单位：千米

国家	1980 年	1990 年	2000 年	2010 年	2011 年	2012 年	2013 年	2014 年	2015 年
中国	53300	57800	68700	91200	93200	97600	103100	111800	121000
美国	265842	193158	159822	228513	228218	228218	228218	228218	228218
俄罗斯	82600	85969	86075	85292	85167	84249	85266	85266	85262
印度	61240	62367	62759	63974	64460	64460	65436	65808	66030
德国	N/A	N/A	36652	33708	33576	33509	33449	33426	3332
法国	34362	34070	32515	33608	34621	30013	30013	30013	30013
巴西	5054	4916	29314	29817	29817	29817	29817	29817	29817
南非	23596	21617	22657	22051	20500	20500	20500	20500	20500
波兰	27185	26228	22560	19702	19725	19617	18959	18942	18510
意大利	16138	16086	16499	18011	17045	17060	16752	16723	16724
日本	22236	20254	20165	20035	20140	20140	19436	16703	16704
英国	17645	16588	15991	16173	16408	16423	15857	16530	16132

数据来源：中国数据来自中华人民共和国国家统计局，其他国家数据来自世界银行公开资料。

从美国铁路网近年数据整理分析，美国铁路主要运量和营业收入大部分来源于货运，美国铁路客运公司在 2004 年时旅客运输总量占美国长途旅客运输总量约 2%。2006 年初，美国共有约 560 条铁路货运路线，虽然只有 7 条是一级线路，但运输数量占所有铁路运量总额的 70% 左右，营运收入占 90% 左右，一级线路的重要性不言而喻。美国总统奥巴马在通过大选后，就大力倡导绿色经济和发展高速铁路，并耗资 130 亿美元修建十条高速铁路，美国政府预估此项政策主张不仅可以提高铁路网的运输量和营运收入，加快经济的发展速度，而且可以提供数以万计的工作岗位，时任美国总统的奥巴马将此项高速铁路建设项目称为"拉动就业的发动机"。但是，此项政策在特朗普总统上台后又被重新考虑，美国新高铁基础设施项目建设计划进展滞缓。

英国作为世界铁路的开拓者，在 20 世纪 90 年代初期大力开拓新线路，为铁路运输行业的兴起提供动力，英国是铁路运输行业的起源地。

从 1825 年英国着手修建了全球第一条铁路——斯托克顿到灵顿线路后，从此英国的铁路运输行业走上了历史舞台。在 1890 年英国铁路网总里程已达到约 3 万千米，在 20 世纪 90 年代初期，英国铁路运输行业的发展达到了顶峰。英国铁路发展过程中，从 1830 年至 1947 年，历经勃勃生机、百花争艳、优胜劣汰、寡头垄断经营，但由于汽车技术逐渐成熟，多样化的交通工具使英国人对铁路的需求度减少，英国铁路网遇到了瓶颈，最终铁路运输行业收益入不敷出，整体亏损。由于多种原因的限制，英国在近百年时间里没有在新普通铁路上进行投资建设，目前铁路网营业里程不到 2 万千米。

法国作为欧洲高速铁路的先行者，截止到 1938 年，法国境内修建的铁路总长度约 6 万千米，形成了一个较为完善的铁路网络，但与英国相似，因为汽车工业化冲击了法国铁路网，导致整体行业客运量和盈利锐减，在 2015 年时法国境内正常运营的铁路总长度缩减至 3 万千米左右。

截至 2015 年，铁路运输行业起步较晚的德国，通过一系列措施和改革在国内建立了四通八达的铁路网，铁路覆盖整个德国，线路规划合理，铁路站点极多，通车投入使用的铁路总长度达到了 3.3 万千米。

二　世界高速铁路发展历程

世界高速铁路行业在 1964 年到 1990 年萌芽。在这个阶段，除北美各国外，一些经济和技术上较为先进的国家均将眼光投向了铁路，从而在法国、意大利、日本、德国等国家掀起了世界高速铁路的第一个建设风潮，是世界高速铁路发展的开端，直到 20 世纪 90 年代初，一共掀起了三次建设风潮。

日本将高速铁路干线称为日本新干线，并在实际应用中发挥了极大的作用，不仅为高速铁路的实际应用提供了可参考案例，也推动了日本经济的高速发展。在 1964 年 10 月初，日本东京至新大阪铁路路线通车，简称东海道新干线，线路总里程为 515.4 千米，该项目通过全部自行筹措资金的方式投资建设，耗资 3300 亿日元，运营 8 年后收回所有成本，并为 1964 年在大阪举办的世博会和东京奥运会提供了有力的交通支持。由于东海道新干线对日本的发展做出了极大贡献，最终日本将新干线开拓到了日本西部，为了进一步扩大客运量和盈利额，日本后期又投资兴建了四条新干线，其新干线通车运营的总长度共计1953千米。

世界高速铁路行业在20世纪90年代的欧洲得到进一步发展，其中经济比较发达的国家，例如法国、意大利、西班牙、比利时、德国、瑞典、荷兰、英国等开始完善各自境内的铁路网络，从而推动了第二次高速铁路兴建风潮。

法国在第二次高速铁路修建风潮中，原拟定在2010年前将国内高速铁路网里程增加到4800千米，但目前法国国内高速铁路网总长只有1530千米。法国国家铁路公司（SNCF）从1976年10月起，耗时5年修建了从巴黎至里昂的TGV（"高速铁路"的法语简称），该高速铁路总里程426千米，是全球铁路线路中利润最可观的线路之一。TGV的通车，由于多种原因在后期极大影响了本土的航空公司的运输量和收益率，这次市场争夺中，TGV不到半年就战胜了本土的航空公司，内部盈利率达到15%，并且所有修建成本在这条"财富列车"营运到第十年时全部收回，现在第四代AGV在法国已经投入使用。

德国铁路在1991年修建了国内第一条高速铁路——南北长距离干线，这条长约300千米的城际特快列车ICE从德国汉诺威出发，抵达维尔茨堡，线路覆盖了德国经济较为发达的地区，从此德国铁路从普通铁路向高速化铁路转变，现在，德国通车运营的高速铁路约有400千米，其中新建铁路线路和经改造的旧线路总里程达到1077千米。其中德国开发的ICE高速铁路系统在世界同领域技术系统中名列前茅。

20世纪90年代中期，越来越多的国家开始重视高速铁路的建设，推动了第三次高速铁路兴建风潮。第三次风潮主要以北美洲、大洋洲、亚洲、欧洲为中心，掀起了铁路运输行业的改革大风暴，此次大规模修建高速铁路，促进了世界铁路网向高端化、高速化发展。在1992年后，俄罗斯、中国台湾省、韩国、澳大利亚、荷兰、英国等国家和地区，都开始涉足高速铁路领域。

英国自1980年至今一直在扩大国内的高速铁路里程，1980年初从伦敦到格拉斯哥的先进旅客列车试运行，中途一节车厢脱轨。2007年底，贯穿英吉利海峡海底隧道的高速铁路正式运营，这趟"欧洲之星"高速铁路连接了英国、法国、比利时，全线打通了英国和欧洲大陆之间的铁路交通。2009年中英合作签订了合作备忘录，帮助英国完成伦敦到苏格兰的高速铁路，该条长为 2400 千米的铁路路线 2017 年动工，项目投资约 340 亿英镑，其中计划投资 70 亿英镑的伦敦至伯明翰的高速铁路路线将采用公私合营的 PPP 模式，整体线路计划 2025 年竣工投入使用。

2000 年以前，美国速度最快的火车是地下快客——Metroliner，该列车位于美国北部地区，其最高商业运营时速是 200 千米，时速均值约 150 千米。2000 年 11 月正式运营的 Flyer 时速超过了地下快客，其最高商业运营时速比地下快客高 40 千米，全线时速均值约为 110 千米，这个由法国 TGV 制造的 Flyer 贯穿了美国东北部的主要城市，例如华盛顿、纽约、费城等，Flyer 投入运营后，成为美国运输量最大的铁路之一。Flyer 的投入使用使美国的铁路网覆盖面更大。

日本新干线、德国 ICE 系统、法国 TGV、美国 Acela、英国 APT、意大利 TAV 等均成功开发使用了高速铁路技术系统，各个国家的高速铁路运营系统各有相似和不同。目前，日本新干线系统全部兴建新线路，和现有线路不接轨，有专用的载客火车；德国 ICE 系统全部兴建新线路，和现有线路接轨，无专用列车，采用人货混用；法国 TGV 系统一部分兴建新线路，同时将旧线路进行改变，和现有线路接轨，有专用的载客火车；英国 APT 系统维持旧线路不变，无专用列车，采用人货混用。

通过近年各个国家在高速铁路建设的干线数量、运营里程等数据归纳，高速铁路较为发达的国家主要是法国、中国、德国、日本等。国际铁路联盟（International Union of Railways，UIC）对高铁的定义是：旅客运输专线时速在 250 千米左右，原有铁路线路时速 200 千米以上。目前全球达到 UIC 对高速铁路规定标准的国家，其境内通车运营的总长度如表 7-2 所示。

表 7-2　　　　　世界高铁总里程及分布情况一览

国家	营运里程（千米）	在建里程（千米）	规划里程（千米）
中国	11132	7571	3777
日本	2664	779	128
西班牙	2515	1308	1702

续表

国家	营运里程（千米）	在建里程（千米）	规划里程（千米）
法国	2036	757	2407
德国	1352	466	324
意大利	923	125	221
美国及其他金砖国家			
美国	362	—	777
俄罗斯	—	—	3150
印度	—	—	495
巴西	—	—	511
全世界高速铁路总里程	22954	12754	18841
中国高铁占世界高铁里程比例			
	48.5%	59.4%	20%

数据来源：UIC 2014 年世界高铁统计报告。

由 UIC 在 2014 年发布的世界高铁数据分析，中国高铁已通车运营的总里程占世界高铁总里程的 48.5%，中国的铁路营运里程已远超经济技术比较发达的美国、日本、法国等，而根据中国铁路总公司的公开数据，截至 2021 年底，中国高铁营运总里程已达到 4 万千米以上，超过世界高铁总里程的 2/3，居世界第一位。由此可见，中国已经成为世界上高速铁路修建里程最长、可发展潜力最大的国家，龙头地位很难被动摇。中国高铁凭借着运距长、运量大、速度快、连续性强等综合特点在京津高铁、武广高铁、京沪高铁项目上取得了不菲的成绩，从而使中国政府将眼光投向了国外市场，并积极地"走出去"，且"出海"势头正盛。

中方与沙特阿拉伯、委内瑞拉合作的多个高铁项目已经开工，与美国、俄罗斯、沙特阿拉伯和巴西等高速铁路合作项目取得积极进展。近几年来，中国铁路投资及建设领域的公司纷纷走出国门，以更加积极的态度强势争夺高铁投资建设大单。2014 年 10 月，中俄双方签署了"莫斯科—喀山"高铁发展合作备忘录，该段铁路是"莫斯科—北京"高铁的部分，2016 年 5 月，中国确认将为莫斯科—喀山高速铁路项目提供 4000 亿卢布（约 62 亿美元）贷款，与俄罗斯的高铁合作已经进入实质启动阶段。2015年，习近平主席访美期间，中美确定了合作修建从洛杉矶到拉斯维加斯的高铁项目（370千米），意味着中国高铁登陆了美洲。而在其他相关东南亚国家的高铁招投标中，中国也力压日本等发达资本主义国家，处于竞争优势地位。

在世界铁路竞争激烈的今天，中国高铁走向国际化面临着更多的竞争和挑战。中国、日本、德国、西班牙、法国等研发的高速铁路技术系统在世界上占据领先位置，也是中国在高铁出口道路上的劲敌。目前，中国高铁的通车运营总里程量居世界之最，在技术和运营上都累积了部分经验，如果南北车合力出海，形成良性竞争，可利用性价比等优势争夺世界地铁利润份额。中国高铁不仅要在价格、数量、质量上与其他国家一较高下，也要在技术、运营管理和安全性等薄弱方面借鉴学习其他发达国家的经验。

日本是世界高速铁路建设的开拓者之一，在日本新干线的建设运营中取得了成功，日本的运营思路和文化上与中国有诸多相通之处；美国作为国土面积仅次于中国的铁路大国，其国土面积和中国接近；法国的高速铁路从其研发的TGV技术和高速铁路总里程看，是欧洲高速铁路的表率；而英国则是最先在高速铁路建设中应用PPP模式的国家。本书挑选了在高速铁路发达的国家中与中国国情较类似、有铁路PPP模式应用经验的国家，分析其铁路PPP模式的历程、特点等，为中国高速铁路PPP模式提供参考。

第二节　国外铁路基础设施公私合作历程及特点

西方各个国家在铁路基础设施建设的探索过程中遇到很多问题，在探索过程中运用过多种PPP模式。在PPP模式的发展历程中，大致会经过几个阶段：民间资金进入、无序发展、政府管制、新兴运输工具抢夺市场、市场萎靡亏损、政府干预、政府垄断、放开管制、私有化、督管力度加强等，这成为国外铁路网基础设施公私合作进程中的规律。

一 美国铁路公私合作阶段及特点

美国铁路经历了萌芽期、发展期、泡沫期、瓶颈期、萎缩期、重新兴盛期等阶段，美国铁路在铁路建设项目前期的投资融资阶段中采用公私合作的模式，并在铁路进程中的五个阶段展现出不同的特点。

（一）第一阶段，1865—1880 年

特点：美国铁路行业发展初期的成功经验 = 股份合作制 + 高收益率 + 产业财政补贴。

美国国会在 1850 年到 1859 年，短短 9 年就给铁路公司划拨了近 2000 万亩国有土地用以铁路建设，受益铁路公司约有 40 家，其间兴建的铁路总里程为 13915 千米。在 1969 年完工的太平洋铁路贯通整个美国。该铁路的通车不仅标志着美国领土的完整性，更被视为世界工业发展史上的一个传奇。

美国有 1/10 的领土被历届各级政府用来鼓励新修铁路，截止到 1880 年，美国铁路的营业里程已占到整个欧洲铁路营业里程总数的 88%，美国铁路总长度约有 15 万千米。

（二）第二阶段，1881—1916 年

特点：民间资金、政府援助、过度兴建、铁路发展行业秩序混乱。

19 世纪晚期至 20 世纪初期被称为铁路的"黄金年代"，美国政府为了促进西部发展，在美国西部大力兴建铁路，在铁路基础设施项目中引入民间资本进行投资，同时美国政府对投资铁路建设的私营企业进行财政补贴等帮助，因此铁路建设成果显著。横向贯穿美国大陆的铁路干线在 19 世纪晚期已有五条。

截止到 1916 年，美国铁路以 41 万英里的营运总长度刷新了世界铁路历史纪录，直到目前尚没有国家能够打破这一惊人纪录，后期工业化的发展，汽车、飞机等交通工具普及率逐年上升，是导致美国铁路业务萎缩的重要原因，此后，美国铁路极少兴建新的铁路线路，关闭拆除了部分铁路线路，美国的铁路营业里程不断缩短。

（三）第三阶段，1917—1930 年

特点：政策上严管私营铁路，导致铁路行业萎缩。

美国参加第一次世界大战（1914—1918 年）后，联邦政府意识到铁路的战略意义，从 1917 年开始，联邦政府历时三年接管了美国境内全部铁路网，并在 1920 年颁布了《运输法》加强政府对铁路的管控。联邦政府的高压政策使铁路行业开始走下坡路，其直接的表现是美国铁路的运营线路总长度相较 1916 年减少了一半。

（四）第四阶段，1931—1970 年

特点：公路、航空等其他行业运输方式快速发展，导致美国铁路在运输行业中的市场占有率下降。

在 1940 年，美国客运交通运输工具中，汽车的市场占有率最高，在这一时期，多家东北部的铁路公司和宾夕法尼亚中央铁路倒闭，一些国家大范围缩减铁路里程，其中美国最甚。铁路行业在这一时期陷入低谷。

（五）第五阶段，1971 年以后

特点：客货分开、政府对客运进行补贴（公益性）、货运政策放松、中央政府—地方政府—私营企业联合经营、铁路运输定价自由，对企业资本分布的重新配置问题上放松政策，通过发行股票债券的形式引入民间资本，从而将铁路全面私有化，铁路行业开始回春。

20 世纪 70 年代初期，美国再次掀起了铁路行业的改革之风，美国国会用颁发法令的方式对 Amtrak 的亏空标准进行说明，并在 1979 年新颁布的法令上规定，Amtrak 有一半的铁路营运成本由联邦政府承担。为了进一步推动铁路私有化进程，美国在 1980 年颁布了《斯塔格斯（Staggers）铁路法》，对私营铁路的运输定价解除控制，美国铁路公司通过发行股票债券等形式在金融市场融资用于铁路的兴建运营，形成一股铁路兴建风潮。

二 日本铁路公私合作阶段及特点

(一) 第一阶段,1905 年以前

特点:私营企业发起、私营企业投资、私营企业建设、私营企业运营。

在19世纪初期,明治政府的财政收入无法支持修建铁路的巨额资金,后来,在明治政府的高度重视和大力支持下,1886年日本私营企业开始大规模兴修铁路,短短6年时间,日本境内私营铁路公司增加到50家。私营铁路增加的同时,铁路运营中的安全性等问题没有对应的法规予以监管,为此明治政府于1900年通过颁布《私设铁路法》加强政府对铁路的监管,随后颁布的《铁路营业法》,对私营铁路运营中的权责进一步说明,加大了政府对民营铁路的政策扶持。这种铁路私营化浪潮在1905年终结。

(二) 第二阶段,1905—1920 年

特点:铁路干线收归国有,铁路支线维持私营模式,社会公众通过股票投资参与铁路建设。

1905年,日俄战争结束后,由于战争期间私营铁路对日本军队的战略运输支持力不够,给日本军队造成了较为严重的损失,日本政府由此发现了铁路在国民经济和国家安全中的重要地位,因此在1906年制定出台了《铁道国有法》,将原来属于17家私营铁路公司的铁路线路收归国有,征收铁路里程超过4800千米。此后,形成了铁路干线国有化,同时允许私营企业运营铁路支线的市场局面。至1907年,日本铁路国有化程度已经超过了90%。

(三) 第三阶段,1920—1987 年

特点:铁路收归国有。

1920年到1987年间,日本铁路收归国有后连续亏空,日本政府财政上不堪重负,为了扭转铁路亏空的局势,日本政府在铁路国有化属性不

变的情况下，通过财政补助、运价管制放松、服务质量提升、摒弃地方铁路支线等方法增收节资，其间数次在铁路的运输费用上进行调整，然而起色不大。

（四）第四阶段，1987年以后

特点：客运货运分开运营管理、铁路民营化。

客运、货运分开；垂直拆解；收大于支的铁路线路通过上市的方式对资本市场发行股票实现所有权经营权私有化；偏僻或难以盈利的铁路线路由政府补贴，其补贴来自盈利线路；支大于收的铁路路线给地方政府运营，地方政府不需要支付任何费用。

日本政府在这一时期积极在铁路行业推行私营化，实施客运货运分开管理、监督和管理分开，最终通过改革将日本铁路公司变成股份制公司，并顺利通过上市在资本主义市场发行股票。

三 欧洲铁路公私合作阶段及特点

（一）英国铁路公私合作阶段及特点

英国铁路发展过程经历了私有—国有—网运分开—私有化的过程，过程中私有化、国有化反复转变，英国政府对铁路的管制程度随着铁路行业发展阶段的变化而变化。英国铁路发展可总结为三个阶段：改革—铁路私有化—政府管制。

1. 第一阶段，1923—1981年

特点：英国铁路收归国有，独家经营。

结果：入不敷出

英国铁路在1922年前由123家私营铁路公司组成，在1923年，各大铁路公司由于政策原因开始合并，英国铁路走向独家经营的道路。在1948年，英国政府将铁路公司进行国有化改制，为了方便运营管理，美国政府设立了英国铁路公司。国有化后的英国国家铁路仅运营7年就出现了入不敷出的状况，英国政府需为此支付巨额的财政补贴。

2. 第二阶段，1982—1988 年

特点：英国铁路部门进行组织结构变革，将分区域管理的模式改为分市场需求种类管理的模式。

结果：铁路行业效益略有提高

英国铁路在 1992 年完成了铁路的二次改革，此次耗时十年的改革重组了英国铁路的组织机构，原来由地区局分区域管理的模式被按市场中的业务需求种类管理的模式替换，英国铁路公司按照市场需求，将五种业务类别对应五个专门的管理部，地区局由于失去了其职能性而在此次改革中被淘汰。

3. 第三阶段，1988—1992 年

特点：英国铁路的铁路所有权在英国政府，而铁路运营权私有化。

结果：依旧亏损

英国在对英国铁路的两次改革中，都未能解决铁路整体亏损运营的现状，为了止损迫使英国铁路公司于 20 世纪 80 年代初在铁路项目中引入民间资金。英国政府通过财政补贴等方式吸引私营企业，尝试将英国铁路的运营权民营化，但由于没有颁发相应的法规进行约束，政府给予铁路行业的进入激励不够，最终本次改革也未能成功解决国铁的亏损状况。由此可见，所有权国有化、运营权私有化的方式不能解决根本问题。全面私有化的改革提上议程。

4. 第四阶段，1992—2002 年

特点：

（1）铁路市场化改革方案：拆分—重组—转让—上市公开发行股份—国退民进；

（2）上下分离、监管分离、客运与货运分开；

（3）铁路线路公司按区域独立管理，铁路客运公司获得特定区域线路的特许经营权；

（4）铁路线路公司向铁路客运公司提供线路租赁，铁路列车公司向铁路客运公司提供车辆租赁。

经英国政府将英国铁路在 1993 年进行私有化改革后，1997 年到 2002 年，英国铁路就发生了包含 7 起造成特大人员伤亡的 13 起重大事故，事故致使几百人受伤，伤势严重导致去世的多达 59 人。英国铁路在铁路基础设施维护费用补贴金额自私有化改革后，由原来的每年 20 亿英镑增加到每年 29 亿英镑。实践证明，铁路全部私有化没有缓解铁路给英国政府带来的财政负荷，也暴露了改革中对私营企业无立法管制、约束力弱、公益性较差、安全管理差等弊端。

5. 第五阶段，2003 年以后

特点：英国铁路网所有权再次国有化，私营企业仅能通过租用的方式继续对铁路行使运营管理的权限。

以政府为后盾的铁路网（Network Rail）公司在 2003 年 10 月将全国的铁路维护权从私营企业手里收回。至此英国铁路私有化时代宣告终结。

（二）法国铁路公私合作阶段及特点

1. 第一阶段，1845—1890 年

特点：私营企业主导，兴建运营私有化，通过发行债券募集资金。

20 世纪 80 年代，法国经济的快速发展刺激了私有企业对铁路的投资。1845—1854 年，法国国内投资总额中有 1/10 的资金用作投资铁路，在往后的十年中，铁路投资额占到法国国内投资总额的 14.4%。这一时期兴建了法国铁路的铁路干线网和主要支线。19 世纪晚期，法国在金融市场中发行数额较大的债券进行融资用于建设铁路，1846—1858 年，法国通过合并重组的方式，将大大小小的铁路公司合并为 6 家大型私营铁路公司，也在这一时期构建了全国铁路的主干线网络。

2. 第二阶段，1937—1996 年

特点：半国有化半私有化。

法国政府在 1937 年 8 月为了将铁路收归国有开始对私营铁路公司进行大规模的重组合并，一些自 19 世纪中叶就在投资兴修铁路的私营企业在本次重组中收归国有，后成立的法国国家铁路公司（以下简称 SNCF）由两家国营铁路公司和五家私营铁路公司构成，SNCF 是一家政府为主导的半国有化半私有化的国有工商企业（EPIC），法国政府在 SNCF 中占股51%。SNCF 秉承着公益性、完善公共基础设施的原则，对铁路进行规划运营，使法国铁路网得以发展，并通过提供多元化产品及服务获得利润。

1965年以后，由于政府的高速公路基础设施日益完善，在此之前货运行业中一半的市场份额属于法国铁路的现象被打破，铁路在货运市场的市场占有率逐渐降低。

3. 第三阶段，1997—2003年

特点：收归国有，铁路路网控制权和运营权分开。

法国政府为了扩大铁路国有化程度，在1997年下达了97-135号令，法国私营企业在铁路公司的股份被SNCF以收购的形式国有化，从此SNCF垄断了法国铁路，开始一家独营。

4. 第四阶段，2003年以后

特点：允许民间资本对铁路进行投资，放松管制，尝试铁路基础设施PPP模式。

法国政府计划在2003—2020年，在铁路建设项目中投资248亿欧元，大额的铁路建设项目投资金额全部由政府承担无法确保该项目顺利实施，为了给该项目提供充足的财政支持，法国政府成立了运输基础设施融资机构（简称AFITF），AFITF的主要职能是大力吸引私营企业对铁路进行投资，促进铁路建设中的公私合作。

（三）德国铁路公私合作阶段及特点

在1835年德国兴建首条铁路后，经过44年的发展，私营铁路公司管理的铁路线路越来越多，为了收回铁路控制权，德国政府在1879年开始用债券去置换私营铁路公司的股权，仅三年时间就将德国境内全线铁路收归国有，为了方便管理，在1924年德国政府成立了德国国家铁路公司。后期由于工业化兴起，多种交通工具瓜分了铁路在运输行业的市场份额，导致1950—1990年，铁路客运业的市场占有率由36%环比下降了30%，而铁路货运业运营情况也不容乐观，其市场占有率仅29%，相较之前下滑了约一半，德国铁路出现亏损，每年德国政府需对铁路行业进行巨额的财政补贴。为了改变德国铁路亏空的现状，德国政府铁路委员会在1989年提出一个"十年计划"，该改革方案中，建议合并东德、西德铁路，这构成了国有铁路股份公司，最后通过向资本市场发行股票的形式将铁路再次私有化。此项改革计划在1994年初得以落实。

1. 第一阶段，1994—1999 年

特点：注入国有资本，再重组合并，通过在资本市场发行股票向私有化转变。

德国政府出于多方面原因考虑，在 1993 年末首次计划耗资 5400 亿马克用以建设联邦铁路交通网。德国政府为了改变德国铁路亏空的现状，在 1994 年 1 月 1 日全面实施了 1989 年由德国政府铁路委员制定的铁路改革计划，并按照改革计划同年将德国的国营铁路和联邦铁路进行合并，成立了国有铁路股份公司，通过发行股票等形式实现铁路私有化。

2. 第二阶段，1999—2001 年

特点：再次收归国有。

DBAG 的铁路所有权和企业控股权再次收归联邦政府所有，并在原来 DBAG 的组织结构上新设立了 5 家子公司，由此 DBAG 的整个铁路运输业务中，客运收益率占比越来越大。

3. 第三阶段，2002 年以后

特点：铁路路网所有权国有化，铁路运营权私有化。

在 2002 年，联邦政府注销了 DBAG，旗下的五家子公司可以独立运营管理并最终全部上市。

第三节　国外铁路基础设施公私合作机制

一　国外铁路公私合作发起机制

从国外的铁路发展过程可见，铁路的 PPP 模式中，政府大多是发起机制，铁路基础设施项目中政府通过各种激励措施引入民间资本对铁路进行投资，政府通过大额的财政补贴刺激私营企业投资铁路是其中的措施之一。

在 1820 年以后，美国铁路投资资金大体上来自社会资本，但是美国联邦政府和州政府也并没有完全放弃对铁路行业的支持，美国联邦政府和州政府制定了大量扶持性政策，对社会资本投资建设铁路进行有效激励，具体政策措施包括：税收优惠、发行铁路建设公债募集铁路项目引导基金、政府直接对铁路项目注入资本金、政府为私营企业发行的债券提供担保,此外,美国州政府对投资建设铁路的私营企业无偿或低价转让土地,这也是一种极为强力的激励手段。政府在铁路的 PPP 合作中起主导作用,根据历年数据分析,在 1870 年,美国铁路建设总投资额中有 20% 来自地方基层政府,投资额超过了州政府。

在铁路建设初期,以法国、日本、德国等为主的资本主义国家政府大力扶持私营企业对铁路行业进行投资,各国政府为此出台一系列激励措施以刺激私营企业进入,其中包括税收减免、土地费用优惠、集资优待、市场进入门槛降低、价格放松、政府补助、允许上市发行债券及股票等措施。

二　国外铁路公私合作股权分配机制

美国在铁路运输行业中私有化较为多见,其市场主体、产权较为多样化,由国营铁路、私营铁路、母子结构公司等并存。为了推动铁路经济发展,美国政府开始推行联邦政府、州政府、地方政府、私企联合的上下一体化公私合作模式,美国国会计划耗时七年用铁路公私合营模式修建五条高速化铁路。

日本在 1987 年将日本国家铁路进行了民营化,在后期运营中,非营利性和具有社会效益性的铁路建设项目,政府会根据公益性大小来划分中央和地方政府的权责,中央政府在建设中的资金投入和股权占比量会随着项目公益性大小成正比上下波动。日本中央政府在日本新干线项目中,股权占比在 65% 左右,其余股权属于地方政府。各地区政府在其区域的开发性铁路项目中,一般从融资、建设到运营均由地方政府主持,公益性较弱的、以盈利为目的的铁路,地方政府会选择性的允许当地私企资金进入铁路项目中的融资部分。

自 1835 年德国兴建了第一条铁路后,随着时间的推移,德国政府逐渐意识到铁路的重要性,在 1983 年,政府通过发行债券的方式,收回私营企业对铁路的控制权,经过 41 年的改革,德国铁路的建设权和运营权全部收归德国政府所有,实现了国有化,为了监管德国铁路,德国政府设立了国家铁路公司。德国铁路的改革方向是,短距离运输公司及公共基础设施建设公司所有权归于政府,其中公共基础设施公司通过联邦法律规定,其股权的出售转让不得改变德国政府对铁路的基础设施的支配权，长距离客运及货运公司则允许私有化。

自 1997 年起，法国铁路已经完成了铁路国有化，国有化后的铁路公司，经营理念更倾向于公益性，不以盈利为主要目标，市场性较弱。由于多种原因，法国于 2003 年放开了铁路的经营权，允许国内外运营商通过招投标等方式进入市场。

第四节　国外铁路基础设施公私合作模式

一　美国铁路基础设施公私合作的模式

美国在铁路基础设施项目中公私合作的模式是：上下一体化、建设和运营合一、客货分开、监管分开。

自 1971 年开始，美国铁路改革中首次允许铁路货运行业中私人企业拥有铁路的所有权和运营权，由私人企业建设的铁路，则拥有其建设铁路的所有权和经营权，美国铁路网基础设施不再完全具有自然垄断性。为了加快铁路货运业私有化，1973 年，美国政府通过《地区铁路重组法》将铁路运营中的权责重新划分，减少了原有规定中的公益性职责。美国在铁路客运行业网运合一，依旧由政府垄断。

在 20 世纪 70 年代之前，美国铁路基础设施建设中由政府主导前期投资融资部分，美国的私营企业可以兴建铁路，并进行运营和维护，私营企业在铁路建设、运营等部分起主导作用。在 20 世纪 70 年代后，美国政府由于多种原因对铁路开始进行改制，在铁路运输中将客运和货运分开管理，在美国政府的资金及政策支持下，成立了拥有政府背景的私营公司 Amtrak，此次改革中美国政府将美国铁路私营企业的客运业务接管后就转给 Amtrak 运营，而铁路私营企业继续负责货运业务模块，在此基础上同时实行网运分开的模式，私营企业拥有铁路的所有权，但不能拥有运营权，Amtrak 通过向私营铁路公司支付线路使用租金的方式运营客运业务，但不拥有铁路的所有权。美国政府对 Amtrak 每年补贴的金额达到 10 亿—20 亿美元。

在美国，私营铁路可以拥有铁路的所有权和经营权，采用"谁投资谁建设谁运营"的模式，铁路的投资者和建设者不仅能拥有铁路的所有权，也能拥有铁路运营中必备的列车、火车头等设备。在私有化的同时，美国铁路货运业实行所有权与经营权统一、建设运营统一、客运货运分开，同时允许同一路段多家铁路公司兴建多条铁路竞争，因此，美国境内有数以百计的私营铁路货运公司，这在其他国家实不多见。

美国和多数国家在铁路公私合作中最大的区别在于，美国私营企业在参加铁路的融资和兴建的基础上，同时能获得铁路路线的所有权，而其他多数国家的私营企业只有铁路线路的运营权限。由于铁路的"公共性、公益性"，人们普遍认为铁路建设运营应该由政府主导，铁路的所有权、运营权由政府垄断，美国打破了这一常规。美国允许私营企业参与铁路建设和拥有铁路所有权，这导致在美国境内的热门铁路线路可能由不同的私营企业重复建设，这种铁路线路重复兴建造成了资源的浪费，铁路行业的良性竞争有利，过度竞争则会两败俱伤。

二　日本铁路基础设施公私合作的模式

日本在铁路建设初期，铁路从注资建设到运营管理，全部实行国有化，在后期运营中日本政府每年给铁路运输行业提供大量的财政补贴，给日本政府造成了极大的负荷。在日本铁路运输业亏损空洞日益扩大的形势下，日本政府被迫进行改革，从此日本政府开始尝试铁路 PPP 模式，其政府和私营合作的模式是：建设和运营分开、货物和旅客分开、监督管制分开。

在 1920 年，日本政府设立铁道部，从兴建到运营，所有资金及权责全部收归政府所有，进行国有化，这导致在后期运营中暴露出了一系列问题，并以铁路全部亏损终结。

日本铁路在世界大战爆发前一直由日本政府直接运营，为了方便管理，日本政府设立了首个铁路公司——日本国家铁路公司（Japanese National Railways，JNR），JNR 是由政府全额出资并明确其法人地位的特殊法人企业，并由 1984 年颁布的《铁道法》的政策和法规来进行规范。在 1945—1987 年，JNR 是日本所有公企业中规模之最，有西方学者把日本的这种体制称为"公社制资本主义"。JNR 由政府全部出资，人事任用由政府决定，人事管理制度也与日本政府公务员一般无二，在运营管理上也没有决策权。JNR 被赋予强制性社会公共目标，没有经济性目标，不仅以盈利为目的，经营产品也较为单一，不仅任用人员数量远超岗位需求量，而且运营上也有大量缺陷，所有决策都需要政府首肯，财务上各个铁路线路盈亏情况统一决算，经营种类也有诸多限制，一系列问题产生的后果终于在 1964 年暴露，JNR 的财务首次出现空洞，而且亏损金额随着时间的推移直线上升，随着 20 世纪 60 年代汽车数量逐渐增多，人们出行方式多样化，瓜分了部分铁路在交通运输行业的原有市场份额，这对日本国家铁路来说更是雪上加霜。为此买单的日本政府背负了巨额的财政包袱。

究其原因，JNR 的体制是"公社制资本主义"，其本质是，表面看起来是资本主义，里面还是社会主义，虽然从外表看，日本国家铁路和铁道建设公团（以下简称 JRTT）已经独立分开，但核心的管理制度上初衷不改，并没有进入现代化的企业管理模式，运营和财务上无法独立，日本新干线引入私营资金的政策停于表面，成本控制能力不足，日本铁路在这种权力、责任、利益混乱的运营机制下，亏损是大势所趋。

日本政府为了改变国铁亏损的现状，对 JNR 前后进行了 4 次改革重组，在经营管理体制上进行改革，开始向民营化转变，其间在 1986 年时日本国会颁布了《日本国有铁道改革法》等法规，一共八部，用以推进国铁民营化改革。

改革重组后的日本国铁，公司性质为"国有民营"，铁路所有权依旧属于政府，而企业则可以独立拥有铁路运营管理权限，实现所有权与经营权分离，建立了国家所有、民间主体经营的现代化管理企业。从而使日本国铁不仅具备了"企业性"，运营中将受益最大化，而且同时具备"公益性"，使铁路技术设施更加完善，给国民提供便利。

JNR 被拆分为 11 家法人团体，按照区域划分运营管理范围，从而实现铁路行业的良性竞争，此次重组中在铁路行业实行客货分开模式，这 11 家法人团体的所有权由 JNR 和 JRTT 拥有，其中有六家带区域性的地方客运企业和一家全国性 JNR 货运企业联合通过发行股票的形式吸引外部私人资金进入。由于日本大刀阔斧的改革，在 2000 年时，日本铁路在人员缩减 30% 的情况下，劳动生产率不降反增，相较于 1990 年，不仅生产力至少提升了一倍，且多元化运营的国铁收益增长了 12 倍。2016 年日本东部线主要运营指标如表 7-3 所示。

表 7-3　　2016 年日本东部线主要运营指标

	长度	客运收入	运营维修费用	折旧上部	折旧下部	净利润	每人英里运营费用
东部线（Sub-Est）	538 千米	9.84 亿美元	3.90 亿美元	1.14 亿美元	0.98 亿美元	3.82 亿美元	5.6 美分
LGV	282 千米	7.15 亿美元	3.14 亿美元	1.04 亿美元	1.04 亿美元	1.57 亿美元	7.4 美分

日本国家铁路能成功改革，从而扭转亏损的局面，主要是在铁路运输业，将所有权与经营权分离，建立现代化的企业管理模式。此次改革不仅将客货分开落到实处，也将非核心的辅助性业务从主营业务中剥离。其间遇到棘手的问题，例如失业员工安置、国家铁路资产整理等都得到了合理的解决方案。

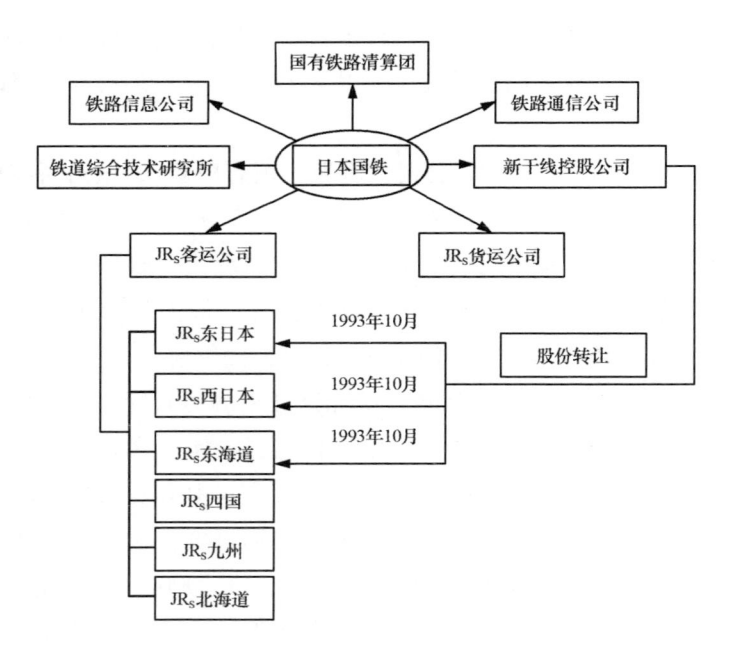

图 7-1　日本国铁改革后的组织架构

由 JNR 拆分而来的企业全部为股份制公司，主要通过投标及认购、同时使用证券公司承销的方式来完成改制工作。日本铁路在向私营化模式转变的过程中，日本政府主要采用水平分拆上下一体化的模式加速私营化的转变速度，其推进铁路线路私营化进程的主要目的是铁路收益最大化。截止到目前，日本有包含 JNR 改制的七家铁路公司在内的 200 余家铁路公司正常营业。

为了将铁路基础设施公私合作中的"监管分离"模式落到实处，对 JNR 进行监督管理，1991 年日本运输省新组建了铁道局和运输政策局，铁路督管体系由国土交通省及其旗下九个区域性运输局构建。日本国铁改革后的具体架构如图 7-1 所示。

三　欧洲铁路基础设施公私合作的模式

（一）英国铁路基础设施公私合作的模式

英国在铁路基础设施 PPP 模式中，把国家铁路网络基础设施和铁路客货运输分开，建立国家铁路路网公司和多个客、货运公司，分开管理。在运营管理中，监管分开。

在 1994 年 4 月铁路私有化的提案正式得到政府首肯，随后英国铁路公司被政府拆分成 120 余家企业，并对外售卖，该举措是英国铁路私有化进程中的重要一步。

英国铁路私有化后的产业组织和管制体系如图 7-2 所示。

铁路私有化改革后的英国，形成了以铁路路网公司 Railtrack（后更名为 Network Rail）为主导的运营中心，铁路运营架构由列车租用公司、轨道交通公司、乘客运输公司三头并立，乘客运输公司向轨道交通公司租用道路的运营权，并支付线路使用费，乘客运输公司需向列车租用公司租用列车用以载客运行，并向其支付列车租赁费。

英国铁路通过三种途径向铁路私有化转变，改革中将铁路网络基础设施和铁路客货运输分开，铁路控制权下放。完成私有化后的英国铁路，从运营结果分析、组织结构的调整和新制度的实行，给铁路行业打了一剂强心针，极大地鼓舞了铁路运营公司，同时也达到了制约的目的。英

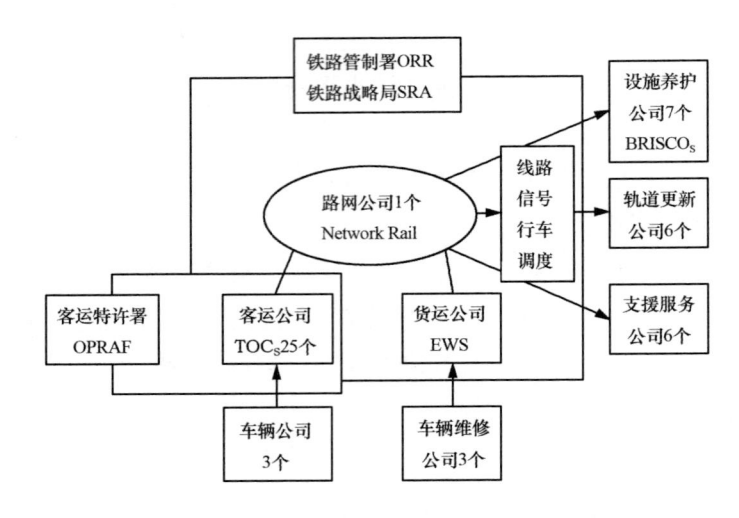

图 7-2　英国铁路私有化后的产业组织和管制体系

国铁路改革最终被英国铁路公司拆分太细、企业间没有形成良性竞争等因素牵累，导致改革成果大打折扣。

（二）法国铁路基础设施公私合作的模式

法国在铁路建设项目中的 PPP 模式是：铁路路网所有权和运营权分开、铁路的建设和运营分开、监管分开。

法国铁路基础设施公私合作的模式为：网运分离、建运分离及监管分离。

法国政府在 1997 年时在铁路行业实行铁路路网所有权和经营权分开，并单独成立了新的"客运企业"，此次改革中，新组建的法国铁路路网公司（简称 RFF）接管了 SNCF 在铁路线路建设项目中的兴建职能、投融资职能、管理职能，SNCF "网运合一"改成了"网运分开"，RFF 拥有铁路路网所有权，SNCF 只保留铁路运营权，SNCF 在进行客货运经营活动中需要向拥有路网所有权的 RFF 支付线路使用费，SNCF 在帮 RFF 对铁路进行维护时，RFF 也要支付对应的维护管理费用。法国铁路"网运分开"后 RFF 一直在收支不平的亏损状态，只能每年对 SNCF 增加铁路线路的租赁费，政府每年对 RFF 的巨额财政补贴也是其填补亏空的方法之一，RFF财务上一直没有实现良性盈利模式，给政府带来了极大的财政压力。改革后的法国铁路建设管理流程如图7-3所示。

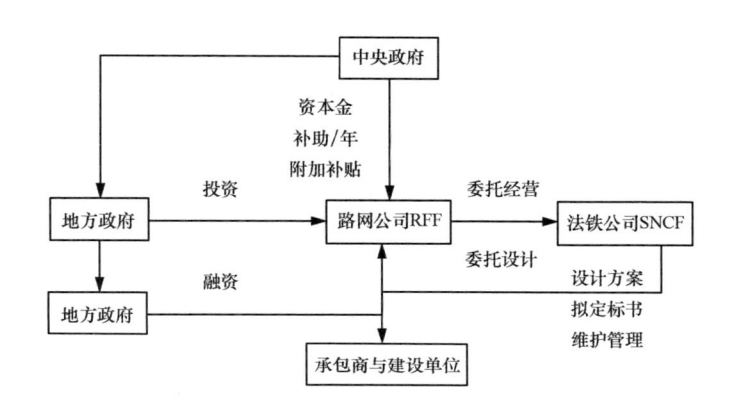

图7-3 法国铁路改革后的建设管理结构

（三）德国铁路基础设施公私合作的模式

德国铁路建设项目中的PPP模式为：政府职能和企业职能分离、主业和辅业分开、财务分开、客运货运分开。

1994年1月，德国在铁路基础设施中推行政府职能和企业职能分离，此次改革将联邦德国铁路（以下简称DB）进行重组及分拆，最后组建了三个职能不同的管理机构，DB分出的联邦铁路资产管理局（以下简称EBV）和联邦铁路署（以下简称EBA）主要承担铁路基础设施中的政府职能，更具有"公益性"，其中EBA的政府职能包括对铁路的监督职能和公共领域的管理职能。由DB和前民主德国国营铁路（以下简称DR）重组后设立的德国铁路股份公司（以下简称DBAG）主要承担铁路基础设施中的企业职能，以盈利为主要目标，DBAG根据市场需求种类设立了四个股份制公司，分别负责基础设施、货运、长途客运、地区客运，各个子公司间财务独立，同时各个子公司在财务、运营管理上均独立，各个公司需对各自公司的营业收入状况负全责。业务部门根据铁路运输业的市场需求种类而设置，分为客运部、货运部、线路部门，其中线路部门又细分为铁路路网部门及铁路建设部门。企业要获得铁路的运营权，需要向铁路路网部门支付线路租赁费用，为了将租赁铁路路网的收益最大化，建设部需要替路网部在市场中进行投标，吸引企业购买线路使用权，确保其在行业中的竞争性。

德国铁路运营的组织结构变化情况如图7-4所示。

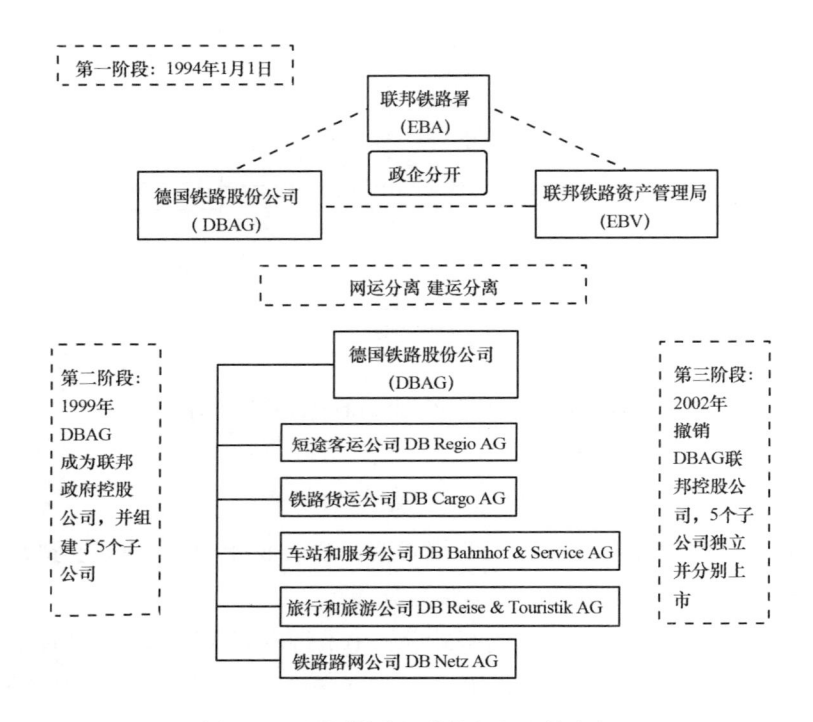

图7-4 德国铁路运营的组织结构变化

总的来说，欧盟国家在铁路基础设施公私合作上都选择了"网运分离"的模式。路权归国有，但是将铁路网络独立出来，由国家负责承担铁路路网的建设、维修、控制和管理，线路使用权则予以下放，采取市场化机制运作，使铁路运输服务往专业化方向发展。经过对运输服务的分权、运输企业民营化及运输市场开放等一系列操作，在铁路运输行业引进了市场竞争机制，提高了铁路建设运营效率。

第五节　国外铁路基础设施公私合作经验总结及启示

一　国外铁路基础设施公私合作经验总结

伴随着各国高速铁路建设浪潮的兴起，各国对高铁公私合作的认识在不断加深，政府与民营企业、政府与机构投资者之间的关系不断发生变化，各国政府在其高铁建设运营中扮演的角色各有特点。世界各国在高速铁路的PPP改革运动中，虽然采取了不同的模式思路，如日本的区域性公司模式、欧洲的网运分离模式、南美洲的特许经营模式，但是，综观世界各国的高速铁路改革运动发展历程，各国最终都是殊途同归，都走向了一条理顺政府职能、扩大市场边界、充分激发私营部门作用的道路，其表现为：世界各国都极为重视在铁路投资建设运营中引进市场机制。各国政府均逐渐放松对铁路投资建设运营的管制，对原有的铁路管理体制进行结构性改革，对铁路基础设施的投资建设运营采取分类经营、分类管理制度。欧盟"网运分离"方案中对"网"部分的改革有两种形式：一种是以法国为代表的"网"由国家管理；另一种是以英国为代表对"网"实行私有化改造。美国的公私合作模式主要是以"分拆"为手段（包括按区域分块、水平分拆和垂直分拆），"网运分离""客货分离"为基础，放松管制与加强监管并举，（通过上市、重组、外包、出售）退出与补贴并举，区分"公益性"业务与"市场性"业务，分别采取不同的政策。铁路高速化、客运专线化（客货分离）是铁路与公路及航空业展开竞争的必由之路。只有铁路客运高速化、高速客运专线化（客货分离）才能拯救并发展铁路业。同时，这也说明高铁客运公私合作有强大的经济基础与市场前景，城际间高铁客运专线可以通过公私合作在铁路领域率先实现市场化。

二　国外铁路基础设施公私合作经验对中国的启示

总结各国的铁路基础设施公私合作实践经验，笔者认为，有以下特点和规律性可供中国在推行高速铁路PPP模式的过程中予以借鉴。

第一，高速化、专线化是铁路发展的必经之路，通过大规模高速铁路投资建设，可以使原有的传统普通铁路更加专注于承担货运任务，使传统普通铁路的运力从繁重的客运任务中释放出来，增强传统普通铁路的货运承运能力。

第二，对铁路要进行分类投资。国家级干线铁路建设投资，尤其是为国家政治、经济及国土开发需要所进行的铁路基础设施建设项目，公共性较强，接近于纯公共产品，因此这类铁路项目应该主要由国家主导，政府应该对其进行大力投入，以确保政府对该项目拥有相当大的控制权，这样有利于该铁路项目的社会收益最大化，从而真正实现公共利益。对于那些主要为特定企业提供运输服务的铁路项目，如主要服务于特定采矿企业或港口运输企业的铁路专用线，比较接近纯私人产品，应该由私人企业去投资建设，政府可以不对该类铁路项目进行投资。

第三，铁路基础设施领域引入社会资本，并不是政府放开铁路行业门槛就能自发实现的，政府自上而下放松对社会资本进入铁路行业的规制，只是为社会资本进入铁路行业创造了基本前提条件。作为市场主体的广大私人投资者，其行为决策是遵循理性经济人假设的，也就是说，他们对铁路基础设施项目进行投资的目的都是为了自身利润最大化。所以，政府政策允许、收益保障、管理系统完善、财政补贴、财务体系透明公开等要素是铁路基础设施建设项目中引入社会资本的重要条件，也能增加社会资本对铁路建设项目的投资意向度。

第四，铁路基础设施项目发起及运作成功与否，非常关键的一点就是要进行合理的股权分配。在铁路基础设施PPP项目中，项目公司股东、项目公司经营管理层以及项目公司各专业服务提供机构（如项目建设商、设备供应商）之间，都明显表现出委托代理关系的存在。可以考虑将铁路工程建设商和铁路专业运营服务商等吸收进铁路PPP项目的投资者行列，向其分配一部分股份。是否能够对铁路PPP项目公司的股权进行合理分配，从而构建起科学的股权配置结构，以达到削减委托代理成本、实现各方共赢的目的，这对于铁路PPP项目的成功与否是一个至关重要的影响因素。

第五，政府需要考虑铁路建设线路中的沿线及周边地方政府和私营企业的利益。因为铁路建设中的"公共性""公益性"等特质会影响私营企业的收益，所以降低了民间资本进入的意向强度，而铁路基础设施建设项目所产生的利益无法全部转化为具体的经济收益为投资者所全部获取，因此，政府需要出台有力政策措施尽量缩小铁路项目投资者的私人收益与社会收益之间的差距，常用的政策措施有：政府对某些正外部性强的铁路项目进行财政补贴；政府将铁路沿线部分土地无偿赠送或低价转让给该铁路基础设施项目投资方。

第六，须制定专门的法律法规、设置专门的机构对铁路投资、建设、运营、维护的全过程进行管制与监管。一方面，私人投资者投资建设铁路基础设施项目，除了关注政府所提供的各种保障和优惠，还关注法律保障和政府的政策指导，因此，政府需要制定一系列的法律法规来约束政府行为，尽量消除私人投资者对政府是否守信的疑虑和担心，提高私人投资者参与铁路基础设施投资建设的积极性。另一方面，政府需要设立专门的PPP模式管理机构。PPP模式专业管理机构负责制定、解释本国或地区的公私合作政策方针，并对本国或地区辖区范围内的所有PPP模式项目的发起及运作统一进行管理。PPP模式专业管理机构的组建，有利于消除部门职能交叉现象，减少各职能部门的部门利益行为，从而提高PPP模式项目的管理效率，推动PPP模式在中国的应用及发展。

第八章

推进中国高铁基础设施 PPP 模式的政策建议

第一节　推进铁路行业网运分离改革

所谓铁路"网运分离"改革，又可以称为"上下分离"改革，简单的说，就是改变过去由铁道部（现中国铁路总公司）一家单位统一包揽铁路投资业务和铁路运输服务业务、铁路线路所有权和铁路线路运营权全部归铁道部掌握的传统铁路经营管理体制，分别成立铁路路网公司和铁路运输服务公司，把铁路运输服务业务分割出去，采取市场化方式运作，而铁路路网公司（通常是公共企业独资或控股）只保持对铁路线路所有权的控制。在此模式下：由高铁基础设施 PPP 项目专业运营服务商来从事高铁运输服务业务，而高铁路网公司主要负责高速铁路基础设施的投资建设和高铁基础设施 PPP 项目运营期间的线路维护；高速铁路路网公司向高铁基础设施 PPP 项目专业运营服务商支付代理运营服务管理费，而高铁基础设施 PPP 项目专业运营服务商则向高速铁路路网公司支付线路使用费。该模式将基础设施的所有权和经营权与铁路运营服务的经营权相分离，项目建成交付使用后，铁路系统内的运营模式为"客货分离"与"网运分离"，即客运专线、城际快客与货运实行业务分离（客货混跑则分时调度），公方拥有路网最后的所有权，线路运营则由民间竞争主体参与，政府区分项目的公共性与企业性，分别对线路公司及不发达地区客运公司进行补贴。

在中国传统的"上下一体"铁路经营管理体制下，铁路运输服务公司所面对的通路费成本是直接根据铁路基础设施投资建设的线路固定资产折旧来予以确定的，一旦铁路基础设施项目完工，铁路运输服务公司在项目运营期间内每段时间基本都要承担相同的线路固定资产折旧成本，而不论其在该段时间内对该铁路线路的使用率情况到底怎样，即使在该段时间内铁路运输服务公司承运的客货流量大幅度下降或处于停止营业状态，其也要承担相同的线路固定资产折旧成本，因此，有可能导致铁路运输服务公司的收益与成本完全脱节，甚至有可能会导致铁路运输服务公司对该铁路线路的建设投资成为"沉没成本"。而如果实现了"网运分离"改革，高铁基础设施 PPP 项目专业运营服务商就可以按照其在不同时间段内对铁路路网的使用率高低支付不同金额的线路使用费。当其承运的客货流量高的时候，其对铁路路网的使用率也比较高，其支付给高速铁路路网公司的线路使用费也相应比较高；反之，当其处于停止营业状态（或承运的客货流量低）的时候，其对铁路路网的使用率基本为零（或者比较低），其支付给高速铁路路网公司的线路使用费也为零（或者比较低）。这样，我们就可使铁路运输服务经营者从通路费的固定成本中解脱出来，站在与其他国有铁路运输服务企业相同的一条起跑线上，享有与其他国有铁路运输服务企业公平竞争的竞争环境，而且可以自由地进入和退出铁路运输行业。如图 8-1 所示。

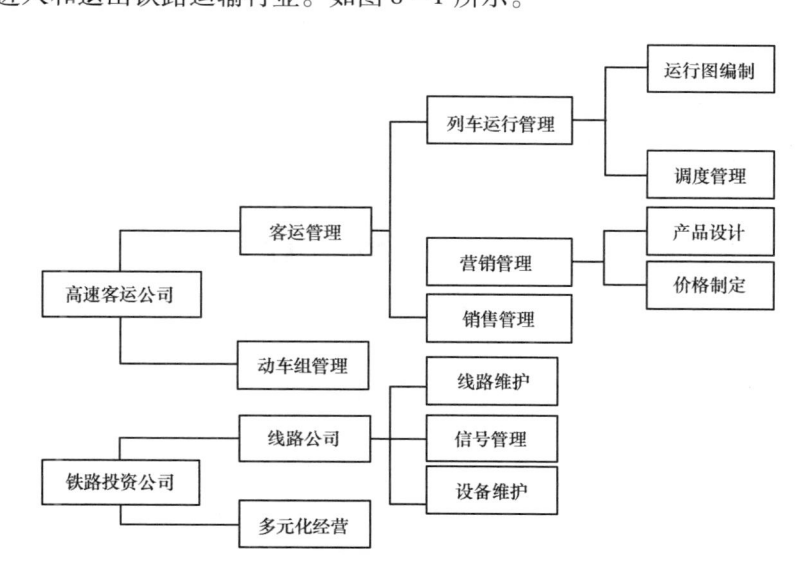

图 8-1 高速铁路网运分离（上下分离）管理架构

因此，政府要消除民间资本进入铁路投资领域的进入壁垒和退出壁垒，就必须实行网运分离，将有着巨大"沉淀成本"铁路网络与铁路运输等竞争性业务实行分离，抵消先进入的"国铁"进行交叉补贴给民营投资者所制造的"成本陷阱"，削弱其所拥有的规模优势和绝对成本优势，在此基础上，实现铁路运输市场的新的均衡。

近年来，不少学者都提出了中国铁路行业应该进行"网运分离"改革，但是在现实中来看，要想将"网运分离"设想付诸实际行动，困难不小，中国铁路行业的"网运分离"至今仍未实现。而高速铁路恰好非常适合作为中国铁路行业"网运分离"改革的突破口，其原因主要包括三个方面：第一，从中国现有的高速铁路经营的业务特点来看，尽管许多高速铁路公司现在既从事旅客运输业务，也承接一些货运业务（如近年来某些高速铁路公司大力开拓高铁快递物流业务），但中国大多数高速铁路目前仍是以旅客运输业务作为主营业务，货运业务和高速铁路项目代理运营业务通常只是处于兼营业务的地位，因此基本上不存在客运分离问题的阻碍，高速铁路的"网运分离"只需要集中精力实现高速铁路路网投资建设和高速铁路客运服务业务的分离；第二，从中国高速铁路的位置布局来看，不少高速铁路线路都位于经济比较发达、人口流动量大的区域，高速铁路与普通铁路相比，其表现出的公益性要更弱一些，私人产品色彩要更浓一些，可以通过向旅客收取票价取得费用，某些高铁项目已经开始展现出较强的盈利能力，因而高速铁路对于民间资本能够产生相当大的吸引力，私营部门应该有兴趣加入高铁运营服务；第三，中国的高铁铁路建设历史还很短，只是经过了短短十来年的大规模建设时期，所以，中国现有的高速铁路路网，基本上是近年来新投资修建的铁路线路组成的，与中国过去几十年不断建设积累形成的普通铁路路网相比，高速铁路路网并不存在历史遗留困难问题，对高速铁路"路网分离"改革中涉及的高速铁路线路所有权归属问题处理起来比较容易。

第二节 完善高铁基础设施 PPP 项目财政支持政策

一 完善铁路行业财政补贴政策

中国铁路部门应弱化直至取消各种形式的财务收入交叉补贴机制，建立透明、公正清算规则，使铁路运输服务企业所取得的收入能够与其自身付出的努力程度相挂钩，能够体现出铁路运输服务企业的真实运营效率水平和经营效益水平，使铁路运营收益的可预测性增强，强化其他经营主体和外部资本进入的激励机制。在取消现行交叉补贴政策的同时，也要加快出台铁路产业补贴政策。

从经济学上分析，铁路产业具有公共性和企业性的双重属性，一方面，铁路属社会先行成本，价格太高影响经济发展，需要实行价格管制。另一方面，其对铁路沿线带来的外溢的社会效益属于正的外部效应，因此，对铁路运价进行规制与补贴分别是解决铁路正的及负的外部性的一个问题的两个方面。

由于铁路基础设施具有公益性，许多国家的政府都制定了相应的财政支出政策，对铁路网建设直接进行财政投资或者对民营企业投资建设铁路给予补贴。铁路产业的兴起，尤其需要一种特殊的政策安排。财政补贴是保证铁路运营者增加服务供给、改善服务质量的重要手段。

当私营部门参与到铁路客运服务时，在人口密度小的地区及相对贫困的地区，如果不予补贴，由于铁路的规模特性及网络特性，不可避免会产生大量所谓固定的"沉淀成本"，当所耗费的成本超过了所得的收入时，就需要政府进行补贴。私营部门加入高铁基础设施 PPP 项目后，其在对高铁项目的运营过程中，在理性驱使下，将按照自身利益最大化的原则进行经营，而并不会将社会公众的福利放在优先考虑的位置，在自身私利和社会公共利益之间存在矛盾的时候，私营部门往往会首先考虑自身私利的满足，作为一个企业而非慈善机构，私营部门的这种做法也属于正当的选择。因此，为了促使私营部门的行动朝着实现社会公共利益的方向转变，在某些情况下，政府需要对私营部门的高铁项目运营成本提供部分补偿，尤其是在私营部门运营的高速铁路在公共部门要求下承担了公益性运输服务的情况下，政府应该采取财政补贴方式对私营部门提供公益性运输服务所产生的额外成本予以弥补，以提高高铁基础设施 PPP 项目的整体收益水平。

另外，为了使不同性质的铁路运营商能在同一个起跑线上，也有必要对其进行适当的补贴，因此，科学合理的补贴政策是铁路产业发展所不可或缺的。对于具有强正外部性，但项目运营收益明显不可能弥补建设成本甚至无法弥补运营成本的高铁基础设施 PPP 项目，在铁路运输服务定价机制改革未完成之前，可以考虑设立带有财政补贴色彩的"铁路产业补偿基金"或其他专项基金，对高铁基础设施 PPP 项目投资主体、运营主体提供一些补偿。

从政府对铁路基础设施项目的具体财政补贴模式来看，主要有两种不同的财政补贴模式。一种是资本补贴（也被称为前补贴）模式，即 SB－O－T（Subsidize in Building, Operate and Transfer）模式，这种模式实际上就是指政府以出资人身份提供部分高铁基础设施 PPP 项目建设资金，直接参与高铁基础设施 PPP 项目的发起和建设，我们可以把政府对高速铁路项目的这部分投资看作是一种变相的财政补贴。另一种是运营补贴（也被称为后补贴）模式，即 B－SO－T（Build, Subsidize in Operation and Transfer）模式，它是指政府并不以出资人身份提供部分高铁基础设施 PPP 项目建设资金，政府不介入高铁基础设施 PPP 项目的发起和建设工作，而是等到高速铁路项目投资建设工作全部完成，高铁项目进入正常运营期之后，政府对高铁基础设施 PPP 项目运营服务商的运营成本提供适当补偿。

长期以来，外界能够收集和掌握到的铁路行业数据资料甚少，基本无法了解中国铁路行业的真实情况。而政府要想制定出科学合理的铁路产业补贴政策，就必须首先弄清楚铁路行业的真实成本。目前我们尚未对高速铁路项目的成本进行全面而深入的调研分析，高铁项目运营、高铁线路维护等方面的行业标准尚未明确，各高铁基础设施 PPP 项目的客流量状况及客流量对项目收益的影响系数等许多重要参数都处于极度缺乏状态，所以，当前中国铁路产业补贴标准的制定非常困难。因此，我们必须坚决强力推动铁路行业的财务信息公开，政府应组织相关专家对各高铁基础设施 PPP 项目进行大规模深入调研，取得充足的高铁项目财务、技术方面的基础数据资料，构建出真实的高铁基础设施 PPP 项目成本效益函数。只有这样，才能使政府部门对高铁基础设施 PPP 项目的资本金注入、政府部门对高铁基础设施 PPP 项目的运营补贴投放不再盲目，而是有理有据、有的放矢。同时，高铁基础设施 PPP 项目的各种民间投资者也能够根据真实的项目成本及项目收益数据资料进行分析研究，进而决定是否对特定高铁基础设施 PPP 项目进行投资，其投资决策会变得更为理性，投资效率和投资成功率有望获得提升。

二 制定促进高铁基础设施建设 PPP 模式发展的税收优惠政策

对社会资本而言，税收成本是高铁基础设施 PPP 项目成本的重要组成部分，税收政策变化是其参与高铁基础设施 PPP 项目的一种重要风险，是影响社会资本投资者投资决策的一种极为重要的因素。税收政策则是政府财政手段发挥作用的重要工具，可以用它来对高铁基础设施 PPP 项目公司收益进行调节，使高铁基础设施 PPP 项目公司各投资方得到合理回报，使高铁基础设施 PPP 项目公司按合同要求提供优质高铁运输服务，实现公私部门合作共赢的目的。与税收优惠手段相比，财政补贴手段注重个例补助，受地方政府财政承受能力、VFM 评价等多重因素的制约，且一般审批程序较为烦琐，审批过程中比较容易出现权力寻租现象。而税收优惠手段则有普惠性、公平性，执行成本低，与市场竞争机制相适应，能够较大限度地调动社会资本的积极性。因此，要想推进高铁基础设施建设 PPP 模式的发展，就需要政府税收政策的强力支持。具体来说，主要有以下两方面的措施。

（一）完善 PPP 模式项目税收优惠政策

现行有关税收法规及政策主要是针对传统企业或事业单位制定的，不适应或不能完全适应 PPP 模式发展的需要。因此，应及时地对税收法规政策进行相应的修订与完善，如适当延长 PPP 项目公司所得税减免优惠期，对合作期超过 20 年以上的 PPP 项目可将其享有的所得税减免优惠期延长至 10 年以上；对社会资本从项目公司中获得的政府股东让渡的股利直接按免税红利处理；对 PPP 模式下的固定资产折旧、亏损弥补、税前抵扣等作出专门的规定。同时，还需要对双重征税、资产权属界定等问题从法律的角度予以明确和解决。

（二）适度提高 PPP 模式项目税收政策优惠力度

由于 PPP 项目价格一般属政府管制价格，PPP 项目公司通过调整服务价格增加收益比较困难。因此，在其他条件不变的情况下，应适度提高 PPP 项目增值税、企业所得税、契税等主体税种税收政策优惠力度，以降低 PPP 项目公司经营成本和投资风险，保障投资者的合理回报，增强社会资本参与公共基础设施等 PPP 项目建设的积极性。

第三节　建立适度集中的高铁基础设施 PPP 项目股权分配结构

高铁基础设施 PPP 项目股权配置结构是否合理，在很大程度上决定了高铁基础设施 PPP 项目中各投资方是否能够形成权力制衡关系，进而通过签订高铁基础设施 PPP 项目融资契约的方式形成现代公司治理机制。尤其值得注意的是，高铁基础设施 PPP 项目公司的股权集中度是否合理，会直接影响到高铁基础设施 PPP 项目治理机制的实际效果。从中国高铁基础设施 PPP 项目股权配置结构来看，适度集中的股权配置结构能够产生最佳项目治理效果。高铁基础设施 PPP 项目公司的股权在各投资者之间的分布过于集中化（甚至出现一股独大），或者高铁基础设施 PPP 项目公司的股权在各投资者之间的分布过于分散化，都会阻碍高铁基础设施 PPP 项目的治理效率和高铁基础设施 PPP 项目的总体收益达到最大化。

一　股权分散是股权制衡的基本条件

采取 PPP 模式发起运作的高铁基础设施项目与采取传统铁路投融资模式发起运作的高铁基础设施项目，最显著的区别就是，前者的项目投资者是多元化的，除了公共部门会担任高铁基础设施 PPP 项目发起股东外，还有私营部门也会对该高铁基础设施 PPP 项目进行资本金投资。而后者的项目投资者是单一化的，仅仅只有公共部门独自充当高铁基础设施项目的股东。高铁基础设施投资主体多元化所带来的相对分散的股权结构，正是在高速铁路项目中建立现代公司治理机制的前提条件。对于高铁基础设施 PPP 项目而言，项目公司股权配置的分散化会产生非比寻常的作用，具体表现在两个方面。

一方面，正是由于高铁基础设施 PPP 项目公司股权在各投资者之间的配置比较分散，因而，高铁基础设施 PPP 项目中的任何一个投资者，不论是特定的公共部门投资者，还是特定的私营部门投资者，对该高铁项目的直接管控能力都比较小，这样一来，也就会造成该高铁基础设施 PPP 项目中的任何一个投资者都绝对不可能掌握对该高铁基础设施 PPP 项目的完全控制权，结果就使得高铁基础设施 PPP 项目的控制权从所有股东手中交割出来，最终导致高铁基础设施 PPP 项目形成以两权分离为特征的现代公司治理机制。两权分离使得高铁基础设施 PPP 项目的投资者可以不参与高铁基础设施 PPP 项目的运营管理，将高铁基础设施 PPP 项目的运营权委托给更为专业的铁路运营服务商去行使，从而有利于提高高铁基础设施 PPP 项目的运营管理效率和整体收益水平。

另一方面，正是由于高铁基础设施 PPP 项目公司股权在各投资者之间的配置比较分散，高铁基础设施 PPP 项目的产权制度才能顺利确立及巩固。而且，高铁基础设施 PPP 项目公司股权配置的分散化，还有另外一个附带的作用，就是可以使高铁基础设施 PPP 项目的监督者变得更多，监督者数量的增加会对每一个股东的行为造成更强的制约力，并且由于众多监督者的共同努力，高铁基础设施 PPP 项目中的信息不对称现象会减少，降低道德风险事件的发生概率，最终提高高铁基础设施 PPP 项目的总体收益水平和各股东的收益水平。

当然，如果高铁基础设施 PPP 项目公司的股权配置分散化程度过高，也会造成高铁基础设施 PPP 项目治理效率低下。其原因在于，如果高铁基础设施 PPP 项目公司的股权配置分散化程度过高，高铁基础设施 PPP 项目公司中将存在大量的小股东，每个小股东所掌握的股权与高铁基础设施 PPP 项目公司总股本额相比，都是微量化的，每个小股东对该高铁基础设施 PPP 项目公司能够产生的影响力都是极小的，那么，在这种情况下，高铁基础设施 PPP 项目公司的经理层很容易取得对项目公司的完全控制权，基于集体行动的逻辑，众多的小股东很难达成一致意见，也很难采取统一行动,因此其基本无法对高铁基础设施 PPP 项目公司的经理层施加有效监管,高铁基础设施 PPP 项目公司的经理层大权独揽,且项目公司股东无法对经理层的经营权进行权力制约,一旦经理层掌握的权力失控,将有可能造成高铁基础设施 PPP 项目公司经理层为了实现自身利益最大化目标而做出不惜损害项目公司股东利益的行为。

二 股权过于集中不利于项目治理

国内外的许多学者都指出,如果公司股权分配过于集中,出现大股东完全控制公司甚至一股独大现象时,大股东很可能会做出损害其他中小股东及债权人的利益的不当行为。例如,Grossman、Hart 首创了控制权私人收益概念并对大股东的掏空(Tunneling)行为进行了深入研究,他们指出,大股东对中小股东的掏空行为的本质就是利用自己所掌握的对企业的控制权攫取控制权私人收益,以实现自身私利最大化目标,且大股东的这种私利攫取是以牺牲损害中小股东私利为代价的,具体做法是通过大股东虚假出资、关联交易、虚假重组(甚至恶意重组)、操纵公司业绩获得再融资资格、过度投资等手段对中小股东的利益进行侵占。[1] 刘茂平认为:大股东在公司治理中可能具有支持与掏空两种作用,分别对应着两种收益,就是控制权收益和超控制权收益。其中,控制权收益是作为对大股东在公司发展中所作贡献的一种补偿,而超控制权收益则是大股东利用自身所掌握的过高的控制权侵害中小股东利益所获得的收益。[2] 而大股东对债权人的侵害行为主要有两种:一种是资产替代,另一种是投资不足。例如,Jensen、Meckling 认为:大股东往往会存在资产替代行为,其表现为,大股东往往倾向于投资比预期风险高的项目,因为这样做的话,一旦投资成功,则大股东可以获得超额收益;反之,即使投资失败,由于公司股东只承担有限责任,真正承担投资损失的是债权

---

[1] Grossman, Hart, "One Share One Vote and the Market for Corporate Control", *Journal of Financial Economics*, Vol. 20, No. 1, January 1988, pp. 175–202.

[2] 刘茂平:《大股东在公司治理中作用的实证分析》,《湖南农业大学学报》(社会科学版) 2010 年第 5 期。

人。[1] Myers、Majluf 指出：投资不足是大股东侵害债权人利益的另一种方式，当公司有较高的债务，启动破产程序时，通过投资获得的收益将优先用于清偿债务，因而股东往往会过度畏惧风险，由于过度保守的投资策略而放弃净现值为正的项目，最终导致投资不足。[2] 杨大楷、王鹏指出：大股东往往通过控制权的滥用来谋取私利，而这种利益掠夺的行为容易减少公司未来的现金流量、降低公司的偿债能力，从而增加公司的违约风险，使债权人的利益受损。[3] 杨秀杰指出：随着第一大股东持股比例的增加，管理层与债权人以及股东与债权人之间的代理成本会降低，使得债务资本成本下降，债务融资表现为更多的长期债务；当上市公司的产权性质为国有时，往往能获得较优惠的银行借款以及较多的长期债务；当第一大股东持股比例高于 50% 时，第一大股东持股比例与债务资本成本的负相关关系不再显著，而第一大股东持股比例与债务期限结构的正相关关系不受"一股独大"的影响。[4]

从高铁基础设施 PPP 项目各种投资者的力量对比来看，由于政府（或受政府委托进行投资的公共事业单位、公共企业）投资者的背后都有着政治权力的支撑，这种强大的政治权力使其在与私营部门投资者的竞争和博弈中拥有着天然的优势，私营部门投资者想对政府（或受政府委托进行投资的公共事业单位、公共企业）投资者行为施加有效的制约，本身就存在着不小的困难。如果政府（或受政府委托进行投资的公共事业单位、公共企业）占有的高铁基础设施 PPP 项目的股份又超过了 50%，其在高铁基础设施 PPP 项目公司中实际上就处于绝对控股的地位，而当整个高铁基础设施 PPP 项目的股权分配结构表现出一股独大特征时，政府（或受政府委托进行投资的公共事业单位、公共企业）就更容易取得对高铁基础设施 PPP 项目的控制权了，私营部门投资者几乎无法再对政

---

[1] Jensen, Meckling, "Theory of the Firm: Managerial Behavior, Agency Costs, and Ownership Structure", *Journal of Financial Economics*, Vol. 3, No. 4. October 1976, pp. 305 – 326.

[2] Myers, Majluf, "Corporate Financing and Investment Desions when Firms Have Information that Investors do not Have", *Journal of Financial Economics*, Vol. 20, No. 3, March 1984, pp. 187 – 221.

[3] 杨大楷、王鹏：《股权集中下的大股东侵占和债务融资的关系研究评述》，《北京工商大学学报》（社会科学版）2013 年第 6 期。

[4] 杨秀杰：《大股东、产权性质与债务融资》，硕士学位论文，首都经济贸易大学，2016 年。

府（或受政府委托进行投资的公共事业单位、公共企业）投资者的行为拥有任何制约能力，传统铁路投融资模式下政资合一的矛盾实际上并没有得到根本性解决。而且，政府（或受政府委托进行投资的公共事业单位、公共企业）对高铁基础设施 PPP 项目投入的资金占项目总投资的比重过高，不仅会造成政府财政压力和中国铁路总公司财务风险进一步上升，而且政府（或受政府委托进行投资的公共事业单位、公共企业）的占股比例过高，也会大大压缩私营部门对高铁基础设施 PPP 项目的投资空间，由于国有资本集中持有高铁基础设施 PPP 项目的股权，留给私营部门投资者的股份份额本已不多，而私营部门投资者往往是多个企业结成联盟共同投资高铁基础设施 PPP 项目公司，经过私营部门投资者联盟内部再一次的股权分配，单个私营企业分配到的股份份额变得更少，私营部门投资者获得的高铁基础设施 PPP 项目公司股份进一步稀释。因此，如果政府（或受政府委托进行投资的公共事业单位、公共企业）占有的高铁基础设施 PPP 项目股份比重过高，将降低其他股东对项目运营的监督能力，造成高铁基础设施 PPP 项目经营管理过程中的民主化和科学化水平不高，最终必然会损害高铁基础设施公私合作的效率，降低高铁基础设施 PPP 项目总体收益水平和各中小股东的收益水平。

反之，如果是某个私营部门投资者占有的高铁基础设施 PPP 项目的股份超过了 50%，其在高铁基础设施 PPP 项目公司中也一样处于绝对控股的地位，而当整个高铁基础设施 PPP 项目的股权分配结构表现出一股独大特征时，私营部门投资者拥有了对高铁基础设施 PPP 项目的完全控制权，那么，它也一样有可能采取利用自己掌握的控制权来对其他中小股东及债权人的利益进行掏空。而且，由于私营企业通常具有更为强烈的追求私利的动机，私营企业投资人对其他中小股东的利益掏空行为可能会表现得更为严重。同时，由于高铁基础设施 PPP 项目属于准公共产品，具有一定的公益性，因此，高铁基础设施 PPP 项目公司的股权过于集中在一家私营企业投资者，还有可能造成社会公众的利益受损。

三 适度集中的股权结构最有效率

所谓股权适度集中，也就是指从整个公司的股权在各个股东之间的分布格局来看，股权的分配是较为集中的，但是集中度又是控制在一定水平之下的,并且绝对不是一股独大的,企业中往往同时存在着几个大股东,这些大股东中的任何一个都无法完全取得对公司的控制权,这几个大股东彼此之间力量对比差距不大,每个大股东对另外几方大股东的行为都具有比较强的制约能力。通常来说,这种股权配置结构能使公司的治理效率达到最高。

学者们对公司股权结构与公司治理效率水平之间关系的实证研究结果表明:公司股权集中度与公司治理效率水平之间是存在关联性的,大股东会对公司治理效率产生重要影响。当公司中的第一大股东处于相对控股地位,即第一大股东占有的股份占公司总股本的比重低于40%—50%时,公司治理效率水平会随着第一大股东持股比例的上升而提高;当第一大股东占有的股份占公司总股本的比重超过50%后,也就是当第一大股东取得绝对控股地位后,公司治理效率水平会随着第一大股东持股比例的上升而降低。也就是说,当公司中既存在相对控股的股东,同时又存在其他大股东的情况下,能够产生最优的公司治理效果。究其原因,主要是:在这种适度集中的公司股权配置结构下,一方面由于某些大股东分配到的股份份额较大,它们在公司经营中涉及的利益比较大,大股东所付出的更多监督成本与其通过严格监管获得的收益提升通常是比较对等的,所以它们对公司经营情况更加关心,更有动力对公司的经营过程进行监管,更容易发现公司经理层的各种不当行为,因而能够提高公司治理效率水平;而中小股东分配到的股份份额较低,它们在公司经营中涉及的利益比较小,中小股东所付出的更多监督成本与其通过严格监管获得的收益提升通常是不对等的,所以它们对公司经营情况往往比较冷漠,缺乏对公司的经营过程进行严格监管的动力,在公司治理中中小股东的"搭便车"倾向是比较强的。另一方面,在股东集中度被控制在一定水平之下时,由于相对控股股东的权力受到其他大股东的制衡,其无法完全掌握对公司的控制权,而且由于其他大股东的持股份额也比较高,与相对控股股东的持股份额差距不大,其他大股东比较容易通过追加投资增持公司股份,通过资本运作超过原来相对控股股东的持股比例,就会变成新的相对控股股东。因此,即使某个股东在公司中暂时取得了相对控股地位,它的相对控股地位也不是十分稳固的,而是经常可能面临其他大股东的挑战,这样,就比较容易形成公司各股东之间的权力制衡机制。

就高铁基础设施 PPP 项目而言，上述规律同样适用，考虑到 PPP 项目本身的特性，在高铁基础设施 PPP 项目中，充分利用这一规律，显得极其重要。也就是说，从高铁基础设施 PPP 项目的股权分配结构来看，适度集中型股权配置结构应该是最优的选择。具体而言，在高铁基础设施 PPP 项目公司的投资者中，应该存在着几个大股东（甚至有一个是相对控股股东），另外，还存在着数量较多的中小股东。高铁基础设施 PPP 项目公司的第一大股东拥有的股份份额可以使其取得相对控股地位，但持股比例一定不能达到甚至超过 50%，其目的在于，通过控制高铁基础设施 PPP 项目公司的股权集中度，适当地进行股权分散化运作，促进高效的现代公司治理结构的形成，以便提高高铁基础设施 PPP 项目公司的治理效率，保障高铁基础设施 PPP 项目公司中各股东的利益免受侵害，使高铁基础设施 PPP 项目公司中各股东的收益趋于最大化。

第四节　建立收益分享与风险分担相挂钩的收益分配机制

怎样对高铁基础设施 PPP 项目收益进行分配，这是高铁基础设施 PPP 项目中各投资方关注的焦点问题，可以说，收益分配方案的优劣在很大程度上决定着高铁基础设施 PPP 项目是否能够运作成功。一个好的高铁基础设施 PPP 项目收益分配方案，必定是能够让公共部门和私营部门同时感到满意的方案，如果任何一方对该收益分配方案不认可，都有可能造成高铁项目公私合作的失败。因此，在高铁基础设施 PPP 项目中，公共部门和私营部门应站在平等地位，通过友好协商和彼此适当妥协在项目收益分配方案上达成统一意见。在对高铁基础设施 PPP 项目收益进行分配的时候，必须遵循公开透明、互利互惠、收益与风险相对等、效率与公平兼顾这几项基本原则。具体来说，在高铁基础设施 PPP 项目收益分配中我们要争取做到以下几点。

一　协调好高铁基础设施 PPP 项目投资者之间的利益关系

高铁基础设施 PPP 项目中的各项目投资者通过签订公私合作协议，

结成了一个高铁基础设施 PPP 项目的联盟组织，各项目投资者必须要通力合作、采取协调一致的行动，高铁基础设施 PPP 项目目标才有可能实现，这是各项目投资者之间产生合作关系的原因。但是，从现实情况来看，每个项目投资者参与高铁基础设施 PPP 项目的投资，都有着自己的考虑，不同的项目投资者，各自具有不同的需求特征，各自具有不同的效用函数。从理论上来说，公共部门之所以对高铁基础设施项目进行投资，是为了更好地满足社会公众的运输服务需求，增强区域间人员经济交流，拉动区域经济增长，其追求的目标是社会公共利益的实现；而私营部门作为微观经济活动的市场主体，其决策及行为遵循理性经济人原则，它们之所以会对高铁基础设施项目进行投资，就是为了使手中的资金得到充分利用，通过对高铁项目的投资使资本获得令人满意的回报。在这种情况下，公共部门投资者和私营部门投资者之间实际上是可能存在着利益矛盾的，唯有各项目投资者共同努力建立起高效的合作机制，互相体谅，互相做出适当妥协，将高铁基础设施 PPP 项目整体收益摆在首要地位，才有可能解决利益矛盾，使高铁基础设施 PPP 项目的社会效益达到最大化。

为了避免公共部门和私营部门对高铁基础设施的供给由于利益矛盾而造成效率水平降低，我们必须对高铁基础设施 PPP 项目中公共部门投资者与私营部门投资者之间的利益协调问题予以高度关注。公共部门投资者应给予私营部门投资者平等合作的地位，双方加强沟通，通过友好协商化解利益矛盾冲突，公共部门和私营部门都应努力克服短期倾向，尤其是私营部门，不要过于追求短期利益，双方都应该着眼于长期利益，致力于结成长久的密切合作关系。只有公共部门和私营部门之间能够结成长久的密切合作关系，高铁基础设施 PPP 项目的总体目标才有可能真正实现。当然，在保证高铁基础设施 PPP 项目总体利益最大化的前提下，也要对高铁基础设施 PPP 项目中各项目投资者的单方利益予以适当满足，这样才能尽量降低高铁基础设施 PPP 项目中各项目投资者私人利益与高铁基础设施 PPP 项目整体利益的偏离程度，如图 8-2 所示，我们需要协调公共部门与私营部门的利益关系，使角 γ 的度数尽量变小。

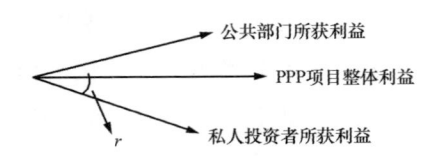

图 8-2　高铁基础设施 PPP 项目整体利益与各投资者单方利益

总之，要想使高铁基础设施 PPP 项目的运作获得成功，我们就必须协调好高铁基础设施 PPP 项目中各项目投资者之间的利益关系，尽量化解公共部门与私营部门之间的利益矛盾冲突，在高铁基础设施 PPP 项目合作协议中对公共部门参与者和私营部门参与者各自的任务、行为准则、职责范围、权力内容、风险分担方案、收益分配机制、分歧解决机制等方面都做出明确的规定，尽量避免合作条款的模糊现象和歧义现象，以保证高铁基础设施 PPP 项目的运作成功。

二　收益分享与风险分担相互挂钩

一般来说，利益和风险应当是相互对应的，对于任何一个高铁基础设施 PPP 项目投资者而言，其对高铁基础设施 PPP 项目承担的风险份额越大，其在项目收益分配过程中期望分配到的收益份额也越大。对于愿意承担更多高铁基础设施 PPP 项目风险的项目参与者，在对高铁基础设施 PPP 项目收益进行分配的时候，理所应当的应对它们予以适当倾斜，以补偿他们承担更多项目风险给自身造成的风险成本，这样就可以激励其他的项目参与者也更加积极地承担高铁基础设施 PPP 项目风险，大大减少高铁基础设施 PPP 项目的交易成本，从而推动高铁项目各参与方尽快形成共识、达成合作协议，提高高铁基础设施 PPP 项目运作过程中的合作效率，最终提升高铁基础设施 PPP 项目的总体收益水平及项目各参与方的收益水平。可见，决定公共部门与私营部门能否达成合作的首要前提条件就是双方是否能够获得与其风险分担份额相对应的收益。虽然高铁基础设施 PPP 项目中各投资者的需求特征、行为模式、动机和单方目标都不太一样，但是，如果高铁基础设施 PPP 项目中各投资者分享的收益大小与其承担的风险大小相对应，则很可能根本不需要有什么外在强制力制约和引导，高铁基础设施 PPP 项目中的各投资者也会以高度自觉自愿的态度共同为高铁基础设施 PPP 项目运作成功付出最大努力。因此，必须要建立和运用与风险分担相挂钩的高铁基础设施 PPP 项目收益分配机制，使高铁基础设施 PPP 项目中的公共部门投资者和私营部门投资者形成互赢合作关系，以风险共担和收益共享为合作基础，可保证高铁基础设施 PPP 项目运营的长久稳定性。

综上所述，理清和协调好高铁基础设施 PPP 项目中公共部门投资者与私营部门投资者之间的利益关系、建立和运用与风险分担相挂钩的收益公平分配机制，对整个高铁基础设施 PPP 项目的运作成功而言是关键所在。我们应该充分认识和努力利用组织协同效应规律，在对高铁基础设施 PPP 项目的收益进行分配的时候，要平衡好公共部门和私营部门的利益，只有这样，才能保障高铁基础设施 PPP 项目的顺利推进，提升高铁基础设施 PPP 项目总体收益水平，使 PPP 模式的优势得到最大程度发挥。

第五节　稳步推进高铁运价市场化改革

一　逐步推进高铁运价从政府定价向政府指导价、市场定价转变

在打破中国政府对铁路行业的垄断、打开民间资本进入铁路行业的通道的同时，我们也需要对现有的铁路运营定价机制进行变革，建立起适应新型铁路投融资模式要求的铁路运营定价机制，中国铁路运营定价机制改革总的指导思想就是：普通铁路运营定价和高速铁路运营定价采用不同的定价机制，政府适当下放定价权。具体来说，未来在中国各铁路线路运营定价中，要区分传统普通铁路和高速铁路，对于传统普通铁路的运营定价，仍然主要是采用政府定价或政府指导价定价机制，以满足广大人民群众的基本交通出行需求；而对于高速铁路的运营定价，则应当尽量减少使用政府定价方法，更多地采用政府指导价方法甚至市场定价方法，通过这样的铁路运价改革，高速铁路运营服务商就可以获得相对自主的定价权。这样的改革，不仅有利于社会资本投资者对高速铁路项目的收益预测，便于民间投资者进行高速铁路基础设施项目投资决

策,而且,由于高速铁路运营服务商能够拥有相当程度的定价权,高速铁路运营服务商就可以根据高铁运营成本变化对高铁运营票价进行动态化的调整,以保证取得既定水平目标的项目收益,这将会使高铁基础设施投资项目对社会资本的吸引力大大增加。同时,对于那些采用政府指导价方法进行定价的高速铁路项目,我们也可以适当放开政府指导价的浮动范围,由高速铁路运营服务商根据高铁运营成本和高铁运输服务市场供求关系状态的变化,在政府指导价的浮动范围内,实时进行上下调整。当然,随着中国铁路改革的力度不断加强、步伐不断加快,我们可以预见,会有越来越多的民间资本积极加入高铁基础设施项目的投资经营。经过若干年的时间,中国高速铁路行业的政府垄断特征会越来越弱化,市场化特征会越来越明显,高速铁路行业的竞争性会越来越强,在高速铁路行业形成全面竞争格局之后(类似于中国过去航空业的改革过程,全国形成若干家相互竞争的高速铁路运营服务商),我们可以考虑参考航空服务定价机制,在高铁运营票价制定上采取完全的市场定价方式,这样也就真正实现了中国高铁运价市场化改革的终极目标。但是,要进行铁路运价市场化改革,并不代表我们可以忽略铁路基础设施所具备的准公共产品特性,并不代表政府可以完全不考虑铁路基础设施本身所具有的公益性功能,政府可以对高铁项目承担的公益性业务和竞争性、经营性业务进行细致地区分,然后对其承担的公益性运输业务予以政策倾斜,通过财政补贴、税收减免等方式对高铁项目承担的公益性运输业务进行适当的成本补偿,这样做有利于高铁运营服务商更积极努力地实现社会公共利益。

二 允许高铁运营服务商进行差异化定价

高铁运营服务商,应该对民用航空业运营定价机制进行研究,民用航空业运营定价中有许多好的方法,可以给高铁运营定价改革提供参考。高铁运营差异化定价改革的总体思路是:借鉴民用航空业运营定价机制,根据高速铁路运输服务市场供求状况,区分不同运营时间段、不同运输距离、乘客订票时间的早晚进行差异化定价,打破目前单一化的、过于僵化死板的高铁运营定价模式。在中国高铁运营定价中应逐渐减少政府定价方法的使用,而越来越多的采用政府指导价或者市场定价方法,这样可以使高铁运营服务商的运营定价变得更为灵活，能根据高铁运输服务市场变化快速做出反应及调整。具体做法包括以下内容。

首先，根据中国的特殊国情，在春节、清明节、劳动节、国庆节等节假日期间及节假日前后一段时间内，中国广大民众的交通出行需求极其旺盛，高速铁路运力非常紧张，高速铁路运输服务市场出现供不应求的状况，乘客对高铁运输服务的需求价格弹性较小，这属于高速铁路运营服务商的经营旺季，高速铁路运营服务商在这些经营旺季时期可以适当提高票价。如果该高速铁路项目是采取政府指导价型运营定价机制，则政府应该允许高速铁路运营服务商在经营旺季时期按照政府指导价的上限标准顶格定价；如果该高速铁路项目是采取市场定价型运营定价机制，则可以允许高速铁路运营服务商根据多方面的因素进行综合考虑，然后自主制定该高速铁路项目的运营票价。具体来说，高速铁路运营服务商应该考虑的因素主要包括高铁运力与高铁运输服务需求的缺口大小、高铁运营成本变化、人均国内生产总值增长率高低、通货膨胀率高低和民航运输业、公路运输业等竞争性行业的价格变化等。当然，考虑到铁路行业具有一定的垄断经营特性，为了防止高速铁路运营服务商过度追求私利最大化，采取"趁火打劫"式的经营策略，利用广大民众在交通出行高峰时期对高铁运输服务的迫切需求，制定出过高的、明显不合理的高铁票价，政府在向高速铁路运营服务商下放高铁运营定价权的同时，仍要保留价格监管职责，基于社会公共利益的要求，政府仍然需要对高速铁路的运营施加适当的价格规制。具体而言，高速铁路运输服务票价是否合理，主要应该由国家发展和改革委员会（内设或下属的价格司、价格监督检查与反垄断局、价格监测中心）与交通运输部联合协同进行实时监控、严格监管，防止高速铁路运营服务商采取不正当的方式攫取超额利润。

其次，在非法定节假日期间，中国广大民众的交通出行需求比较少，高速铁路运力非常宽裕，某些高速铁路线路可能出现供过于求的状况，乘客对高铁运输服务的需求价格弹性较大，这属于高速铁路运营服务商的经营淡季，高速铁路运营服务商在这些经营淡季时期可以适当降低票价，以争取提高高铁列车上座率。如果该高速铁路项目是采取政府指导价型运营定价机制，则政府应该允许高速铁路运营服务商在经营淡季时期按照政府指导价的下限标准定价;如果该高速铁路项目是采取市场定价型运营定价机制,则可以允许高速铁路运营服务商根据多方面的因素进行综合考虑,然后自主制定该高速铁路项目的运营票价。

再次,高速铁路在不同运输距离的运输服务上具备的竞争优势大小不一,高速铁路运营服务商根据其在不同运输距离的运输服务上具备的竞争优势大小制定不同的单价标准。具体来说,高速铁路在中短距离运输服务上,与民用航空运输业相比,处于非常明显的优势地位,这种优势地位主要来自比民用航空运输更低的运营票价、更短的运输总时间(飞机的速度虽然比高速列车快,但是在中短距离运输中这种速度优势不能得到充分发挥,且考虑到机场的位置通常比高铁车站偏僻得多,乘客需要耗费更多的时间前往机场)、更高的运输通达率(中国的许多城市还没有机场,或开通航线有限,而高速铁路在中国的覆盖率比民用航空业要高得多);高速铁路在中短距离运输服务上,与高速公路运输业相比,也处于非常明显的优势地位,这种优势地位主要来自比高速公路运输更低的运营成本、更短的运输总时间、更舒适的乘坐体验、更高的安全系数。而在长距离运输服务上,高速铁路虽然在与高速公路运输的对比上表现出竞争优势进一步扩大,但是在与民用航空运输业的对比上,则表现出竞争优势比较微弱,甚至处于竞争劣势地位,民用航空运输企业对高速铁路运营服务商造成的竞争压力很大。因此,中国高速铁路运营票价的制定,应该对高速铁路在中短距离运输和长距离运输上具有的不同竞争力水平加以充分考虑。对中短距离运输服务,高速铁路运营服务商可以制定较高的高铁运营票价(当然还是要适当低于民用航空业运营票价以保证对民用航空业的竞争优势);而对于长距离运输服务,高速铁路运营服务商则应该随着运输里程的上升逐渐降低高铁运营单价,也就是说,某种运输服务产品的运输距离越远,高速铁路运营服务商对该运输服务产品消费者提供的价格折扣就越大。通过这种高铁运营定价机制,可以增强高速铁路在长距离运输上对民用航空业的竞争力,从而提升高速列车的上座率和高速铁路路网的利用率,尽量提高高速铁路项目的收益水平。

最后,可以效仿民用航空业的预订票价折扣制度,高速铁路运营服务商可以向预订车票的乘客提供价格折扣,同时改革完善现行铁路车票退票及改签制度。具体而言，高速铁路运营服务商可以根据乘客提前预订车票的天数多少给予不同票价折扣率，乘客预订车票的时间离列车开行时间的天数越多，其享受的票价优惠率就越高，反之，乘客预订车票的时间离列车开行时间的天数越少，其享受的票价优惠率就越低。当然，要想顺利实施这种预订票价折扣制度，就必须要同时对现行铁路车票退票及改签制度进行相应改革，在现行铁路车票退票及改签制度下，所有高铁车票的退票费用率及改签费用率都是统一的，而一旦实行预订票价折扣制度，高速铁路运营服务商就应该对不同的车票所享受到的票价折扣差异予以充分考虑。由于不同的车票在订票时所享受到的票价折扣率不同，在进行退票或者改签车票处理的时候，它们所享受的待遇也应该有所区别。根据预订票价折扣制度，乘客提前很长时间预订的高铁车票，在订票时享受到的票价优惠率很高，打折后的实际票价很低，高速铁路运营服务商可以规定不允许对这类高铁车票进行退票和改签，或者允许退票和改签，但是退票费用率及改签费用率比较高；反之，乘客预订车票的时间离列车开行时间的天数越少，在订票时享受到的票价优惠率就越低，打折后的实际票价就越高，甚至可能接近全价票，高速铁路运营服务商可以规定允许对这类高铁车票进行退票和改签，而且退票费用率及改签费用率都比较低，对于全价票甚至可以免除改签车票的手续费，至于全价票的退票，虽然不应该完全免除退票的手续费，至少也必须适用很低的退票费用率。这样做，一方面可以鼓励和培养广大乘客提前预订车票的良好习惯，提高高铁列车在经营淡季的上座率，便于高速铁路运营服务商提前对运力进行科学高效的组织调度，根据客流量及流向特征对线路运营计划进行合理调整，从而提高高速铁路项目的运营管理效率和整体收益水平。另一方面，也能促使广大乘客在订票之前慎重认真地考虑自己的行程安排，减少乘客预订高铁车票时的随意性，乘客的订票随意性过大往往会造成实际出行时间和车票时间不匹配，导致大量的退票和改签车票现象发生，这就会加剧高铁车票管理混乱，并且使得高速铁路运营服务商的运营成本上升，最终降低高速铁路项目投资者的利润水平。

第六节 加强高铁基础设施 PPP 项目风险防范管理

要想在中国高铁基础设施投资建设中成功应用 PPP 模式，就必须加强高铁基础设施 PPP 项目风险防范管理。下面对高铁基础设施 PPP 项目面临的国别风险、不可抗力风险、特定项目风险这三大类风险，分别提出具体的风险防范管理措施。

一 国别风险的防范管理

（一）国家政治风险防范管理

对于高铁基础设施 PPP 项目面临的国家政治风险，我们主要可以通过以下举措进行防范管理。

1. 积极寻求政府保证与承诺

国家政治风险是指由于高铁基础设施 PPP 项目所处的国家政治意识形态变化、政治制度环境状况不理想、中央政府及地方政府政策缺乏连贯性等原因导致的高铁基础设施 PPP 项目投资建设运营遭遇失败或高铁基础设施 PPP 项目投资者利益受损的可能性。可见，国家政治风险根源于政府的意识形态、政治制度、政策行为，因此，政府理所当然地应该对高铁基础设施 PPP 项目中的国家政治风险承担较大的责任。在高铁基础设施 PPP 项目的发起过程中，私营部门可以与政府部门进行友好磋商，私营部门投资者可以要求有关政府部门向其做出书面保证或承诺，承诺免于对高铁基础设施 PPP 项目的没收、征用和国有化，或者保证一旦发生政府对高铁基础设施 PPP 项目的没收、征用和国有化，政府一定按照事先在高铁基础设施 PPP 项目合同中约定好的补偿条件对私营部门投资者的经济损失进行充分的补偿。此外，还可以要求政府就高铁运营服务商所获得的特许经营权的权力行使时间、特许经营权的可交易性做出明确清楚的保证和承诺等。这样，即使在高铁基础设施 PPP 项目的投资建设运营过程中真的发生了国家政治风险事件，私营部门投资者也不需要过于担心，因为它们可以从政府部门那里获得事先约定好的经济补偿金，这样的措施可以在很大程度上弥补国家政治风险事件给私营部门投资者造成的利益损失。

2. 为高铁基础设施 PPP 项目投保国家政治风险保险

对于某些特定的高铁基础设施项目，政府可能基于多种可能的原因，不愿意在与私营部门投资者的谈判中做出妥协让步。由于政府掌握着政治权力和巨大的资源，在政府部门与私营部门的力量对比中，政府基本上居于天然的强势地位，这决定了政府部门在高铁基础设施 PPP 项目合同谈判过程中具备着较大的优势，如果政府的态度十分坚决，高铁基础设施 PPP 项目中的私营部门投资者将很难迫使政府提供任何保证和承诺。那么，在这种情况下，私营部门为了对高铁基础设施 PPP 项目中的国家政治风险进行有效的防范管理，就只能另寻他途，其中一个常用的措施就是向保险公司或其他政策性机构为高铁基础设施 PPP 项目投保国家政治风险保险，将高铁基础设施 PPP 项目中的国家政治风险转移给保险公司或其他政策性机构。在为高铁基础设施 PPP 项目进行国家政治风险投保的时候，投保的保险责任范围应该涵盖政府没收或征收高铁基础设施 PPP 项目等风险。

（二）国家金融风险防范管理

国家金融风险是由高铁基础设施 PPP 项目所处的国家经济环境不稳定、金融市场动荡造成的，是高铁基础设施 PPP 项目投资者难以通过制定合同条款来加以有效控制的一种系统性风险。高铁基础设施 PPP 项目面临的国家金融风险主要包括以下几种：第一，利率波动风险，它主要表现为高铁基础设施 PPP 项目借款期和还款期市场利率差异对 PPP 项目公司造成的隐性财务损失；第二，汇率波动风险，它通常表现为由于高铁基础设施 PPP 项目借款、用款、还款的汇率时间差异所造成的外汇兑换过程中的资金损失；第三，通货膨胀风险，它通常表现为由于国内物价上涨导致高铁基础设施 PPP 项目公司的运营成本上升，同时造成高铁基础设施 PPP 项目公司资金收入的贬值。

如果高铁基础设施项目面临的国家金融风险十分大，且风险损失难以估计，超出投资者的承受范围，投资者可能会选择放弃对该高铁基础设施 PPP 项目的投资，即采取风险回避策略来应对国家金融风险。当然，如果投资者决定要对某个高铁基础设施项目进行投资，它可以采取一些措施对高铁基础设施 PPP 项目面临的国家金融风险进行防范管理。

1. 利率风险防的范管理

通常来说，利率风险应由高铁基础设施 PPP 项目公司自行承担，实际上，也就是由高铁基础设施 PPP 项目公司的公共部门股东和私营部门股东共同分担。在大量高铁基础设施 PPP 项目中，政府会将高速铁路线路的特许经营权交给高铁专业运营服务商，特定高铁基础设施 PPP 项目在投资前通常已经做过详细的市场调研分析，而既定铁路线路未来一段时间内的市场需求往往比较容易判断和把握，高铁基础设施 PPP 项目的现金流收益水平可预期性较强。由于高铁基础设施 PPP 项目具有上述优良特性，因此，高铁运输运营服务商可以运用利率掉期、利率期权等金融工具将浮动利率转换成固定利率，这样就可以在相当程度上减少利率风险对高铁基础设施 PPP 项目造成的损失。

2. 汇率风险的防范管理

由于高铁基础设施 PPP 项目股东和债权人中可能有外资投资者，高铁基础设施建设中采购的原材料、技术、设备也可能涉及进出口市场，因此，高铁基础设施 PPP 项目运作过程中很可能存在着外汇交易活动。在涉及外汇交易的高铁基础设施 PPP 项目中，应该密切关注汇率波动对项目成本和项目收益的影响。对于汇率风险的防范管理而言，最重要的一点就是准确预测汇率变化的方向。即要严密观测本国及世界主要经济大国的宏观经济形势，实时掌握国内外汇市场和国际外汇市场的行情变化趋势，争取对汇率波动的方向及波动的幅度做出准确的预测。另一方面，高铁基础设施 PPP 项目公司可以通过远期外汇合约、外汇期货合约、外汇期权合约等金融工具进行套期保值，还可以向有关保险公司及其他政策性机构投保汇率风险保险，通过这一系列的措施，可以有效降低汇率风险对高铁基础设施 PPP 项目投资者造成的威胁。

3. 通货膨胀风险的防范管理

在高铁基础设施 PPP 项目投资建设运营过程中，私营部门投资者可要求政府部门提供收益保证或价格调整制度，以尽量减少通货膨胀对高铁基础设施项目所造成的收益损失。具体做法是，在私营部门与公共部门共同协商签订高铁基础设施 PPP 项目合同的时候，私营部门要求高铁 PPP 合同中（或政府部门另行提供书面授权协议）明确规定：高铁基础设施 PPP 项目公司有权根据通货膨胀率的变化适当调整高速铁路运输服务的票价，以便对通货膨胀所造成的项目运营成本上升进行适当补偿。

（三）国家法律风险防范管理

可以通过以下几方面措施加强高铁基础设施 PPP 项目法律风险的防范管理。

1. 建立健全 PPP 模式相关法律法规

目前中国学者及相关政府官员尚未对 PPP 模式涉及的法律问题进行系统深入研究，尚未构建起系统的 PPP 模式法律法规框架，这就使得高铁基础设施 PPP 项目的投资、建设、运营还十分缺乏法律依据和支撑，高铁基础设施 PPP 项目的运作基本处于无法可依的状态，在这种情况下，高铁基础设施 PPP 项目合同对各项目参与者的行为约束力不足，某些项目参与者可能做出损害高铁项目整体利益的行为，以便实现自身私利的最大化，而对于它们的这种不当行为，其他项目参与者很难制止，也基本没有办法对其给予相应的惩罚。因此，政府建立健全 PPP 模式相关法律体系就是最重要的一项法律风险防范管理措施，它可以使得高铁基础设施 PPP 项目的投资、建设、运营有法可依，有据可循。

2. 积极聘请高水平法律专家参与项目运作

为了尽量规避国家法律变化而引起的法律风险，高速铁路 PPP 项目投资者要对项目可能涉及的法律问题引起高度重视，高铁基础设施 PPP 项目公司应该聘请高水平的法律专家，使其全方位地参与到高铁基础设施 PPP 项目的设计、投融资、建设、运营、退出等各项环节的工作中。这样，可以充分利用法律专家的法律专业知识，确保高铁基础设施 PPP 项目的各项业务活动都符合相关法律法规的要求，尽量减少高铁基础设施 PPP 项目各投资者的意见分歧，尽量化解高铁基础设施 PPP 项目各投资者的矛盾冲突。高铁基础设施 PPP 项目中的私营部门投资者还可以通过与政府的磋商谈判达成相关协议，要求政府部门保证在高铁基础设施

PPP项目运营期间不得单方面变更相关法律法规,以尽量避免私营部门投资者的利益受到法律风险的损害。

二 不可抗力风险的防范管理

不可抗力风险是由于外界环境因素变化对高铁基础设施PPP项目造成的风险,它是高铁基础设施PPP项目投资者既无法预测也无法控制的风险。对于高铁基础设施项目面临的不可抗力风险,我们可采取以下措施进行防范管理。第一,加强高速铁路项目的前期调研,以科学谨慎的态度进行项目方案设计。例如,在进行高速铁路项目方案设计之前,必须要先进行细致深入的前期调研工作,认真考察高速铁路预定线路沿线周边区域是否属于地震多发地、地质结构是否适宜、山体是否稳固、河道是否畅通等,在充分掌握决策所需的全部信息资料的前提下,对高速铁路预定线路进行反复推敲,对高速铁路预定线路进行必要的调整修正,以科学严谨的态度制定出高速铁路项目规划设计方案,而且,对于在高铁基础设施PPP项目中可能出现的各种不可抗力风险事件,还要提前编制出详细全面的应急处理预案。第二,高铁基础设施PPP项目公司可以通过与政府的磋商谈判达成协议,规定在不可抗力风险事件发生时政府部门需要向高铁基础设施PPP项目公司给予适当的经济补偿,这样,实际上政府分担了一部分不可抗力风险成本。第三,不少保险公司都有不可抗力风险保险产品,都愿意承保工程项目不可抗力风险。高速铁路PPP项目公司可以向保险公司投保不可抗力风险,将高速铁路PPP项目的某些种类的不可抗力风险转移给保险公司承担。

三 特定项目风险的防范管理

(一)开发风险的防范管理

可以通过以下几方面措施加强高铁基础设施PPP项目开发风险的防范管理。

1. 组建投资者联合体、增强在项目谈判或招投标中的竞争力

高铁基础设施PPP项目具有综合性、长期性、投资巨大的特点,这

就使各种投资者共同组建投资者联合体成为一种好的选择。高铁基础设施PPP项目涉及勘察、设计、投资、建设、运营、维护等多种业务，项目运作时间长达数十年以上，项目建设投资少则数百亿元，多则达到数千亿元。单一的投资者一般既不具备足够的资本实力，也不具备全流程的运作能力，如果独自进行高铁基础设施PPP项目谈判或投标，竞争力十分有限，谈判或竞标失败的可能性很大，一旦谈判或竞标失败，所花费的高额前期费用就成了沉没成本，无法收回。因此，如果由分别具有资金融通、投资管理、勘察设计、工程施工、项目运营管理能力的各参与方共同组成投资者联合体，然后再参加政府（或受政府委托的公共事业单位、公共企业）组织的高铁基础设施PPP项目的合作谈判或竞标活动，由于其综合实力十分强大，谈判或竞标取得成功的可能性很高。一旦成功加入高铁基础设施PPP项目，该投资者联合体再分别按照各自的资源、能力优势进行专业化分工，参与完成不同的具体PPP项目任务。

2. 督促有关政府部门提高项目审批工作效率

高铁基础设施PPP项目公司应该加强与有关政府部门的沟通，经常组织项目公司中高层管理人员与有关部门主管该项目的政府官员进行会谈，及时向有关部门汇报高铁基础设施PPP项目进展及遇到的困难，加强对有关政府官员的游说与公关，督促有关政府部门提高审批工作效率，对高铁基础设施PPP项目公司的各项申请及计划尽快予以审核批复。

（二）市场风险的防范管理

高铁基础设施PPP项目市场风险的防范管理措施主要包括以下几点。

1. 认真做好市场调研，准确把握市场需求

对于高铁基础设施PPP项目市场风险的防范管理，非常重要的一点就是在进行高铁基础设施PPP项目投资决策之前，先要认真做好该高铁线路的市场调研，准确判断该高铁线路的市场需求规模和期望收益状况，尽量减少项目投资决策的盲目性。对于市场需求明显过低的高速铁路项目，甚至可以考虑采取风险回避策略，放弃对该项目的投资。

2. 要求政府做出收益保证

为保障高铁基础设施PPP项目的运营获得比较稳定可靠的收益，高

铁基础设施 PPP 项目公司可以与政府部门进行平等协商,要求政府部门向高铁基础设施 PPP 项目提供最低收益保证。即当社会公众对该高铁项目运输服务的需求不足时,如果高铁基础设施 PPP 项目公司无法达到事先约定好的最低收益水平,那么,高铁基础设施 PPP 项目实际收益与最低保证收益之间的资金缺口,由政府部门向高铁基础设施 PPP 项目公司予以补足。

3. 要求政府做出排他性经营权承诺

高铁基础设施 PPP 项目公司还应当尽力获取政府对高速铁路项目排他性的承诺,即政府承诺在该高速铁路同一区域范围或临近区域范围内不再投资建设类似的高速铁路项目,以避免重复建设带来的过度竞争,防止高铁基础设施 PPP 项目公司收益水平下降,最终造成高铁基础设施 PPP 项目公司各投资者的资本回报率降低。高速铁路 PPP 项目公司在计算项目未来各期的现金流收入和资本投资回报率时,通常都以该区域的客、货流量及其增长率指标作为项目收益水平测算的基础。如果该高速铁路 PPP 项目投入运营之后,政府又批准在该高速铁线路同一区域范围或临近区域范围内建设一个新的高速铁路项目,由于新旧高速铁路的线路可能存在一定程度的重合,先建成运营的高速铁路 PPP 项目的客、货流量就很可能会发生分流,那么,其现金流收入将可能大幅度减少,从而影响该高速铁路 PPP 项目的债务清偿和对高铁基础设施 PPP 项目公司股东的利润分配。

4. 要求政府赋予一定的自主定价权

高铁基础设施 PPP 项目投资者可以与政府进行平等协商,要求政府赋予高铁基础设施 PPP 项目运营服务商一定的自主定价权。未来中国各铁路线路运营价格的确定,应当尽量减少使用政府定价方法,更多地采用政府指导价方法甚至市场定价方法。这样的高铁运营定价机制改革,不仅有利于民间投资者对铁路项目的收益预测,便于民间投资者进行铁路项目投资决策,而且由于铁路运营服务商能够拥有相当程度的定价权,铁路运营服务商可以根据铁路运营成本变化对铁路运营票价进行动态化的调整,以保证取得既定水平目标的项目收益,这将使铁路行业对民间资本的吸引力大大增加。当然,在赋予铁路运输服务企业自主定价权的同时,也要保持和强化政府部门的价格监管,在高铁运营定价过程中,铁路运输服务企业必须充分考虑和准确把握高铁运输服务消费者的价格承受能力范围，尽量防止由于铁路运输服务企业的定价过高，损害了社会公共利益，同时造成高速铁路运输服务市场的有效需求不足，最终造成高铁基础设施 PPP 项目总体收益水平下降。

5. 努力保证能源、原材料、设备供应稳定

能源、原材料、设备供应是否稳定，主要表现在两个方面：一个是供应数量和供应质量是否能够保持充足；二是供应价格是否能够保持相对稳定。

通常来说，高铁基础设施 PPP 项目公司可以与各类供应商进行友好协商，尽量签订固定价格（或浮动幅度范围较小的浮动价格）的长期供应协议，而且彼此之间经常进行中高层人员交流沟通，本着互利互惠、互相体谅的原则展开业务往来，建立起长期合作的战略伙伴关系。这样能够使高铁基础设施 PPP 项目的能源、原材料、设备供应变得更为稳定，有效降低高铁基础设施 PPP 项目的能源、原材料、设备供应风险。

（三）信用风险的防范管理

高铁基础设施 PPP 项目中信用风险防控的最有效措施是：高铁基础设施 PPP 项目主发起人（目前中国大多数高铁基础设施项目都是由中国铁路总公司作为主发起人，但是以后可能会出现越来越多的由私营企业作为主发起人的项目）应该认真考察备选合作伙伴，慎重选择合作伙伴，尽量选择信用等级水平较高的企事业单位作为高铁基础设施 PPP 项目合作伙伴。某些备选合作伙伴的信用等级水平状况，可以从标准普尔评级服务公司、穆迪投资者服务公司、惠誉国际信用评级有限公司、中诚信国际信用评级有限公司等专业评级机构那里进行了解。当然，由于许多高铁基础设施 PPP 项目投融资涉及资金量巨大，发起运作成功的难度很大，为了慎重起见，高铁基础设施 PPP 项目主发起人也可以直接对备选合作伙伴进行调查并自主进行信用评估。具体来说，高铁基础设施 PPP 项目主发起人应当全面深入地调查备选合作伙伴的资产规模、资产负债比、近几年的盈利状况、技术实力、交通工程项目经验、以往资信表现等各方面的情况，高铁基础设施 PPP 项目主发起人可以从银行、证券公

司、保险公司、中国证券监督管理委员会等金融机构这些间接渠道获取信息，也可以要求备选合作伙伴直接提供相关财务报表和财力证明。收集到充足的信息资料后，高铁基础设施 PPP 项目主发起人就可以采取一定的技术分析手段，使用一定的信用评价模型，对特定备选合作伙伴进行信用评估，从而判断其是否具有充足的偿债能力及履约能力，以及其是否能够以良好的道德操守和责任意识对自己的行为进行有效约束。

众所周知，信用风险的发生，往往是债务人因各种原因没有能力或者有能力但不愿意清偿债务合约中约定的全部或部分到期债务，导致债权人的合法利益遭到损害。从中国高速铁路项目的资金来源来看，对银行贷款和铁路债券有很高程度的依赖性。过去，由于中国高速铁路基础设施的投资主体是国家铁道部，由铁道部向各银行借款进行高速铁路投资建设，各银行并不关注铁道部的资信状况和偿债能力，实际上，各银行都将铁道部贷款当作非常优质的业务，争相向铁道部提供铁路建设贷款，基本没有进行过严格的信用评估。其原因在于，国家铁道部作为中央政府的下属部门之一，银行向其提供的贷款属于政府贷款（而且是中央政府贷款），中央政府的信用等级是极高的，如果铁道部的银行贷款无法归还，最后进行兜底的必然是中央政府，基本上不存在无法偿债之类的信用风险问题。但是，在 2013 年，铁道部已经被撤销，铁道部的所有经营性业务全部交由新成立的中国铁路总公司统一负责，包括铁路基础设施的投融资业务，中国铁路总公司作为一个企业，其向银行申请铁路建设贷款，从性质上来说已经变成了企业债，而不再是政府债务，因此，信用风险问题开始凸显，实际上，自从 2013 年撤销铁道部、成立中国铁路总公司以后，银行向高铁基础设施项目的贷款审批就变得越来越严格，投资决策越来越慎重，甚至出现过多个高铁投资项目因为银行贷款资金配套不到位而停工的现象。而对于高铁基础设施 PPP 项目中的其他私营部门投资者，银行在进行贷款审批时很可能比对中国铁路总公司更为严格。对于政策性银行、商业银行等主要借款方而言，要想有效防控信用风险，就要在发放贷款之前做好项目投资可行性论证和项目投资者调查工作，银行风险控制部门应对高铁基础设施 PPP 项目的各投资者的资信状况进行全面深入调查并进行科学客观的信用风险评价，对其贷款申请进行严格的审批。

（四）完工风险的防范管理

完工风险主要表现为工期拖延、质量不合格、成本超支等情况，它主要是由于高铁工程设计单位及高铁工程建设单位的工作懈怠、工作失误、技术资本实力不够等对高铁基础设施 PPP 项目造成的不利后果。高铁基础设施 PPP 项目公司可以通过以下措施对完工风险进行防范管理。

1. 选择具有优秀资质及强大技术实力的工程设计及工程建设单位

高铁基础设施 PPP 项目公司应该通过公开、透明、公平的工程招投标制度，选择具有优秀资质及强大技术实力的工程设计企事业单位和工程建设企业。可以说，选择具有优秀资质及强大技术实力的工程设计企事业单位和工程建设企业是高铁基础设施 PPP 项目完工风险最有效的防控措施。具体而言，高铁基础设施 PPP 项目公司应该建立公开、透明、公平的工程招投标制度，严格按照该工程招投标制度规定的程序组织工程建设招标工作，对参加投标的工程设计企事业单位和工程建设企业的资质、技术实力、相关项目经验以及资信状况进行全面深入调查，经过对各工程设计企事业单位和工程建设企业的投标报价、资质、技术实力、相关项目经验以及资信状况的综合考虑，选择出最适合该高铁基础设施 PPP 项目的中标设计单位和中标建设单位，这样才能尽量保证高铁基础设施 PPP 项目在规定的工期内完工，而且工程质量达标，工程设计建设成本基本控制在预算范围内。

2. 将完工风险转移给中标设计单位和中标建设单位承担

高铁基础设施 PPP 项目公司可以与中标设计单位和中标建设单位进行平等友好协商，达成一系列的合同或协议条款，争取将大部分完工风险转移给项目中标设计单位和中标建设单位去承担，使得它们能够科学编制设计施工方案、严格进行项目管理、努力进行技术攻关、精细控制项目成本，在合理的预算范围内和规定的工期内保质保量的完成高铁基础设施 PPP 项目设计建设工作。例如，高铁基础设施 PPP 项目公司可以与中标设计单位和中标建设单位分别做出约定，如果该高速铁路项目出现工程设计工期拖延或工程建设工期拖延、工程设计失误或建设施工质量不合格、工程设计成本超支或工程建设成本超支等问题，且这些问题并非高铁基础设施 PPP 项目公司方面的不当行为所导致,那么,中标设计单位或中标建设单位不仅要赔偿高铁基础设施 PPP 项目公司的经济损失,还要追加支付一定额度的违约金。当然,为了激励中标设计单位和中标建设单位在各自的工作中付出最大努力,同时也可以约定,如果中标设计单位或中标建设单位提前完成工程设计或工程建设任务,则高铁基础设施 PPP 项目公司将向其支付一笔中标合同价款以外的工期节约奖励金。

(五) 建设运营风险的防范管理

建设运营风险主要是指高铁基础设施 PPP 项目在建设期和运营期由于遭遇技术困难或者项目运营管理水平低下所导致的一些风险,例如技术障碍风险、监管风险等。高铁基础设施 PPP 项目公司通常可以对此类风险予以有效控制,具体来说,建设与运营风险的主要防范管理措施包括以下几个方面。

1. 积极对先进技术和工艺进行引进、吸收和再研发

从工程技术难度来看,高速铁路的建设施工难度远远高于普通铁路。高速铁路项目的建设施工是非常复杂的,在高铁基础设施 PPP 项目建设施工过程中,可能经常会遇到施工条件的各种限制,这时就必须要努力进行技术攻关,积极对先进技术和工艺进行引进、吸收和再研发,克服高速铁路建筑施工技术障碍。当然,对于任何一个高铁基础设施 PPP 项目而言,也并非采用的技术和工艺越先进越好。在引进某种先进的铁路工程施工技术或工艺之前,首先应对该高铁基础设施 PPP 项目的当前施工状况及工程所处的客观环境状况进行认真分析,以准确判断该项先进技术或工艺对此项目的适用性和必要性,而且还要考虑以自身拥有的工程施工人员的数量及技术水平,是否能够驾驭得了该项先进技术或工艺。

2. 聘请独立的高水平的工程项目监理

由于高铁基础设施项目的建设过程和技术工艺通常非常复杂,高铁基础设施 PPP 项目公司必须通过聘请有丰富的同类项目经验的、技术管理能力高超的工程项目监理,对高铁基础设施 PPP 项目建设全过程中高

铁项目建设商的行为进行有效的管理和监控。在选择工程项目监理时，必须聘用与高铁项目建设商无关联关系的、享有很高行业信誉度的独立第三方机构，以防止工程项目监理徇私舞弊，利用高铁基础设施 PPP 项目公司赋予的项目监管权进行权力寻租，与高铁项目建设商互相勾结，损害高铁基础设施 PPP 项目投资者的利益。

3. 引进专业的高铁运营服务商

高铁基础设施 PPP 项目公司可以通过委托代理形式或者参股合伙形式在项目运营过程中引入某个专业的高铁运营服务商，由于该高铁运营服务商很可能具有比高铁基础设施 PPP 项目中各投资者更为专业的铁路运营能力，在铁路运营方面具备更为丰富的经验及更为高超的管理水平，因此，在高铁基础设施 PPP 项目中引入专业的高铁运营服务商，应该有利于提升高铁基础设施 PPP 项目的运营效率，降低高铁基础设施 PPP 项目的运营风险，提高高铁基础设施 PPP 项目的总体收益水平及各投资者的私人收益水平。

（六）环境风险的防范管理

通常来说，由于高铁基础设施 PPP 项目是由高铁基础设施 PPP 项目公司发起运作的，因此环境风险应当由高铁基础设施 PPP 项目公司自己承担。环境风险有可能会对高铁基础设施 PPP 项目的运营成本及运营收益产生一定程度的不利影响，因此我们必须采取有效措施对高铁基础设施 PPP 项目面临的环境风险进行防范管理。具体措施主要如下。

1. 高度重视环境因素影响、优化项目设计方案及施工方案

高铁基础设施 PPP 项目公司应当积极查阅并准确掌握环境保护方面的法律法规及项目所在地的地方性环境保护条例，同时对该高铁基础设施 PPP 项目进行全面深入的实地调研，在项目可行性报告中充分考虑环境保护问题及项目可能对周边环境所造成的影响，制定科学详细的环境报告。环境报告包括的主要内容有：该高铁基础设施 PPP 项目所在地的水资源状况、空气状况等；该高铁基础设施 PPP 项目建成后对周边的生态环境、社会公众健康、历史文化可能产生的影响。完成环境报告后，高铁基础设施 PPP 项目公司要及时向政府及社会公众进行公布，并且召

开环境保护听证会,认真听取有关政府部门、利益相关企业、高速铁路线路沿线社会公众代表的意见,经过分析筛选,对一些确有价值的意见予以虚心接受,并对该高铁基础设施 PPP 项目的原设计方案及施工方案做出相应调整。总之,在编制及修改高铁基础设施 PPP 项目的设计方案及施工方案时,必须严格遵守环境保护的现行要求,同时还要充分考虑国家未来可能会加强的环保管制,高铁基础设施 PPP 项目的环保标准要适当超前,高铁基础设施 PPP 项目建成运营后,要积极融入周边环境,而不能随意改变甚至破坏周边环境。在高铁基础设施 PPP 项目运营期,应当将环境测评纳入高铁基础设施 PPP 项目监督管理的范围内,实时监控该高铁基础设施 PPP 项目的运营对周边环境所造成的影响,一旦发现问题,就要立即想办法解决。

2. 明确划分高铁基础设施 PPP 项目各参与方的环境保护责任

高铁基础设施 PPP 项目各参与方之间的关系其实是一种契约关系,表现为高铁基础设施 PPP 项目公司与高铁工程建设商、高铁专业运营商、金融机构等各种合作者达成的一系列合同或协议。由于高铁基础设施 PPP 项目的参与方很多,因此,环境保护问题实际上并非高铁基础设施 PPP 项目公司能以一己之力解决的,环境保护的责任并不应该由高铁基础设施 PPP 项目公司单方面承担,应该在各参与方所签订的合同或协议中,明确划分各参与方应该承担的环境保护责任。

3. 积极投保环境风险保险

高铁基础设施 PPP 项目公司也可以通过向保险公司投保,减轻高铁基础设施 PPP 项目面临的环境风险。但是,在高铁基础设施 PPP 项目环境风险保险中,保险的承保范围和理赔金额往往是受到保险公司限制的。某些种类的环境风险可能被排除于保险公司的承保范围以外。而且环境的破坏是一个渐进的过程,很难将某个高铁基础设施 PPP 项目所造成的环境影响从过去的环境污染所造成的损失中分离出来,换句话说,我们很难准确判断某个高铁基础设施 PPP 项目的建设运营对周边环境造成了多大的损失,因而保险公司的赔偿金额标准也缺乏科学依据。

第七节　其他相关配套措施

一　完善 PPP 模式的法律规范

铁路基础设施 PPP 模式的法律架构涉及铁路基础设施 PPP 模式运作的多个方面，铁路基础设施 PPP 模式强调政府与私营部门相互信赖的长期合作关系，法律是保证这种关系得以维系的唯一土壤。铁路基础设施 PPP 模式只有在成熟而完善的法律规范架构中才能发挥重要作用。

从国外的基础设施 PPP 项目立法模式来看，大体分为三大类。[①] 第一类，由国家制定统一的法律，其中既包括立法机构的立法，也包括行政部门的条例。采取此模式的国家有日本、韩国和巴西等。第二类，针对不同的项目分别立法，如中国香港政府曾经通过了《大榄隧道及元朗引道条例》，此类 PPP/BOT 法具有其自身特点，不仅基本框架稳定，而且参照意义较强。第三类，不设置关于 PPP 模式的专门法律，例如澳大利亚，因为其国内法律已经为 PPP 模式的操作提供了较为完善的法律规范，不再需要针对 PPP 模式再专门立法。[②]

从国外基础设施 PPP 模式的授权方法来看，大体上包括四种不同方式。第一种，自由式方法。这是一种谈判自由度较高的方式，在总体原则遵循国家法律（涉及 PPP 模式的全部法律法规）和政府规章制度的前提下，被授权的政府和私营部门就项目内容进行协商。第二种，条件约束式方法。该方式的内容受法律约束较多，PPP 合同的条件和基本内容都以法律形式确定下来，为了保护国家和公众的权益，立法机构通过立法来分配权利义务。[③] 第三种，自由方法和条件约束方法相结合。在给出具体谈判条件的情况下，再由立法机构和政府确定某些详细的规则和条件。第四种，制定范本和标准程序。英国财政部就制定了 PFI 合同范本，使得公共服务供给项目实施有章可循，具体到项目落实的时候，只需遵循标

[①] 闫宝龙：《吸引民间资本以 BOT 模式投资于基础设施建设的法律思考》，《山东大学学报》（哲学社会科学版）2005 年第 6 期。

[②] 巨强：《法国公共工程的特许经营权管理及启示》，《财会研究》2000 年第 11 期。

[③] 袁竞峰、邓小鹏、李启明、江文雄：《PPP 模式立法规制及其在我国的应用研究》，《建筑经济》2007 年第 3 期。

准合同、谈判条件和谈判程序就可以了。

世界各国的立法模式都是在具体分析了本国经济社会状况的前提下制定的。就中国目前的状况来看，应当既有统一立法，又有单项立法；既需要标准程序和示范文本，又需要某些情况下的自由式协议，这样才能为中国基础设施 PPP 模式的发展提供良好法律保障。中国基础设施 PPP 模式的立法建议如下。

（一）准确定位 PPP 模式的法律建设目标

基础设施 PPP 模式有两个明显特点：一是沉没成本和退出成本高昂，二是时空效应明显。因此，从国家层面来讲，需要健全 PPP 模式的法律制度，建立信用信息体系和创新金融工具；从行业和项目层面来讲，则需要放宽私营资本的进入条件，完善项目评估制度，确立投资回报原则和价格确定制度。鉴于当前中国公权力较为强势的现状，PPP 模式的立法目标首先应该是规范政府部门的操作和保障私营部门的合法利益。而为了保障公众利益，则需要实施基础设施 PPP 模式的竞争机制，建立公众对基础设施供给的监督机制。

（二）综合运用统一立法和单项立法

为了落实国家统一的政策目标，中国需要对 PPP 模式进行国家统一立法。PPP 模式的国家统一立法是完善中国总体法律环境的重要部分。国家立法可以树立权威、统一和完备的法律体系，也可以向私营部门释放清晰明确的信号，保证私营部门的利益。否则，各种地方立法的分歧容易造成混乱。另一方面，由于中国地区差异显著，不同行业的差异也十分显著，又需要针对不同项目或行业领域分别立法或建立地方规章，作为统一立法很好的补充。单项立法及地方规章的作用是调整和补充国家的统一立法，以利于具体项目的合理安排和顺利实施，否则可能会出现因不符合地方的具体情况而导致项目无法顺利进行的后果。这种制度安排也可以调动地方政府的积极性，有利于 PPP 模式在全国的广泛采用。

统一立法和专门立法的结合既可以解决税收缴纳、政府担保、项目公司成立、项目监管和项目纠纷等全国性的问题，又可以充分适应各地方的特点，促进 PPP 模式在中国的成功推行。

（三）对 PPP 模式涵盖的内容作出全面清晰的规定

PPP 模式的法律涵盖内容应包括但不限于：PPP 模式的定义、应用范围与领域、主管部门、准入条件、竞争机制、项目评估、当事人涉及的法律关系、各类合同的性质、公私双方的权利和义务、合同示范文本、风险分担机制、政府担保的条件、争端的解决机制、合同履行中的财务监管和重新谈判等。

（四）PPP 模式的法律中应明确政府担保相关事项

必须明确规定政府担保的原则、担保的条件、担保的范围、担保的程序、处理办法和担保权限的划分等，使政府担保有法可依。要通过担保法规严格控制政府担保的范围和担保事项的决策权，并明确赋予财政部门在政府担保中应有的权力，杜绝违法的政府担保行为，显性化合法的政府担保行为。

铁路基础设施 PPP 模式作为新型的市场化供给模式，体现了政府与私营部门全新的合作关系，完善的法律体系对其成功推行至关重要。在中国，铁路基础设施 PPP 模式尚处于初始发展阶段，立法问题亟待解决，采用国家统一立法和单项立法相结合的立法模式，并用自由式协议和示范合同文本相结合的授权方法，可以保证铁路基础设施 PPP 项目的正常完成，为公私双方提供良好的合作平台，从而达到双赢。

二 建立统一的 PPP 模式管理机构

必须建立城市基础设施 PPP 模式的中央及地方各级政府主管部门，明确各级政府主管部门的职责范围。

（一）在中央层面建立最高 PPP 主管部门

从资产和负债的角度来看，PPP 项目的实施是一种融资模式，这样就形成了政府负债。政府负债最终无疑要由财政部来承担，因而财政部应当作为 PPP 模式的首选管理机构。而项目的实施又涉及国家总体的建设与规划,需要发改委的统筹规划。此外还需要交通运输部、国土资源部、环保部、水利部等多个部门的辅助工作。因而从国家层面而言,需要成立由上述多个部门共同组织的联席会议组织,对项目共同进行研究与核算,确定 PPP 模式的实施细则。在此过程中,财政部可以根据其掌握的地方政府债务情况,进行资金流量可行性的核定。多部门的统筹管理,可以较好地推动和健全 PPP 模式的立法工作。就 PPP 项目中的采购事宜,需要在财政部下面单独设立一个机构进行管理,以提高 PPP 合同管理水平。当然,这其中还要通过咨询相关技术部门来弥补财政部在各种不同基础设施领域专业技术知识上的不足。

(二) 在地方层面建立各地 PPP 主管部门

参照国家级部门的机构组成方法,可以相应设立地方的管理部门。以财政部门为主,统称协调发改委、交通、国土、建设、水利、电力、环保等部门,共同确定 PPP 模式的应用范围、运作要求、实施领域等。进行多部门的评估和监管,对地区内的 PPP 项目进行有效管理。

(三) 清晰划分不同层级 PPP 主管部门的职责及权限

对引入私营资本总额或者项目投资额进行公式化核算。在公式中,可以包括当地政府财政预算收入与支出,当地 GDP、CPI 水平等量化指标。实行分级审批制度,对国家级、省级、地市级和县级部门的审批权限进行明细化。为了实现这些制度目标,我们需要建立一套模型或者信息系统,以此来收集、整理和分析各种有关的信息,例如:政府的收入和支出状况、经济发展水平,政府的资产负债状况等。

三 加强 PPP 专业化人才培养

(一) 成立中国公私合作制协会

可以由财政部下属的财政科学研究所牵头,负责组建一个中国公私合作制协会。中国公私合作制协会的成立,可以为全国的学者、政府官员及企业管理者提供一个公私合作制培训交流的良好平台,能够在相当程度上为 PPP 模式在中国的推广应用提供专业知识及技术支持。中国公私合作制协会从事的主要活动应该包括：第一，中国公私合作制协会可以定期对公私合作制在全国各地的推广运用情况进行全面而深入的调查研究，归纳总结各类 PPP 模式项目的成功经验，同时分析各类 PPP 模式项目的失败原因，编制出全国 PPP 模式调研总报告和分行业的 PPP 模式调研子报告，给全国的学者、政府官员及企业管理者提供 PPP 模式经验借鉴；第二，中国公私合作制协会可以作为参谋机构，参与全国人大的 PPP 模式立法过程和政府的 PPP 模式政策制定过程，并且在全国范围内组织 PPP 模式的法律政策宣传工作，增强政府官员、企业管理者及社会公众对 PPP 模式的了解；第三，中国公私合作制协会可以向政府及企业提供 PPP 模式项目咨询及各种形式的人员培训服务，从而帮助正在寻求合作的政府及企业顺利达成合作协议，并为已经发起的 PPP 模式项目所遇到的困难提供科学可行的解决方案；第四，中国公私合作制协会可以在国内定期组织 PPP 模式国际会议，广泛邀请国内外 PPP 模式相关专家进行讲学及讨论，促进国内外 PPP 模式学术研究成果的密切交流，为中国推广应用 PPP 模式提供科学丰富的理论指导。

（二）采取多种方式加强 PPP 专业人才培养

目前中国公私合作制人才十分缺乏，对 PPP 模式在中国的顺利推广应用造成了严重阻碍。我们必须要采取多种方式加强对公私合作制人才的培养。比如，聘请国内外 PPP 模式相关专家到各大高校及科研院所举办专题讲座，或者举办不同期限类型的 PPP 模式培训班，对 PPP 模式相关知识进行普及性教育。再如，政府加强与各大高校及科研院所的合作，充分利用广大高校及科研院所的人才优势、专业优势、环境优势，在财政学、金融学、投资学、工商管理、工程管理、工业民用建筑、土木工程、管理科学与工程等 PPP 模式相关专业开设公私合作制管理相关的专业课程，培养大批综合性的技术人才和管理人才。此外，还可以鼓励国内各大高校及科研院所的教师及研究人员以访问学者身份去那些 PPP 模式已经得到广泛成功运用的国家进行学习交流。

参考文献

安慧、郑寒露、郑传军：《不完全契约视角下PPP项目合作剩余分配的博弈分析》，《土木工程与管理学报》2014年第2期。

巴希、乌云娜、胡新亮等：《基于粗糙集理论的PPP项目风险分担研究》，《技术经济与管理研究》2013年第5期。

白璐瑶、王春成：《PPP模式与地方公共财政负债管理》，《中国财政》2014年第14期。

包敏、简迎辉：《基于PSO–BP模型地铁PPP项目调价研究》，《武汉理工大学学报》（交通科学与工程版）2015年第5期。

蔡临申：《民间资本投资基础设施项目的PPP模式研究》，硕士学位论文，浙江大学，2006年。

蔡新民：《高速公路PPP项目特许定价机制研究》，《价格理论与实践》2015年第9期。

陈星光：《PPP项目融资模式下的委托代理博弈模型》，《科技与经济》2013年第2期。

崔晓芙、崔凯、徐红芬等：《PPP模式推广困难原因探析及对策建议》，《金融发展评论》2015年第11期。

邓小鹏、熊伟、袁竞峰等：《基于各方满意的PPP项目动态调价与补贴模型及实证研究》，《东南大学学报》（自然科学版）2009年第6期。

杜亚灵、李会玲：《PPP项目履约问题的文献研究：基于2008—2014年间英文文献的分类统计》，《工程管理学报》2015年第4期。

杜亚灵、闫鹏：《PPP项目中初始信任形成机理的实证研究》，《土木工程学报》2014年第4期。

杜亚灵、尹航、尹贻林等：《PPP 项目谈判过程中信任的影响因素研究——基于扎根理论》，《科技管理研究》2015 年第 4 期。

杜亚灵、尹贻林：《基于典型案例归类的 PPP 项目盈利模式创新与发展研究》，《工程管理学报》2015 年第 5 期。

段兵：《金融风险管理理论新进展——TRM 评述》，《国际金融研究》1999 年第 8 期。

段世霞、谢芳：《基于系统动力学的城市轨道交通 PPP 项目价格影响因素研究》，《工业技术经济》2014 年第 7 期。

段世霞、朱琼、侯阳：《PPP 项目特许价格影响因素的结构方程建模分析》，《科学管理研究》2013 年第 10 期。

Elimar Marley Duque Vina：《为公私合营（PPP）铁路项目制定生命周期风险管理框架：委内瑞拉卡布略港—巴基西梅托线》，硕士学位论文，北京交通大学，2018 年。

樊哲娟：《信用对铁路 PPP 模式的融资风险博弈研究》，硕士学位论文，北京交通大学，2017 年。

范文波：《PPP 与互联网金融相结合：创新模式和推进思路》，《南方金融》2015 年第 11 期。

付金存、龚军姣：《公私合作制下城市公用事业的政府规制》，《贵州社会科学》2016 年第 2 期。

盖国凤、丁莉：《基于 PPP 模式的保障性住房建设体系》，《财经问题研究》2013 年第 10 期。

高礼彦：《PPP 模式下的产业基金运作模式探析》，《经济论坛》2015 年第 8 期。

高颖、张水波、冯卓：《PPP 项目运营期间需求量下降情形下的补偿机制研究》，《管理工程学报》2015 年第 2 期。

高颖、张水波、冯卓：《不完全合约下 PPP 项目的运营期延长决策机制》，《管理科学学报》2014 年第 2 期。

郭峰、蔡艺卿、王飞球：《公共文化建设项目应用公私伙伴关系模式的探讨》，《中国工程科学》2013 年第 11 期。

郭健：《公路基础设施 PPP 项目交通量风险分担策略研究》，《管理评论》2013 年第 7 期。

郭晓亭、蒲勇健、林略：《风险概念及其数量刻画》，《数量经济技术经济研究》2004年第2期。

杭卓珺：《基于PPP的我国铁路投融资模式研究》，博士学位论文，华中科技大学，2014年。

何涛：《基于PPP模式的交通基础设施项目风险分担合理化研究》，博士学位论文，天津大学，2011年。

何天翔、张云宁、施陆燕等：《基于利益相关者满意的PPP项目利益相关者分配研究》，《土木工程与管理学报》2015年第3期。

胡方俊、徐兴博、陈建军：《股权投资基金模式化解公路建设项目PPP业务的政策瓶颈研究》，《财政研究》2015年第7期。

胡浩：《改进型PPP模式在城际客运铁路项目融资中的应用》，《甘肃社会科学》2017年第2期。

胡丽华：《广西PPP模式的应用与对策研究》，《中国财政》2015年第19期。

胡耀、张健：《PPP项目投资决策流程及其关键因素识别》，《中国港湾建设》2013年第4期。

胡振、王秀婧、刘华：《服务购买型公私合作（PPP）项目财政补偿的有效区间研究》，《建筑经济》2013年第3期。

胡振、王秀婧、张学清：《PPP项目中信任与政府绩效相关性的理论模型》，《建筑经济》2014年第6期。

季闯、黄伟、袁竞峰等：《基础设施PPP项目脆弱性评估方法》，《系统工程理论与实践》2015年第1期。

寇杰、何桢：《基于S－CAD方法的PPP模式逻辑性与可行性分析》，《宏观经济研究》2015年第7期。

Lado Gore William Morbe：《利用蒙特卡罗模拟法建立PPP模型的铁路项目盈利能力；案例—鲁南高速客运专线（曲阜—临沂段）》，硕士学位论文，北京交通大学，2018年。

赖丹馨、费方域：《公私合作制（PPP）的效率：一个综述》，《经济学家》2010年第7期。

赖丹馨：《基于合约理论的公私合作制（PPP）研究》，博士学位论文，上海交通大学，2011年。

兰兰、高成修：《基于 AHP 的 PPP 绩效评估体系研究》，《湖南大学学报》（人文社会科学版）2013 年第 3 期。

雷震、袁汝华：《基于博弈理论的 PPP 公共服务项目合谋问题分析——以供水项目为例》，《水利经济》2015 年第 5 期。

李虹、黄丹林：《PPP 项目风险管理研究综述》，《建筑经济》2014 年第 6 期。

李凯薇：《考虑客流量风险分担实物期权的市域铁路 PPP 项目价值评估》，硕士学位论文，上海交通大学，2020 年。

李丽红、张舒、黄昌铁：《国外 PPP 合同研究现状梳理及趋势分析》，《生产力研究》2013 年第 1 期。

李林、刘志华、章昆昌：《参与方地位非对称条件下 PPP 项目风险分配的博弈模型》，《系统工程理论与实践》2013 年第 8 期。

李明哲：《国外 PPP 发展动态述评》，《建筑经济》2014 年第 1 期。

李琪：《高铁走出去 PPP 项目风险分担与利益分配研究》，硕士学位论文，西南交通大学，2017 年。

李强：《基于层次分析法的铁路 PPP 项目风险评价》，《铁道运输与经济》，2017 年第 10 期。

李妍：《不完全信息动态博弈视角下的 PPP 项目风险分担研究——基于参与方不同的出价顺序》，《财政研究》2015 年第 10 期。

李勇、梁琳：《PPP 模式、政府投资效率与金融集聚区建设研究》，《理论与改革》2015 年第 4 期。

林表文：《PPP 项目融资风险合理分担方式、原则和流程》，《长春工程学院学报》（社会科学版）2013 年第 2 期。

刘阿倩：《基于贝叶斯网络的高铁 PPP 项目政府担保研究》，硕士学位论文，青岛大学，2018 年。

刘航：《基于 PPP 模式的合资铁路特许经营项目融资结构优化研究》，硕士学位论文，西南交通大学，2017 年。

刘路然：《铁路 PPP – REITs 投融资模式探究》，《铁道经济研究》2021 年第 5 期。

刘朋：《铁路 PPP 项目公司相关税务处理探究》，《纳税》2019 年第 11 期。

刘燕：《公共选择、政府规制与公私合作：文献综述》，《浙江社会科学》

2010 年第 6 期。

刘有贵、蒋年云：《委托代理理论述评》，《学术界》2006 年第 1 期。

龙婷婷：《杭绍台高速铁路 PPP 融资模式研究》，硕士学位论文，西南交通大学，2018 年。

鲁庆成：《公私合伙（PPP）模式与我国城市公用事业的发展研究》，博士学位论文，华中科技大学，2008 年。

罗茵茹：《印尼雅万高铁 PPP 项目风险评估案例研究》，硕士学位论文，广东财经大学，2017 年。

马桑：《PPP 模式再谈判的博弈分析与模型构建》，《现代管理科学》2016 年第 1 期。

马威：《我国基础设施采用 PPP 模式的研究与分析》，硕士学位论文，财政部财政科学研究所，2014 年。

毛俊平、余霞民、张建培等：《PPP 产业基金：必要性、制度设计及发展建设》，《金融纵横》2015 年第 12 期。

欧纯智、贾康：《西班牙—法国跨境高铁 PPP 项目失败的教训与启示——基于 PPP 模式发展公用事业的风险分析》，《当代财经》2018 年第 10 期。

亓霞、柯永健、王守清：《基于案例的中国 PPP 项目的主要风险因素分析》，《中国软科学》2009 年第 5 期。

屈哲：《基础设施领域公私合作制问题研究》，博士学位论文，东北财经大学，2012 年。

任志涛、高素侠：《PPP 项目价格上限定价规制研究——基于服务质量因子的考量》，《价格理论与实践》2015 年第 5 期。

任志涛、李夏冰：《基于共生理论的公私伙伴关系主体行为特征差异性研究》，《天津城建大学学报》2014 年第 1 期。

申泽宾、鲁潇：《基于 AHP 和 ISM 的高速铁路建设项目"PPP + EPC 模式"实施影响因素研究》，《工程管理学报》2021 年第 2 期。

盛和太：《PPP/BOT 项目的资本结构选择研究》，博士学位论文，清华大学，2013 年。

石莎莎、常志兵：《城市基础设施 PPP 项目治理机制的进化博弈和策略研究》，《建筑经济》2013 年第 1 期。

宋定：《PPP 模式下公共管廊运营管理研究》，硕士学位论文，北京建筑大学，2014 年。

孙慧、卢言红：《PPP 项目剩余控制权配置的影响因素研究》，《武汉理工大学学报》（信息与管理工程版）2014 年第 1 期。

孙慧、宁玉玺、张逸婷：《城乡一体化建设中捆绑赢利性项目的 PPP 模式分析》，《天津大学学报》（社会科学版）2013 年第 6 期。

孙洁：《管理视角下的 PPP：特点、构成要素与基本原则》，《地方财政研究》2015 年第 8 期。

孙燕芳：《PPP 项目控制权与现金流权配置问题研究》，硕士学位论文，天津大学，2014 年。

唐祥来、倪琳：《国际基础教育公私伙伴关系（PPP）模式：论争与启示》，《外国教育研究》2013 年第 4 期。

汪飞：《基于"营改增"下铁路 PPP 项目纳税筹划研究》，《财会学习》2018 年第 33 期。

汪文雄、钱圣、杨钢桥：《PPP 模式下农地整理项目前期阶段效率影响机理研究》，《资源科学》2013 年第 2 期。

王灏：《城市轨道交通投融资问题研究——政府民间合作（PPP）模式的创新与实践》，中国金融出版社 2006 年版。

王东波、王薇：《基础设施项目 PPP 模式选择研究述评》，《项目管理技术》2013 年第 12 期。

王皓良：《城市 PPP 投资评级指数研究及应用初探》，《地方财政研究》2015 年第 8 期。

王建波、赵佳、牛发阳：《基于 Choquet 模糊积分的城市轨道交通 PPP 模式融资风险评价》，《青岛理工大学学报》2016 年第 1 期。

王明涛：《证券投资风险计量理论评述》，《经济经纬》2003 年第 5 期。

王守清、程珊珊：《国内外 PPP 项目适用范围"PK"》，《施工企业管理》2014 年第 9 期。

王雅婧：《铁路 PPP 项目中政府对社会资本监管的演化博弈研究》，硕士学位论文，北京交通大学，2018 年。

王玉梅、严丹良：《基于平衡计分卡的 PPP 项目绩效评价体系研究》，《会计之友》2014 年第 2 期。

王治、谭欢、王靖：《基于期权博弈的 PPP 项目特许权期决策模型》，《财经理论与实践》2015 年第 6 期。

韦小泉、林颖、程哲、牛保龙：《中印市域铁路 PPP 模式比较分析及启示》，《都市快轨交通》2018 年第 2 期。

巫坚：《基于系统动力学的市郊铁路 PPP 项目票价制定研究》，硕士学位论文，重庆大学，2020 年。

吴海西、戴大双、刘宁：《BOT/PPP 模式识别与选择研究述评》，《技术经济》2010 年第 2 期。

吴伟、丁承、鲁阳晋：《混合所有制背景下的 PPP 模式与投行创新思路》，《新金融》2014 年第 7 期。

吴孝灵、周晶、段庆康等：《基于公私博弈的 PPP 项目政府补偿机制研究》，《中国管理科学》2013 年第 S1 期。

吴勇：《瓮马铁路 PPP 模式实践与启示》，《中国铁路》2018 年第 11 期。

武若思、王春成：《PPP 模式与公共项目财政投资的转型》，《中国财政》2014 年第 3 期。

夏立明、迟媛：《基于三方满意的 PPP 项目动力模型研究》，《建筑经济》2015 年第 11 期。

谢雨鸣、邵云飞、钱航：《PPP 模式下战略性新兴产业评价维度的构建》，《科研管理》2015 年第 1 期。

徐盈：《PPP 项目融资模式干系人识别和管理策略分析》，《商业经济》2013 年第 7 期。

严晓健：《公私合作伙伴关系（PPP）的应用及审计重点探讨》，《审计研究》2014 年第 5 期。

杨露、童圣宝、刘磊：《新型城镇化背景下产城融合 PPP 综合开发项目的央企实践——以温州高铁新城为例》，《城市观察》2019 年第 2 期。

杨卫华、王秀山、张凤海：《公共项目 PPP 模式选择路径研究——基于交易合作三维框架》，《华东经济管理》2014 年第 2 期。

杨宇虹：《铁路 PPP 模式中社会资本方利益保护研究》，硕士学位论文，石家庄铁道大学，2018 年。

姚东旻、刘思璐：《PPP 模式：钱从何处来》，《债券》2015 年第 10 期。

姚东旻、刘思璐、李军林：《基于行业比较的 PPP 模式探究》，《山东大学学报》（哲学社会科学版）2015 年第 4 期。

叶青、易丹辉：《中国证券市场风险分析基本框架的研究》，《金融研究》2000 年第 6 期。

叶晓甦、石世英、田娇娇：《城市基础设施 PPP 项目公私责任厘定：公平与效率视角》，《青海社会科学》2015 年第 4 期。

叶晓甦、徐春梅：《我国公共项目公私合作（PPP）模式研究述评》，《软科学》2013 年第 6 期。

叶晓甦、易朋成、吴书霞：《PPP 项目控制权本质探讨》，《科技进步与对策》2011 年第 13 期。

于玲：《PPP 模式下提供公共服务的财政路径——以四川省为例》，《财会研究》2015 年第 1 期。

喻文光：《PPP 规制中的立法问题研究——基于法政策学的视角》，《当代法学》2016 年第 2 期。

岳军、王杰茹：《高等教育资金来源：基于 PPP 模式的社会化供给方式》，《地方财政研究》2015 年第 8 期。

张碧波：《我国公共产品供给中的公私合作问题研究》，博士学位论文，中共中央党校，2015 年。

张海星、张宇：《PPP 模式：多维解构、运作机制与制度创新》，《宁夏社会科学》2015 年第 6 期。

张涵一：《鞍山市环市铁路项目 PPP 合同形成过程中的问题与对策》，硕士学位论文，大连理工大学，2018 年。

张红丽：《铁路 PPP 项目社会资本选择研究》，硕士学位论文，石家庄铁道大学，2018 年。

张惠：《"PPP＋B"参与主体的博弈分析与商业银行的对策》，《南方金融》2015 年第 7 期。

张水波、张晨、高颖：《公私合营（PPP）项目的规制研究》，《天津大学学报》（社会科学版）2014 年第 1 期。

张旭斌、董茷：《基于灰色关联分析的高铁 PPP 项目风险评价》，《华东交通大学学报》2019 年第 1 期。

张勇：《PPP 模式与地方政府债务治理》，《价格理论与实践》2015 年第 12 期。

赵斌、帅斌：《基于 PPP 模式城际铁路项目风险分担模型》，《华东交通大学学报》2017 年第 5 期。

周和平、陈炳泉、许叶林：《公私合营（PPP）基础设施项目风险再分担研究》，《工程管理学报》2014 年第 3 期。

周红华：《试析杭海城际铁路 PPP 项目的股权结构设计》，《预算管理与会计》2017 年第 3 期。

周君婧、涂晓今、张白：《PPP 在基础设施与公用事业建设中的投融资困境——以福建省为例》，《福州大学学报》（哲学社会科学版）2016 年第 1 期。

朱军：《公共基础设施项目建设中运用 PPP 模式的公法风险及规避》，《河北科技师范学院学报》（社会科学版）2015 年第 3 期。

朱淑珍：《中国外汇储备的投资组合风险与收益分析》，《上海金融》2002 年第 7 期。

Ashley, "Risk Concession Model for Build Operate Transfer Contract Project", *Journal of Construction Engineering and Management*, 1998 (10).

Bernardin Akitoby, Richard Hemming, Gerd Schwartz, *Public Investment and Public-Private Partnerships*, International Monetary Fund, 2007.

Birnie, J., "Private Finance Initiative (PFI) -UK Construction Industry Response", *Journal of Construction Procurement*, 1999 (1).

Budapest, Hungary, UK PFI-Recent Measures Further to Improve Delivery and Management of PFI Projects. International Seminar on Strengthening Public Investment and Managing Fiscal Risks from Public-Private Partnerships, March. 2007.

Chen, A., Subprasom, K., "Analysis of Regulation and Policy of Private Toll Roads in a Build-Operate-Transfer Scheme under Demand Uncertainty", *Transportation Research Part A*41, 2007.

Chung, "Entrepreneurial Risk Allocation in Public-Private Infrastructure Provision in South Africa", *South African Journal of Business Management*, Vol. 2, No. 4, April 2010.

Clemencia Torres de Mästle, Ada Karina Izaguirre, "Recent Trends in Private

Activity in Infrastructure—What the Shift Away from Risk Means for Policy", *The World Bank*, 2008 (5).

Collin, S., "In the Twilight Zone: A Survey of Public-Private Partnerships in Sweden", *Public Productivity & Management Review*, 1998 (3).

Compos, "A Comparison of Public-Private Partnerships and Traditional Public Procurement", *Economic and Financial Report*, Vol. 1, No. 1, January 2001.

Crozet, "Public-Private Partnership: Lessons from the British Approach", *Economic Systems*, Vol. 18, No. 26, September 2004.

Eduardo Engel, Ronald Fischer, "Alexander Galetovic, the Basic Public Finance of Public-Private Partnerships", *Economics Department Research Report*, 2008 (2).

E. R. Yescombe, "Public-Private Partnerships-Principles of Policy and Finance", *Elesvier*, 2007.

Estache, A., Serebrisky, T., "Where do We Stand on Transport Infrastructure Deregulation and PPP?" *World Bank Policy Research Working Paper*, No. 3356, 2004.

Hastak, "Public-Private Partnerships for Highways: Experience, Structure, Financing", *Applicability and Comparative Assessment*, Vol. 4, No. 8, April 2000.

Higton, N. "Trends and evolving risks in design-build BOT and BOOT projects", *The International Construction Law Review*, Vol. 14, No. 2, January 2003.

Perkins, "Private Opportunity, Public Benefit?", *Fiscal Studies*, Vol. 1, No. 2, January 2015.

Rebelo, "The British Model of Private Finance Initiative and Public-Private Partnership Ten Later: Toward International Extension in the Defense Sector?", *Journal of Structured & Project Finance*, Vol. 7, No. 18, September 1992.

Robert, Jupe, "The Private Finance Initiative: Risk, Uncertainty and the State", *Accounting, Organizations and Society*, Vol. 28, No. 3, August 2002.

Saranen, Hilmola, "The Private Finance Initiative", *Engineering, Construction and Architectural Management*, Vol. 4, No. 3, June 2009.

Stefan Verweij, "Are Returns to Public-Private Infrastructure Partnerships in Developing Countries Consistent with Risks since the Asian Crisis?", *Journal of Network Industries*, Vol. 1, No. 1, January 2014.

Vinodh, Balagi, Patil, "The Japanese Private Finance Initiative and its Application in the Municipal Solid Waste Management Sector", *International Journal of Project Management*, Vol. 10, No. 20, October 2016.